영화관에 간
경영학자

영화관에 간 경영학자

강수돌 교수의 시네마 경영학

ⓒ강수돌, 2017

초판 1쇄 펴낸날 2017년 8월 30일
초판 2쇄 펴낸날 2020년 6월 19일

지은이 강수돌
펴낸이 이건복
펴낸곳 도서출판 동녘

전무 정낙윤
주간 곽종구
책임편집 구형민
편집 정경윤 박소연
마케팅 권지원
관리 서숙희 이주원

인쇄·제본 영신사 **라미네이팅** 북웨어 **종이** 한서지업사

등록 제311-1980-01호 1980년 3월 25일
주소 (10881) 경기도 파주시 회동길 77-26
전화 영업 031-955-3000 편집 031-955-3005 **전송** 031-955-3009
블로그 www.dongnyok.com **전자우편** editor@dongnyok.com

ISBN 978-89-7297-891-6 (03320)

강수돌 교수의 시네마 경영학

영화관에 간 경영학자

강수돌 지음

동녘

오늘날 많은 사람들이 경영학^{management} 공부를 하려고 한다. 나아가 너도
나도 '경영학 마인드'로 무장하는 게 중요하다고 말한다. 누구나 사장님
^{CEO}의 철학으로 무장해야 한다는 뜻이다. 그런 식으로 매사에 '주인의식'
이나 '책임감'을 갖고 사는 것은 매우 중요하다. 그러나 현실은 만만찮
고, 누구나 CEO가 되는 것도 아니다. 경영 현실은 결코 동화처럼 해피
엔딩으로 끝나지 않는다. 또한 우리 대다수는 경영자가 아니라 노동자
나 소비자로 살아간다.

오늘날 기업경영은, 한편으론 돈과 사람을 핵심으로 하는 경영 조
직 속에서, 또 다른 한편으론 한 나라와 지구 전반을 포괄하는 세계시
장에서 전개된다. 국내외를 막론하고 치열한 경쟁환경 속에서 더 많은
이윤을 획득하려는 이 게임은 '너 죽고 나 살자' 식으로 적대적 성격을
지닌다. 그 정도로 현실은 냉정하고도 치열하다.

통상적으로 경영학이라 하면 상품을 생산해서 판매하는 활동이 근간이 된다. 따라서 생산관리 분야와 마케팅 분야가 경영학의 기본 프로세스다. 그런데 생산과 판매가 제대로 이뤄지려면 가장 중요한 두 가지 자원인 자금과 사람이 필요하다. 이는 자금을 다루는 재무관리, 사람을 다루는 인사관리가 경영학에서 또 다른 중요 영역이 되는 까닭이다. 결국 크게 볼 때 생산관리, 판매관리, 재무관리, 인사관리라는 네 영역이 경영학의 핵심이 되는 네 분야를 구성한다.

그러나 이는 지극히 기능적 차원의 영역 구분에 불과하다. 더욱 거시적으로 보면 기업은 사회 속에서 존재하고 활동하므로 기업과 사회, 기업과 윤리, 기업과 정치 등의 분야도 공부해야 한다. 나아가 오늘날처럼 세계화 시대에는 자본 및 노동의 세계화, 글로벌 경영, 다양성 경영 등의 분야도 공부할 필요가 있다. 또 다른 관점에서 보면 기업경영의 기능적 차원을 넘는 비판적 차원의 연구도 필요한데, 그것은 기업의 사회적 책임[CSR], 중독 조직론, 비판경영학 등으로 표현된다.

《영화관에 간 경영학자》는 좋은 영화들을 통해 경영·경제의 현실을 때로는 사실적으로, 때로는 비판적으로 배우기 위한 교양서다. 사실, 영화는 일종의 종합예술이라 해도 과언이 아니다. 시나리오 구성부터 배우 선정·배역 할당·제작 과정·무대·세트·음향·조명·영상·기술·소품 등 영화의 모든 측면은 종합예술의 일부가 된다. 그러나 대중의 사랑을 받으며 장기간 인기를 얻는 영화들이 있는 반면, 투자금도 채 건지지 못한 채 막을 내리는 영화도 있다. 이런 면에서 보면 영화 산업 자체가 이미 우리가 경험하는 경영·경제 현실의 일부라 할 수 있다. 게다가 많은 영화들이 자본주의 기업경영 안팎에서 벌어지는 다양한 현상들을 드러내기도 한다.

　이 책은 바로 이런 맥락에서 영화를 통해 배울 수 있는 경영의 지식이나 지혜를 토론하고자 한다. 나아가 현실의 실상과 허상을 분별력 있게 가려내는 안목을 갖추고 건강하고 행복한 사회를 위한 대안을 생각하도록 돕고자 한다.

　한편《영화관에 간 경영학자》는 우리가 영화를 보면서 좀 더 깊이 있게 감상하는 법을 제시하려는 교양서이기도 하다. 그저 여가시간을 때우려고 흥미 위주로만 보고 끝날 일이 아니다. 즉 영화 한 편을 보더라도 그 내용과 흐름을 사회적·역사적 맥락에서 이해하고, 또 자기 삶과의 연관성 속에서 찬찬히 뜯어보면, 보이지 않던 것을 명확히 볼 수 있고 이미 까마득하게 망각했던 사실들을 다시 생생하게 기억해낼 수 있을 것이다. 이로써 현재를 살아가는 우리 자신의 삶이 더 재미있어지고 풍성해진다. 나아가 좀 더 의미 있는 삶을 살게 될 것이다.

　특히 우리가 잊어선 안 될 사실은, 경영이나 경제의 세계에서는 늘 모든 것이 변한다 해도 인간으로서, 또는 한 생명체로서 결코 포기하거나 변질되게 해선 안 되는 것도 있다는 점이다. 인간성과 양심, 본심, 진심을 지켜내야 하며, 나아가 역사나 사회가 자유롭고 평등하며 우애롭게, 또 정의롭고 생태적인 방향으로 나아가도록 해야 한다. 요컨대 사람과 사람, 사람과 자연은 조화와 균형을 이루며 살아가야 한다. 이처럼 바람직한 인간 존재의 본질, 역사 발전의 본질만큼은 지켜내야 한다.

　그럼에도 우리의 현실은 너무나 척박하고 사회 전체가 돈과 권력을 획득하려는 기득권 경쟁에 휩싸여 있다. 선진국 클럽인 OECD 회원국들 중 한국은 최소 열 가지 항목, 최대 오십여 항목에서 부정적인 쪽으로 1등을 기록한다. 오죽하면 청년들이 우리나라를 '헬조선'이라 부르고, 많은 사람들이 할 수만 있다면 이민을 가겠다고 한탄하겠는가.

그러나 바로 여기서 나는 중국의 대문호 루쉰魯迅을 기억한다.

생각해보니 희망이란 본시 있다고도 없다고도 할 수 없는 거였다. 이는 마치 땅 위의 길과 같은 것이다. 본시 땅 위엔 길이 없다. 다니는 사람이 많다보니 길이 되어버린 것이다.

이 구절은 루쉰의 〈고향〉(1921)이라는 단편소설에 나온다. 어머니도 돌아가시고 없는 고향을 20년 만에 찾아 낡은 시골집 세간살이를 정리한 뒤 다시 쓸쓸히 고향을 떠나면서 독백처럼 내뱉은 말이다. 서글픈 현실이요 불확실한 미래지만 "사람들이 많이 다니다 보면 그곳이 곧 길이 된다"는 이치만은 분명한 진실이다.

독일어에서도 길Weg을 만드는 과정이 곧 운동Be-weg-ung이 아니던가. 그리고 바로 이 점은 동양에서 진리의 길을 도道라 하는 것과 일맥상통한다. 참된 이치가 곧 진리眞理다. 이 진리가 윤리와 결합하면, 즉 진실성과 인간성이 결합하면 건강한 정치, 건강한 사회를 만드는 운동으로 승화하고, 이 건강한 사회운동이야말로 척박한 현실에 희망의 빛을 비춘다.

이제 우리가 할 일은 좀 더 분명해졌다. 첫째는, 우리가 직면한 현실을 정직하게 대면하는 일(직시), 둘째는, 그러한 현실이 뒤틀린 과정을 파악하는 일(학습), 셋째는, 올바른 대안을 제시하면서도 뒤틀린 현실을 바로잡기 위한 사회적 실천에 참여하는 일(운동)이다. 결국 '나부터' 시작해서 현실 변화를 위한 운동을 '더불어' 해나가야 한다. 두려움이나 이익(계산)에 기초한 행동이 아니라 즐거움과 보람(의미)에 기초한 행동이 세상을 바꾼다. 가정·학교·직장·사회·세계 등 삶의 온 영역에서 그렇게 살아나가야 한다. 이 운동의 목적은 당연하게도, 두루 행복한 사회를 만드는 것이다.

이 책 《영화관에 간 경영학자》 역시 바로 이런 맥락에서 영화라는 매체 혹은 문화를 통해 삶의 여유를 즐기는 가운데 척박한 현실과 정직하게 대면하고자 한다. 생각건대 오늘날 경영학은 돈과 권력의 논리에 압도당한 나머지, 삶이나 생명의 논리를 망각하거나 압살하기 일쑤다. 그러나 물이나 공기, 흙이 없다면 사람을 비롯한 어떤 생명체도 살아갈 수 없듯이, 사람이나 자연 없이는 돈이나 권력도 존재할 수 없다. 예부터 어른들이 말씀했듯 사람 나고 돈 났지, 돈 나고 사람 난 게 아니지 않은가.

《영화관에 간 경영학자》를 통해 경영학을 비판적으로 공부하고자 하는 학생들은 물론, 기업경영에 직간접으로 영향을 주고받는 노동자와 경영자, 평범한 시민 등 모든 사람이 재미와 의미 모두를 느끼게 되길 바란다. 나아가 《영화관에 간 경영학자》와 더불어 우리의 잘못된 현실을 바로잡을 지혜를 짜내고 지속 가능한 경영 등 대안을 탐구하는 계기가 되기를 희망한다. 그리하여 돈의 논리가 아니라 삶의 논리, 권력의 논리가 아니라 생명의 논리, 경쟁의 논리가 아니라 연대의 논리가 온 세상을 새롭게 혁신함으로써 곳곳에서 거대한 역사 변화의 물결이 일어나기를 바란다. 그렇게 될 때 비로소 우리는 사람과 사람, 사람과 자연이 조화와 균형을 이루며 여유롭고 행복하게 사는 새 세상을 열게 되리라.

이 책이 출간되기까지 많은 분들의 도움을 받았다. 고려대학교 대학원생 조규준 군을 비롯해 여러 학생들이 좋은 영화들을 적극 추천해주었고, 매력적인 책이 되도록 동녘출판사 구형민 편집자가 애써주는 등 이 책에 많은 사람들의 땀이 들어갔다. 다시 한 번 감사의 인사를 전한다. 모쪼록 독자들이 이 책의 진가를 발견해서 삶의 재미와 의미를 더 많이 찾기를 빈다.

2017년 7월
세종시 고려대학교 연구실에서
강수돌

C O N T E N T S

들어가는 말 영화로 보는 경영, 영화로 읽는 현실　　　4

Chapter 1
모던 타임스 생산관리와 인간 노동　　　13

Chapter 2
인턴 판매관리와 온라인 마케팅　　　45

Chapter 3
더 울프 오브 월 스트리트 재무관리와 카지노 자본　　　69

Chapter 4
카트 인사관리와 노동조합　　　87

Chapter 5
귀여운 여인 인수·합병(M&A) 전략　　　109

Chapter 6
남쪽으로 튀어 지역개발 사업과 갈등관리　　　131

Chapter 7
식코 의료민영화와 병원 경영　　　159

Chapter 8
또 하나의 약속 산업재해와 산업안전　　　181

Chapter 9

인 디 에어 일중독과 첨단 기술 211

Chapter 10

빵과 장미 이주노동자와 비정규직 233

Chapter 11

내부자들 자본주의 경영과 부패 네트워크 251

Chapter 12

쉰들러 리스트 전쟁, 인종주의와 비즈니스 271

Chapter 13

다음 침공은 어디? 사회 시스템과 기업경영 297

Chapter 14

버킷 리스트 기업경영과 인생경영 323

주 348

참고 자료 356

찾아보기 364

일러두기

1. 영화의 〈개요와 줄거리〉는 〈네이버 지식백과〉와 〈두산백과〉 내용을 인용하거나 참고했다.

2. 단행본, 잡지, 일간지는 《 》, 편명, 영화 제목 등은 〈 〉로 표기했다.

모던 타임스
생산관리와 인간 노동

Modern Times | 찰리 채플린 감독 | 미국 | 1936

〈모던 타임스〉에는 다양한 종류의 기계장치들이
나온다. 영화 시작부터 시계가 등장한다. 시계는
근대의 시간을 상징한다. 자연의 시간이 아니라 인
위의 시간이요, 결국 기계의 시간, 자본의 시간을
상징한다. 기계의 시간, 자본의 시간은 효율성을
지상명령으로 한다. 여기서는 인간성보다 효율성
이 중시된다

개요와 줄거리

〈모던 타임스〉는 찰리 채플린[Charles Chaplin] 감독이 1936년에 제작한 미국
영화다.[1]

채플린(1889~1977)이 연출하고 직접 주연을 맡은 무성영화로, 채
플린이 떠돌이 캐릭터로 등장한다. 주요 출연진은 찰리 채플린(공장 노
동자), 폴레트 고다르(집 없는 소녀), 티니 샌드포드(공장 동료 빅 빌), 알 어
니스트 가르시아(철강회사 사장, 자동차 회사 포드를 창립한 헨리 포드[Henry Ford]
를 상징함) 등이다.

〈모던 타임스〉에는 찰리와 인연을 맺게 된 고아 소녀가 거리에서
춤을 추다가 레스토랑 댄서로 발탁되고, 이후 소녀의 소개로 레스토랑
에 온 찰리가 가수로 성공적 데뷔를 하는 모습이 담겨 있다. 실제로 채
플린의 부모는 이와 비슷한 일을 하며 살았다.

채플린의 아버지는 미국의 댄스홀에서 잘 알려진 가수였고, 어머니

는 댄서였다. 그의 아버지는 집을 나간 뒤 알코올중독으로 사망한다. 홀로 채플린과 그의 이복동생을 키우던 어머니는 정신쇠약 증세로 죽을 때까지 정신병원에서, 채플린과 이복동생은 공공 보호시설에서 지내게 된다. 찰리 채플린은 열 살 때부터 나막신 춤 등 주로 코믹한 연기에 두 각을 나타냈고, 1908년에는 런던 프레드 카르노의 무언 코미디언 극단에 합류한다. 이때 마임기술 등을 익혔다. 어린 시절의 체험이 반영된 떠돌이 캐릭터는 그의 마임에 생명력을 불어넣었다.

전작 〈시티 라이트City Lights〉(1931)나 〈모던 타임스〉(1936) 이후 채플린은 〈위대한 독재자The Great Dictator〉(1940), 〈살인광 시대Monsieur Verdoux〉(1947) 등에서 자신의 코미디 재능을 정치 비판에 사용하기 시작한다. 이 때문에 채플린은 연방수사국FBI의 블랙리스트에 올라 미국에서 추방당한다. 그는 1972년 아카데미 평생공로상을 받기 위해 미국에 잠깐 들른 것을 제외하고는 평생 유럽에서 살았다. 망명 중에도 〈뉴욕의 왕A King in New York〉(1957), 〈홍콩의 백작부인The Countess from Hong Kong〉(1967) 등 몇 편의 작품을 만들기도 했다. 채플린은 1975년 영국에서 기사 작위를 받았고, 1977년 사망했다.

영화 속 공장 노동자 찰리는 어느 대규모 철강 공장 컨베이어 벨트에서 부품의 나사를 조이는 일을 반복한다. 그는 일을 하지 않을 때도 나사 조이는 감각이 몸에 남아 모든 사물을 조이려는 강박증을 갖는다. 심지어 공장설비를 망가뜨리고 직장동료나 상사도 알아보지 못하는 정신이상 증세까지 보인다. 이른바 '비정상적 행위장애'요, 일중독 증상이다. 이 때문에 한바탕 소동을 치른 찰리는 결국 정신병원에 수감된다.

16

일단 증세를 치료했지만 실업자가 된 찰리는 우연히 길가에 떨어진 깃발을 주워 들었다가 파업 주동자로 오인돼 투옥되고 만다. 감옥에서 우연히 탈주범들을 격퇴한 뒤 모범수로 인정받아 편하게 수감생활을 해오던 찰리는 특별사면 소식에 오히려 우울해진다. 먹고살 길이 막막하기 때문이다.

한편, 아내 없이 아이 셋을 키우던 아버지가 대공황으로 실업자 신세가 되자 큰딸이 항구에 정박된 배에서 바나나를 훔쳐 달아난다. 공장 안에서는 노동 효율성을 높이기 위한 경영혁신이 이뤄지는 반면, 공장 밖에서는 대량실업이 발생하고 소요가 이어진다. 그 와중에 소녀의 아버지가 경찰이 쏜 총에 맞아 죽는다. 국가가 자녀 셋을 책임지기로 하고 공공 보호시설로 데려가려 하나 눈치 빠른 큰딸은 도주한다.

그 뒤 거리에서 빵을 훔쳐 달아나던 고아 소녀가 경찰에 잡혀 체포될 위기에 처한 것을 본 찰리는 측은한 마음에 소녀 대신 감옥에 가기로 결심한다. 그러나 한 목격자가 빵을 훔친 범인이 찰리가 아니라 소녀라고 진술하면서 그는 다시 풀려난다. 찰리는 한사코 감옥에 가려고 애쓰며 일부러 어느 식당에 가서 돈 없이 맛있는 음식을 먹은 뒤 스스로 경찰을 부른다. 찰리는 이송 중에 다시 고아 소녀와 재회하고, 둘은 차량이 전복된 틈을 타 탈출한다.

소녀와 함께 살 집을 마련하고 싶다는 '꿈'이 생긴 찰리는 한 백화점에 야간경비로 취직한다. 그러나 아침이 밝도록 옷더미 속에서 잠을 자다가 발각돼 다시 경찰에 체포된다. 그사이 소녀는 춤추는 재능을 인정받아 한 카페에서 댄서로 일한다.

소녀가 찰리를 식당에 소개하면서 둘은 함께 일하게 되고, 찰리는 노래와 춤 재능을 인정받아 정식으로 고용된다. 기쁨도 잠시, 소녀는 과거에 저지른 절도행각으로 다시금 체포될 위기에 처하고 둘은 가까스로 달아난다. 다시 길 위에 선 남녀는 새로운 희망을 다지며 끝이 보이지 않는 길을 떠난다. 행복을 찾는 긴 여정이다.

시대적 배경

〈모던 타임스〉는 1920~1930년대 미국의 산업화 시대를 배경으로 한다. 미국에서는 남북전쟁(1861~1865) 이후부터 1차 세계대전 이전까지, 즉 1860년경부터 1910년까지 약 50년간 급속한 산업화가 진행된다. 전 분야에 걸친 혁신과 기업의 합병, 수직통합의 결과, 20세기 초 산업과 경제 활동을 일부 기업이 좌우하는 독점자본(대기업) 시대가 열린다. 철강업의 카네기 멜론, 자동차 왕 헨리 포드, 금융업의 모건^{J. P.Morgan}, 석유왕 록펠러^{J. D.Rockefeller} 등이 대표적이다.

이 때문에 빈곤과 소득 불균형 문제가 대두된다. 국민 1퍼센트가 전체 소득 90퍼센트 가까이 차지할 정도로 빈부격차가 심했고, 극빈자는 1000만 명에 달했으며, 노동자의 평균 노동시간이 주당 60시간이나 되는 반면, 임금은 턱없이 낮았다. 산업재해율이 아무리 높아도 이에 대한 보상체계가 갖춰지지 않았다. 노동자들은 임금인상과 노동시간 단축을 요구하며 파업을 했지만 기업가들은 이들 대신 이민자나 흑인을 노동자로 고용하는 방법으로 공백을 메웠다. 기업들은 경제력을 이용해 정부, 법원, 언론을 매수하려 했다. 노동자들에게 유일하게 남은 저항의 길은 파업뿐이었다.

〈모던 타임스〉에서도 몇 차례 파업 장면이 보인다. 정신병원에서 나온 찰리는 지나가던 트럭에서 깃발이 떨어진 것을 보고 그 깃발을 주워 흔들며 차를 따라간다. 그때 마침 찰리 뒤에 시위대의 행렬이 나타난다. 경찰은 찰리를 시위 주동자로 오인하고 체포한다. 찰리는 우연히 교도소에 침입한 강도를 제압하고 편안한 수감생활을 하는데, 이때 그가 읽는 신문의 헤드라인도 '폭동과 실업'이다.

얼마 뒤 찰리는 한 소녀를 만나게 된다. 실업자 아버지를 둔 소녀는 먹고살려고 도둑질을 한다. 그러던 중에 소녀의 아버지는 일자리를 요구하는 시위대 한복판에서 경찰 총을 맞고 죽는다. 찰리와 함께 공장에서 일했던 빅 빌은 파업으로 실직해 강도가 된다. 며칠 뒤 공장 재개 소식에 실업자들이 몰려들지만 그마저 하루도 안 가고 노동자들은 다시 파업에 돌입한다.

1936년에 나온 〈모던 타임스〉는 이렇게 대량실업이 온 사회를 휩쓸던 1929년 이후의 경제대공황을 배경으로 한다. 채플린이 한창 〈시티 라이트〉를 촬영 중이던 1929년 월 스트리트를 강타한 '검은 목요일'은 대공황의 본격적 시작을 알렸고, 전 세계는 급격히 빈곤에 휘말려 들어갔다. 수많은 노동자가 해고됐는데 실업자들이 거리를 가득 채운 1930년대가 바로 그 시기였다. 그는 〈시티 라이트〉를 완성한 후 18

개월 동안 전 세계를 돌며 공연했고, 많은 사람을 만났다. 마하트마 간디도 그중 한 사람이었다. 그들은 '기계'에 대해 깊은 이야기를 나누었고, 이 대화는 찰리 채플린이 〈모던 타임스〉라는 영화를 만드는 단초가 된다.

찰리가 나사를 돌리는 같은 노동을 반복하는 장면은, 채플린이 디트로이트에 있는 자동차 공장 컨베이어 벨트에서 일하는 노동자들이 신경쇠약으로 고통받는다는 기사를 보고 구상한 것이다. 영화 속에서 쉴 틈 없이 나사를 조여야 했던 찰리는 작업을 교체한 뒤에도 나사를 조이던 몸동작이 얼마간 몸에 남아 있다. '일중독 work addiction' 증상이다.

그는 한 차례 크게 몸을 턴 후에야 제 패턴을 찾는다. 몸뿐만 아니라 정신 역시 패턴을 기억한다. 그래서 그는 나사처럼 동그란 것만 보면 조이려는 강박증을 갖게 된다. 그의 눈에는 여성의 옷과 가슴에 달린 단추들 역시 조여야 하는 나사로 보인다. 이를 통해 기계화 시대에 인간 역시 기계화하고 있음을 잘 표현한다.

그렇다고 이 영화가 기계 시대의 비극성만 보여주는 것은 아니다. 찰리는 자신과 비슷한 처지에 놓인 고아 소녀를 만나고 그녀와 사랑에 빠진다. 고아 소녀는 자신이 춤에 재능이 있다는 사실을 발견한다. 서빙을 할 때는 사고만 치던 찰리는 의외로 자신이 노래와 쇼맨십에 재능이 있다는 사실을 발견한다. 두 사람 모두 레스토랑과 전속계약을 맺으며 꿈에 부풀어 있을 때 갑자기 경찰이 들이닥치면서 두 사람은 다시 거리로 나앉고 만다. 절망한 소녀가 "살려고 노력한들 무슨 소용이에요?"라고 푸념하자 찰리는 "우린 잘할 수 있어"라며 소녀를 위로한다. 이를 통해 삶이 아무리 절망적일지라도 이에 굴하지 않고 나아가는 주체성이야말로 희망의 근거임을 보여준다. 그리고 그 이면엔 서로 사랑을 주고받을 수 있는 따뜻한 사람이 있다는 사실도 은근히 알려준다.

공장 시스템과
생산관리

근대적 공장 시스템은 영국에서 1780년대의 산업혁명 이후 발전, 정착하기 시작해 오늘에 이른다. 근대적 공장 시스템의 구성요소는 크게 세가지다.

첫째는 물리적 공장구조다. 대규모 공장부지와 건물, 거대한 기계와 복잡한 설비, 그것을 움직이는 에너지의 부단한 공급, 그리고 부품이나 원료, 생산된 상품 따위를 원활히 실어 나를 수 있는 도로, 항만 등의 사회적 인프라가 물리적 공장구조의 핵심이다.

둘째는 노동력 관리구조다. 대규모 공장이 굴러가려면 우선 노동력^{workforce}이 대량으로 필요하다. 영화 〈모던 타임스〉에서 털 깎인 양들이 공장에 대거 출근하는 노동자들과 오버랩되는 장면에서 표현되듯 15~16세기, 그리고 17~18세기에 영국에서 진행된 1·2차 '인클로저 운동enclosure movement'에 의해 처음으로 노동력이 대량 창출된다. 이들이 공장으로 가지 않고 방랑하거나 걸식, 도적질 등으로 생계를 잇는 것을 막기 위해, 그리하여 구빈원 등에서 공장 노동에 적응하도록 만들기 위해 '빈민법' 내지 '유혈입법'을 강제한다. 처음엔 국가 공권력이나 공장 규율에 저항하던 사람들도 서서히 공장 노동에 길들여져 '성실한' 노동자가 된다.

이제 경영관리자들은 이들을 모집, 선발해 교육하고 훈련한 뒤 현장에 투입해서 효율성과 생산성을 드높이는 방향으로 일하게 만들어야 한다. 한편으로 자질 향상qualification이, 한편으로 동기부여motivation가 인사관리에 필수적인 까닭이다. 이런 일을 잘 이끄는 것이 리더십leadership이다. 물론 일에 대한 태만이나 노조 활동 등을 감시하고 통제할 필요성도 바로 여기서 생긴다. 나아가 기업경영 전반을 수익성profitability 관점에서 전략적으로 관리하려면 기업 전체의 지배구조를 자본 지향적으로 편성해야 한다. 이사회나 주주총회를 통한 자본 지향적 CEO를 선임하는 것은 기본이요, 회사의 전 직원을 CEO 마인드로 무장시켜야 할 필요성도 바로 여기서 나온다.

셋째는, 거시적 사회구조다. 예컨대 노동력을 대량으로 공급할 학교 제도나 직업훈련 제도를 구축해야 하고, 기업이나 공장의 사적 소유권을 보장하는 민법, 나아가 어느 정도 노동인권을 보호하면서도 자본주의 체제 자체를 보호하는 노동법도 정비해야 한다. 동시에 거대한 공장 시스템을 구축하고 가동하기 위해선 거액의 자금이 필요한데, 그러려면 금융시장도 발달해야 한다. 나아가 대량으로 생산된 상품을 대량으로 소비할 수 있는 시장과 소비자가 생성되어야 하고 그런 방향으로 상품의 생산과 판매가 잘 이뤄지도록 돕는 정치나 정책을 개발해야 한다. 또, 영국이나 프랑스, 독일 등의 식민지 개척 역사가 증명하듯이 한 나라의 시장이 포화에 이르거나 원료와 자원, 에너지가 고갈되면 해외 식민지 개척도 대단히 중요해진다. 이는 일국자본주의 내지 독점자본주의를 넘어 제국주의가 등장하는 배경이 된다.

기계와
인간 노동

〈모던 타임스〉에는 다양한 종류의 기계장치들이 나온다. 영화 시작부터 시계가 등장한다. 시계는 근대의 시간을 상징한다. 자연의 시간이 아니라 인위의 시간이요, 그것은 결국 기계의 시간, 자본의 시간을 상징한다. 기계의 시간, 자본의 시간은 효율성을 지상명령으로 한다. 여기서는 인간성^{humanity}보다 중시되는 것이 효율성^{efficiency}이기 때문이다. 혹시 인간성을 말한다 해도 그것은 효율성 이후에나 가능하다고 간주된다. 그런데 실제 현실은 효율성 추구 과정 자체가 인간성을 희생한 대가로 이뤄짐을 말해준다. 자연의 시간과 자본의 시간에 대해서는 앞으로 더 많은 논의와 성찰이 필요하다.

휴식시간에 자리를 뜨거나 공장문을 드나들 때 반드시 찍어야 하는 타임체크기 또한 시계와 비슷한 역할을 한다. 다만 지금은 이것이 카드키 등으로 대체되어 전자 시스템에 자동기록된다는 점이 다를 뿐이다. 그럴수록 자동기록이나 전자기록에 대한 감각은 무뎌져 거의 무의식적으로 기록 과정이 진행된다. 그러다가 문제나 사고가 발생하면 그 기록이 명백한 증거자료로 등장한다. 이 자료는 도난이나 안전사고 등을 체크하는 문제 말고는 대체로 일하는 사람들에게 불리하게 작용한다. 근태 향상 체크나 노조 활동 같은 근무외 활동을 감시하는 용도로도 쓰이기 때문이다. 이런 자료들이 근무평가나 인사고과, 성과관리에 활동될 경우 대단한 위력을 발휘한다.

다음으로 컨베이어 벨트를 살펴보자. 〈모던 타임스〉에서 찰리는 잠시도 쉴 틈 없는 공장 상황을 마임을 통해 생생하면서도 우스꽝스럽게 표현해낸다. 돌아가는 컨베이어 벨트 뒤로 세 남자가 나란히 서 있다. 제일 왼쪽에서 찰리가 나사를 조이면 오른쪽에 선 두 사람이 망치와 정으로 두드려 마무리한다.

노동사들은 서로 이야기를 할 시간도, 심지어 날아다니는 파리 하나 잡을 시간도 없다. 조립해야 할 부품들은 숨 쉴 틈도 주지 않고 흐른다. 인간의 시간이 기계의 시간에 지배와 종속을 받는 장면이다.

여기서 잠시 테일러F. W. Taylor의 '과학적 관리법scientific management'과 포드의 컨베이어 벨트를 비교해보자. 테일러의 과학적 관리법(1910년 전후)은 기존의 주먹구구식 경영에 대한 대안으로 시간 및 동작 연구에 기초한 표준 작업량 설정과 차별적 성과급 제도를 통한 개별 노동의 과학적

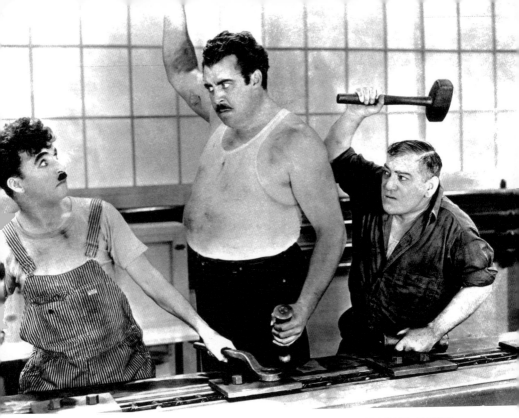

▌ 채플린은 잠시도 쉴 틈 없는 공장 상황을 풍자하는 장면을 통해 공장 노동자의 상황, 즉 컨베이어 벨트라는 기계에 종속된 인간의 모습, 기계 종속적인 노동의 현실을 보여준다.

관리를 표방한 것이다. 포드의 컨베이어 벨트(1913년 이후)는 개별 노동자의 작업을 더욱 세분화해서 전후방 작업자들 사이에 노동의 연속성을 극대화한 것이다. 또한 테일러의 과학적 관리법이 생산관리, 노무관리에 국한된 공장관리에 초점을 둔다면, 포드의 컨베이어 벨트는 공장관리를 넘어 전 사회적 축적관리의 의미로 확장되기도 한다. 즉 포드의 컨베이어 벨트는 파편화된 노동의 연속성을 극대화하여 최고의 생산성을 기록함으로써 자동차 생산가격을 급격히 떨어뜨린다. 이것은 결국 잠재적으로 모든 대중이 자가용 자동차를 소유하고 소비하게 함으로써 대중 소비시장을 창출하는 토대가 된다. 오늘날 자동차가 더 이상 귀족이나 부자들의 전유물이 아닌 것도 바로 이 때문이다. 특히 1930년대 루즈벨트F. Roosevelt의 '뉴딜New Deal'과 '와그너 법Wagner Act'은 국가의 공공 고용 창출, 노동권 보호, 노동조합 설립, 단체교섭과 단체행동 보장, 사회보장 확대 등을 통해 케인스J. M. Keynes가 강조한 유효수요(구매력)를 증진했다. 이것은 또다시 대량생산된 상품을 소비하는 대중 소비자까지 창출한다.

요컨대 포드의 컨베이어 벨트는 고생산성과 독점이윤을 기초로, 대량생산과 대량소비의 결합이 가능하게 함으로써 새로운 자본축적의 시대를 열어냈다. 이를 미시적 작업 조직으로서의 '테일러리즘Taylorism'에 대비해, 거시적 축적양식으로서의 '포디즘Fordism' 내지 포드주의라 부른다. 이를 다른 말로 복지국가 자본주의라 할 수 있다.[2] 이렇게 포디즘은 미국에서 1930년대 이후 1970년대 초반까지 약 40년간 선순환하며 작동했다. 영국이나 독일 등 유럽 대륙에서도 이러한 포드주의식 자본 축적이 늦어도 1945년 2차 세계대전 직후부터 약 30년간 선순환 과정을 거쳤다. 이른바 선진 자본주의 국가에서는 이 시기가 자본주의의 황금기였다.

하지만 만물이 생성, 발전, 소멸의 길을 걷듯이 포디즘 또한 쇠락한다. 실제로 포디즘은 한편으론 '근로윤리'의 저하(이른바 '산업평화' 저해 또는 '복지병' 증대)를, 다른 한편으론 국가재정의 악화(재정적자, 국가 부채)를 초래함으로써 1980년대부터는 포스트-포드주의 내지 신자유주의 시대가 창출된다. 영국의 대처 수상과 미국의 레이건 대통령이 그 선구자 역할을 했다. 한국도 1980년 이후부터 신자유주의를 강요받지만, 본격 시행되는 것은 1997년 'IMF 외환위기'를 매개로 한 신자유주의적 구조조정을 통해서였다.

기계와 인간 노동의 관계가 가장 드라마틱하게 표현된 부분은 자동급식 기계다. 영화에서는 기계를 발명하는 회사인 벨로우즈의 직원들이 급식 기계를 들고 공장을 방문한다. 벨로우즈 측은 급식 기계가 점심시간을 단축할 수 있다고 홍보한다.

자동 급식기는 손을 대지 않고 식사할 수 있도록 고안된 기계이기에, 노동자는 점심 식사 동안 작업을 중단할 필요가 없다. 그런데 하필이면 찰리가 이 기계의 실험 대상이 된다. 기계에 이마를 대면 입의 위치에 맞게 접시가 배치된다. 접시는 자동으로 돌아간다. 급식기는 친절하게 각도를 기울여 수프까지 먹여주며 입도 닦아준다. 또 입을 벌리면 기계가 음식을 입속으로 밀어준다. 옥수수도 자동으로 배급된다. 그러나 결국 기계는 오작동을 일으키기 시작한다. 옥수수 기계는 찰리의 이를 갈아버리고, 수프는 찰리의 옷을 흥건히 적신다. 또, 입을 닦아주어야 할 기계는 망치처럼 찰리의 얼굴을 휘갈긴다. 바로 이 자동 급식기 장면은, 효율성을 강조하는 기계가 어쩌면 가장 비효율적일 수 있음을 풍자한다. 여기서 이 기계의 잠재적 고객인 사장의 멘트가 인상적이다.

"별로 실용적이지 않군.It's not practical."

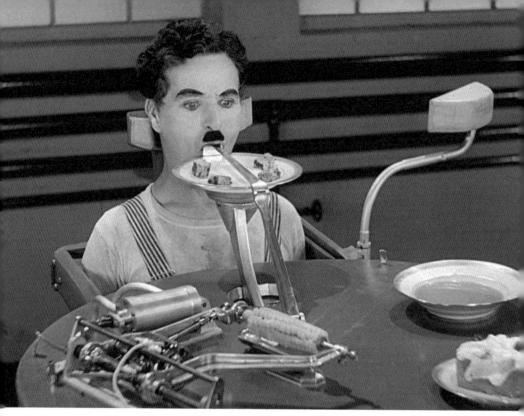

하나 더. CCTV 내지 노동 감시 문제가 있다. 〈모던 타임스〉는 기계 사회와 감시사회를 연결한다. 사장의 사무실 한쪽 벽에는 커다란 스크린이 달려 있어서 사장이 책상에 놓인 장치를 움직이면 공장 곳곳의 상황을 볼 수 있다. 원격 화상대화도 가능하다. 사장은 작업 속도를 조절하는 중간관리자와 화상대화를 나누며 속도를 조절한다. 심지어 화장실에도 감시카메라가 달려 있다. 영화가 1936년에 나왔다는 사실을 감안하면 채플린이 얼마나 통찰력이 뛰어난지 알 수 있다. 찰리가 휴식시간에 화장실에서 담배를 한 대 피우며 잠시 숨을 돌리려 하자 이를 목격한 사장의 불호령이 떨어진다.

"즉각 작업대로 복귀할 것!"

이것은 당시의 미래였던 오늘날의 상황을 놓고 볼 때 허무맹랑한 상상이 아니었다.

위계적
관리체계

〈모던 타임스〉는 기업경영에 필수요소가 된 위계적 관리체계도 보여준다. 사장 아래 중간관리자가 있고, 그 아래 작업감독이 있다. 작업감독 밑에 찰리나 빅 빌 같은 노동자가 있다. 대기업일수록 이 관리의 위계는 길어진다. 오늘날 대기업이나 재벌 기업의 위계는 황제급에 해당하는 명예회장 아래로 재벌총수인 회장, 각 계열사 사장, 이사(전무, 상무), 부장, 차장, 공장장, 과장, 대리, 조·반장, 그리고 일반 사원순이다. 그것도 정직원과 하청 내지 비정규직으로 나뉜다.

이러한 수직적 위계질서는 마치 군대 조직처럼 명령과 복종, 상명하복의 원리를 구현한다. 여기에 상벌의 원리가 보조 역할을 해서 신상필벌을 한다. 한국의 재벌 역시 군대 조직의 근본 원리인 상명하복과 신상필벌에 따라 편성된다. 일 잘하고 말 잘 듣는 사람들은 상을 주고 치하하면서 많은 임금과 보너스, 승진으로 보상한다. 반면 명령에 불복종하거나 저성과자, 그리고 민주적 노동조합이나 그 조합원들처럼 기업경영에 순순히 협력하지 않는 존재들에게는 벌을 내린다. 이들은 경고·시말서·감봉·정직·징계 등을 거쳐 해고 대상자에 오른다. 한마디로 순종하는 노동자는 생존과 승진이 보장되고, 저항하는 노동자는 해고와 배제의 대상이 된다. 이처럼 위계질서의 법칙은 냉혹하다.

한편 집단적 의미에서 위계질서는 자본과 노동의 관계로 나타난다. 자본·경영 측과 노조·노동 측이 상호긴장과 갈등을 경험하는 공간, 흔히 기업경영에서 노사관계라고 부르는 영역이 바로 이 부분이다. 물론 노동 측의 단결력이나 응집력에 따라 이러한 수직적 질서가 수평적으로 변하기도 하지만 경향적으로는 수직적인 면이 강하다. 산별노조에 의한 산별교섭이 많은 독일 등 유럽 여러 나라에서는 비교적 수평적 질서를 보이지만 어느 나라에서건 자본은 돈과 일자리를 통해 노동자를 고용하고 통제한다. 따라서 노동자가 자본 아래로 들어가 노동을 수행한다는 것은 이미 그러한 수직적 위계질서에 대한 수용을 전제로 한다.

그런데 더욱 근본적으로 생각해보면 자본주의는 인간의 노동 없이는 존재할 수 없다. 사람들이 노동자로서 노동을 해야만 상품을 생산할 수 있고, 또 사람들이 소비자로서 그 상품을 사야만 이윤을 획득할 수 있다. 반면 인간은 자본주의 시대가 아니어도 존재해왔다. 역사적으로 자본주의보다 선행하는 씨족사회, 부족사회, 노예제사회, 봉건제사회에서는 자본이란 없거나 부차적인 것이었다. 사람은 자본 없이도 살아갈 수 있다는 말이다. 이런 생각을 연장하면 먼 미래에는 자본 없는 새로운 사회가 가능하며, 사람들은 그런 사회에서 오히려 더욱 수평적으로 연대 관계를 맺으며 살아가리라 상상할 수 있다. 지금 당장 각자의 가정을 생각해보자. 사랑으로 충만한 행복한 가정은 수직적 질서가 아니라 수평적 질서 속에서 서로 존중하고 신뢰한다. 이런 면에서 볼 때 오늘의 학교나 회사가 군대의 수직적 질서가 아니라 행복한 가정의 수평 질서를 모델로 삼는다면 지금보다 훨씬 건강한 모습을 띨 것이다.

앞서 〈모던 타임스〉는 컨베이어 벨트를 통해 생산의 연속성을 증대시켜 생산성과 효율성을 극대화할 수 있음을 잘 보여준다고 했다. 그런데 이 역시 위계적 관리체계와 무관하지 않다. 〈모던 타임스〉에 나오는 철강회사 사장은 자동차 왕 헨리 포드를 모델 삼아 만든 인물이라고 한다. 헨리 포드는 1913년 가을, 미국 디트로이트의 자기 공장에 컨베이어 벨트 생산 방식을 처음 도입했다. 물론 포드 자신이 그 생산 방식을 발명한 건 아니다. 당시 선진경영을 배우려고 시카고를 방문한 포드는 닭 공장, 즉 통조림 공장에서 작업자 머리 위로 흘러가는 컨베이어 벨트를 보며 힌트를 얻었다고 한다. 즉 닭 공장에서는 온전한 닭이 벨트를 타고 들어오자마자 털이 뽑히고, 목이 잘리고, 다음엔 다리가 잘리고……, 그렇게 하나씩 해체되다가 맨 나중에는 톡 하고 통조림 깡통이 되어 떨어진다. 이를 본 헨리 포드는 이 공정 흐름을 거꾸로 해서 자동차 공장에 도입하겠다고 결심했다. 즉 자동차 섀시가 차대 위에 맨 처음 조립된 후 엔진, 계기판, 유리창, 문, 타이어 등이 차례차례 조립되고 맨 마지막엔 완성차가 라인을 타고 쏙 나온다. 이처럼 빠르게 흐르는 컨베이어 벨트 위에서 각 부품을 하나씩 조립해 완성차를 만들면 기존의 (장인 노동자에 의한) 수공업적 생산 방식에 비해 생산성이 엄청 높아진다.

그리하여 포드는 일단 거액이 들더라도 투자 차원에서 과감하게 컨베이어 벨트를 도입한다. 그러나 처음부터 노동자들이 새로운 작업 방식에 적응한 것은 아니다. 노동자들은 흐르는 부품을 재빨리 따라잡기 바빴고 금세 지쳐버렸다. 이것은 마치 채플린이 〈모던 타임스〉에서 정신없이 조립 노동을 수행하다가 마침내 기계 속으로 빨려 들어가는 것, 나아가 정신착란에 걸려 기계를 망가뜨리고 동료나 상사를 비웃듯 공격하는 이상행동을 보이는 것에서 잘 드러난다.

컨베이어 벨트의 도입이 이 정도로 노동자들의 직무 불만족^{job dissatis-faction}과 (최고 900퍼센트에 이를 정도로) 높은 이직률^{turnover rate}을 초래하자, 포드는 자구책으로 일일 노동시간을 줄이고 임금을 대폭 상승해(당시 2.43달러이던 일당을 5달러로 높였다) 노동자들의 불만을 무마하려 했다. 그런데 여기서 잊어선 안 될 사실은, 일당 5달러 제도^{5-dollar-day}의 실시와 더불어 오늘날의 노무부서에 해당하는 사회부^{sociological department}를 만들어 (음주, 담배, 성생활, 노조 활동 등) 노동자들의 일거수일투족을 감시하고 인사평가에 반영했다는 점이다. 즉 일당 5달러 제도로 상징되는 고임금 정책은, 흔히 오해하는 것처럼 포드 공장 노동자들이 모두 자가용 한 대씩을 소유하게 하려는 마케팅 전략의 산물이기 이전에 직무 불만족과 높은 이직률을 보이던 노동자들을 생산 과정에 더욱 단단히 결박하기 위한 노사관계 전략의 산물이었다.

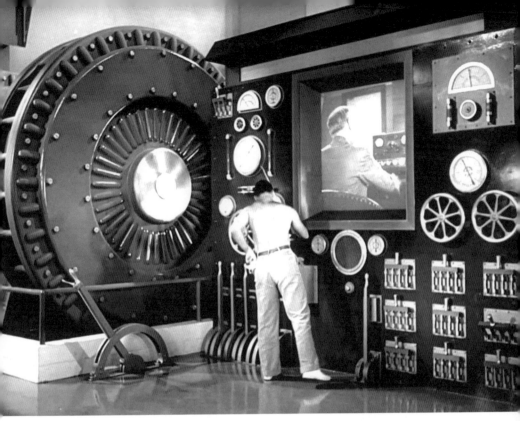

▌ 〈모던 타임스〉는 기계사회와 감시사회를 연결한다. 사장의 사무실 한쪽 벽에는 커다란 스크린
이 달려 있어서 사장이 책상에 놓인 장치를 움직이면 공장 곳곳의 상황을 볼 수 있다.

그런데도 노동자들이 세계산업노동자동맹^{Industrial Workers of the World, IWW} 같은 진보적 노동조합에 가입하거나 노동운동을 하려고 하자 포드는 격분했다. 일한 만큼 돈을 더 주는데 뭐가 문제인지 도무지 이해할 수 없다는 생각이었다. 이는 노동자들이 임금 수준 때문에 불만을 가진 것이 아니라 컨베이어 벨트 도입에 따른 인간의 기계화, 부속화, 즉 노동소외

alienation of labor에 그 근원을 두었다는 점을 간과한 결과였다.³

현대사회와
시간문제

하루 24시간. 1년 365일. 모든 사람에게 주어진 공평한 시간이다. 오늘날의 평균수명은 80세에 이른다. 물론 2016년 서울 지하철 구의역 스크린도어 사고로 사망한 김 모 군이나 10대에 억울하게 죽어간 특성화고 현장실습생처럼 젊은 나이에 목숨을 잃는 경우도 많고, 90세, 100세를 넘기며 장수하는 노인도 많다. 그러나 일단 살아 있는 모든 이에게 하루 24시간은 동일하다.

그렇다고 해서 모든 사람의 시간이 다 같을까? 그렇지 않다. 사람들의 시간의 결은 저마다 다르다. 우리가 경험하는 시간에는 크게 두 가지 결이 있다. 하나는 돈의 시간이고, 다른 하나는 삶의 시간이다.

"시간은 돈이다!^{Time is money!}"

벤저민 프랭클린^{Benjamin Franklin}(1706~1790)의 말이다. 그는 1776년 미국 독립선언문을 작성했고, 미국철학협회를 창립했으며, 영국 왕립학회 회원이기도 했다. 정치가이자 발명가이면서 사상가이기도 했다. 프랭클린의 사상은 미국 건국 초기부터 오늘날까지 수많은 사람들이 실용주의적으로 살아가는 데 영향을 미쳤다.

그는 만 20세이던 1726년, 열세 개 덕목을 자신의 좌우명으로 삼고 평생 이를 실천하려 노력했다. 그중 한 가지 덕목이 근면^{Industry}이다. 이를 더욱 구체적으로 말하면 시간을 허비하지 말고^{Lose no time} 한시도 쉬지 말고 쓸모 있는 일을 하며^{Be always employed in something useful} 모든 불필요한 행위를 과감히 그만둘 것^{Cut off all unnecessary actions} 등이다.

이 같은 맥락에서 만 40세의 나이에 〈어느 젊은 상인에게 주는 충고〉라는 글에서 "시간은 돈이다"라는 명언(?)을 남긴 것이다.

"시간이 돈임을 명심하라. 하루 종일 일해서 10실링을 벌 수 있는 사람이 한나절 동안 밖에서 빈둥거리고 놀며 시간을 보냈다고 하자. 놀면서 6펜스만 썼다 하더라도 그것만이 비용의 전부라 생각해선 안 된다. 왜냐하면 그는 10실링을 낭비하거나 포기한 것이나 다름없기 때문이다."

이 이야기는 1848년 클로드 프레데릭 바스티아^{Claude Frédéric Bastiat}의 에세이 〈보이는 것과 보이지 않는 것^{Ce qu'on voit et ce qu'on ne voit pas}〉에서 더욱더 발전되었고, 1914년 오스트리아 경제학자 프리드리히 폰 비저^{Friedrich von Wieser}에 의해 마침내 '기회비용^{opportunity cost}〉 개념으로 각인되었다. 돈 버는 일에 시간을 쓰지 않고 '엉뚱한' 일만 했다면 그 엉뚱한 일에 직접비용^{explicit costs}이 들었을 뿐 아니라 그 시간에 벌었어야 할 돈을 벌지 못해 간접비용^{implicit costs}까지 들었으니 이중으로 손해(기회비용)를 본 셈이다. 어디서 많이 듣던 논리 같기도 하다. 그렇다, 이는 오늘날 수많은 우리 노동자들의 이야기이기도 하다.

노동시간 단축해서 집에 일찍 가모 뭐하노? 집에 가서 애들하고 뭐 사먹으며 놀거나 백화점 같은 데라도 가서 외식이나 하모 돈만 많이 쓰제? 안 그라고 회사로 출근해 일을 더 하모 잔업수당을 50퍼센트씩이나 더 받은깨 돈이 좀 된다 아이가? 주말에 쉬지 않고 고마 특근을 한 바리만 더 뛰모 애들 학원비가 다 빠진다니까.[4]

그러나 또 다른 시간의 결도 있다. 돈의 시간이 아니라 삶의 시간이다. 이것을 잘 표현하는 소설이 있는데, 독일 작가 미하엘 엔데가 1973년에 쓴 《모모Momo》다.

"모모는 어리석은 사람이 갑자기 아주 사려 깊은 생각을 할 수 있게끔 귀 기울여 들을 줄 알았다. 상대방이 그런 생각을 하게끔 무슨 말이나 질문을 해서가 아니었다. 모모는 가만히 앉아서 따뜻한 관심을 갖고 온 마음으로 상대방의 이야기를 들었을 뿐이다. (…) 모모는 이 세상 모든 것의 말에 귀를 기울였다. 개, 고양이, 귀뚜라미, 두꺼비, 심지어는 빗줄기와 나뭇가지 사이를 스쳐 지나가는 바람에도 귀를 기울였다. 그러면 그들은 각각 자기만의 독특한 방식으로 모모에게 이야기를 했다. (…) 시간을 재기 위해서 달력과 시계가 있지만, 그것은 그다지 의미가 없다. 사실 누구나 잘 알고 있듯이 한 시간은 한없이 계속되는 영겁과 같을 수도 있고, 한순간의 찰나와 같을 수도 있기 때문이다. 그것은 이 한 시간 동안 우리가 무슨 일을 겪는가에 달려 있다. 시간은 삶이며, 삶은 우리 마음속에 있는 것이니까."

오늘날 우리 삶에서는 이 두 결의 시간이 대립한다. 시간 적대time antagonism다. 생명의 논리와 자본의 논리가 대립한다. 생명의 논리가 자본의 논리에 저항하기도 하지만 자본의 논리는 권력의 힘을 업고 생명의 논리를 무참히 박살내려 한다. 이제, 계급 적대는 시간 적대로 재현된다.

자본은 시간을 압축하고 밀도를 높여 이윤율을 높이려 발버둥 친다. 그러나 이 세상에서 가장 어리석은 일 가운데 하나가, '제 무덤 파는 일'이 아니던가. 자본은 자기도 모르는 사이에 자기 무덤을 판다. 세계시장은 급속도로 포화 상태로 치달았고, 원료나 에너지도 급속히 고갈되었다. 실업자와 비정규직이 대량생산되는 가운데 급속히 구매력이 떨어졌다. 한쪽에서는 산더미같이 만들지만 다른 쪽에서는 별로 팔리지 않는다. 이는 은행이자가 제로로 치닫고 재벌들이 사내유보금을 몇백 조씩 쌓아두는 배경이 된다. 효율(축적)의 논리가 자가당착이 되어 호흡(흐름)을 방해한다. 자본은 이런 통찰에 귀를 기울이지 않는다. 자본은 모모와 전혀 다르기 때문이다. 오히려 허튼소리를 무한 반복한다.

"조금만 더 일하면 선진국 된다. 조금만 더⋯⋯!"

이제 우리에게 남은 것은 무덤 앞에 선 좀비 시스템을 구덩이 속으로 살짝 떠미는 일이다.

비록 생명의 논리에는 자본의 논리를 압도적으로 굴복시킬 힘이 없지만, 생명의 논리가 자본의 논리에 '자발적 복종'을 하지 않고 스스로 꿈틀거리며 타인과 어깨동무를 하는 한, 좀비가 되어버린 시스템을 구덩이로 떠밀어 넣기는 그리 어렵지 않다. 이제 생명의 시간이 빛을 발할 때가 다가온다. 우리 자신이 생명의 철학, 삶의 철학으로 무장하는 만큼 그 시간에 가까워지는 법!

상품의 생산과
실업의 생산

자본주의 기업은 상품만 생산하는 게 아니라 실업도 생산한다. 이 말은 실업의 책임이 적어도 인간(청년 실업자나 중장년 실업자) 스스로에게 있는 게 아니란 말이다. 이른바 '스펙specification'이 문제가 될 수도 있다. 그러나 시스템이 무한한 이윤의 추구가 아니라 인간적 필요의 충족을 위해 존재한다면 '스펙' 문제는 능력개발 제도와 동기부여 제도에 의해 얼마든지 해결될 수 있다.

실업의 근본 책임이 시스템에 있다는 말은 무엇을 뜻하는가? 기업, 즉 자본은 이윤을 위해 움직인다. 자본주의에서 기업은 자유 경쟁의 원리 위에 작동한다. 경쟁에서 이기면 많은 이윤을 얻고 지면 망한다. 이런 원리에서는 한 기업이 만든 상품이 잘 팔리기만 하면 경쟁에서 승리하고 이윤을 축적한다. 여기서, 잘 팔리고 경쟁력 있는 상품이란 무엇일까? 아마도 가격이 싸고, 품질이 좋으며, 친절한 서비스(A/S 포함)가 보장되는 상품일 것이다. 그런데 대중시장에서는 대체로 비슷한 품질일 때 가격이 싼 것이 경쟁력이 있다. 따라서 가격 경쟁력이 경쟁력의 핵심이 된다. 한 업종, 한 나라, 나아가 세계시장 전반에서 가격 경쟁이 대세를 이루는 것도 이런 이유다.

그렇다면 가격 경쟁의 핵심은 무엇일까? 바로 생산성이다. 생산성(P) 공식은 투입(I) 대비 산출(O)이다(P=O/I). 쉽게 말하면 들어간 돈에 비해 더 많은 산출을 얻으면 된다. 그랬을 때 남들보다 싸게 팔 수 있고 경쟁에서 승리해 더욱 많은 이윤을 챙길 수 있다. 첫째, 투입은 인건비·재료비·에너지비·땅값·임대료·이자 등 각종 비용 요인인데 이런 것들을 줄여야 한다. 그중에서도 인건비를 줄이는 방법에는 직원을 줄이거나 정규직 대신 비정규직을 고용하는 것, 임금을 동결하거나 노조를 금지·억제하는 것, 나아가 하청을 주거나 하청 단가를 줄이는 것 등이 있다. 산출은 생산량이나 매출액으로 표시된다. 둘째, 산출을 늘리는 방법은 무엇일까? 노동시간을 연장하거나, 동일한 노동시간이라면 노동강도를 늘리는 것이다. 기계를 도입하면 노동시간과 노동강도를 동시에 늘릴 수 있어 산출이 높아진다. 자, 여기서 가장 생산성을 높일 수 있는 방법이 무엇일지 생각해보자. 바로 투입은 줄이고 산출을 늘리는 것이다. 특히 동일한 업종의 기업들은 생산성을 극대화하는 새로운 공정과 기계를 경쟁적으로 도입한다. 그리하여 갈수록 많은 과학기술이 노동 과정에 도입되는데, 이로써 인간 노동력의 축출, 즉 실업이라는 결과를 불러온다. 기술은 처음엔 육체 노동을, 나중엔 정신 노동을, 그 뒤엔 인간 노동 자체를 불필요하게 만든다.

그런데 이 모든 방법을 인간 노동의 관점에서 보면, 신규 노동자의 취업을 억제하거나 정규직을 비정규직으로 대체하고, 기존 노동자들의 노동시간을 연장하고 노동강도를 강화하는 것이다. 실업 문제의 책임이 시스템에 있다는 건 바로 이를 두고 하는 말이다. 인간적 필요가 아니라 무한한 이윤을 추구하는 시스템이기에 과학과 기술, 그 모든 것이 인간을 불필요하게 만들어간다.

그 와중에도 나름대로 '스펙'을 쌓아 틈새시장을 뚫고 들어갈 수는 있다. 하지만 갈수록 성공 가능성이 낮아진다는 게 문제다. 더욱 근본적 문제는 사람이 자신의 필요에 따라 일하는 게 아니라 자본이 이윤의 필요에 따라 사람을 고용한다는 데 있다. 이런 맥락에서는 그 누구도 노동소외의 덫을 피해가기 어렵다. 노동소외란 내가 하는 일의 내용이 정말 좋아서 또는 보람을 느껴서 일을 하는 것이 아니라, 아무리 열심히 해도 또는 아무리 보수를 많이 받아도 결국 공허함을 느끼게 되는 상황이다. 반대로 즐겁고 보람찬 일을 할 때는 자아실현감을 느낄 수 있다. 자아실현self-realization의 욕구는 인간의 욕구 중에서 고차원에 속하는 것으로, 이 욕구가 실현된 사람은 진정한 행복과 만족을 맛본다. 이 자아실현감이 사회적 헌신과 결합되면 만족과 행복은 최고조에 이를 것이다.

영화 속에서 채플린은 공장 노동자로 컨베이어 벨트 위에서, 나아가 조선소 보조공이나 백화점 경비원으로 처절한 노동소외를 경험한다. 반면 레스토랑 직원으로, 특히 춤꾼 내지 만담꾼으로서 그는 자신의 일이 재미가 있다는 것을 깨닫고 사람들의 환호 속에서 나름대로 보람을 느낀다. 그의 여자 친구 또한 댄서로 예사롭지 않은 재주를 발휘한다. 이렇게 자신의 흥미나 재주, 의미와 보람에 기초한 일을 하면 내재적 동기intrinsic motivation가 부여되어, 더욱 쉽게 자아실현을 할 수 있다.

좀 더 깊이 생각해볼 주제들

1. 현대 기업경영에서 발생하는 노동소외의 원인은 무엇일까?
2. 자연의 시간과 기계의 시간, 자본의 시간은 어떻게 다를까?
3. 테일러리즘, 포디즘은 각각 어떤 장단점을 가지며 둘의 차이점은 무엇일까?
4. 일중독과 소비중독의 원인은 무엇이며 어떻게 해결해야 할까?
5. 대량실업 문제나 빈곤, 불평등 문제를 해결하는 방안은 무엇일까?
6. CCTV와 노동 통제로 상징되는 '빅 브라더' 문제를 어떻게 해결할 수 있을까?
7. 모든 사람이 즐겁게 일하고 행복하게 살 수 있는 길은 무엇일까?

인턴
판매관리와 온라인 마케팅

The Intern | 낸시 마이어스 감독 | 미국 | 2015

일중독이란 강박적으로 일에 의존하고, 갈수록 성취도가 높아야 일시적으로나마 만족하며, 일하지 않고 쉬면 일종의 금단증상으로 불안과 초조를 느끼는 병적 상태라 정의된다. 일중독은 결코 정지 상태에 머무르지 않으며 내버려두면 서서히 악화해 마침내 사망에 이를 수도 있는 지극히 위험한 질병이다.

개요와 줄거리

낸시 마이어스[Nancy Meyers] 감독의 〈인턴〉은 인터넷 의류 마케팅 회사 '어바웃 더 핏'의 여성 CEO 줄스 오스틴(앤 해서웨이 분)과 그 회사에 노인 인턴사원(시니어 인턴십)으로 취업하게 된 벤 휘태커(로버트 드 니로 분)의 일과 삶에 관한 영화다. 완벽주의적이고 깐깐한 성향인 줄스는 창업 1년 반 만에 직원 25명에서 220명 규모로 회사를 키우고 성공신화를 이룬다. 특히 45년간 직장생활을 마치고 노후를 보내는 벤이 아내와 사별한 뒤 자기 삶의 빈 구멍을 메우고자 인턴 일을 시작한다는 점이 인상적이다. 대개 인턴이라 하면 팔팔한 청춘이 연상되기 때문이다.

70세 남성 노인이 30세 여성 CEO를 보좌하는 비서 역할은 물론 인생선배로 멘토 역할을 멋지게 해내는 모습이 영화의 묘미를 느끼게 하면서 잔잔한 감동을 준다. 한 회사를 경영하는 과정에서 남성과 여성, 노인과 젊은이, 인턴사원과 사업주가 절묘하게 조화를 이뤄나가는 모습이 돋보인다. 또, 부부 사이가 소원해지면서 줄스를 떠날 뻔했던 남편이 다시 원래 자리로 돌아오는 장면은 인간적 감동을 더한다. 줄스가 바람피우는 남편을 인내심 있게 기다릴 수 있었던 배경에는 경험과 노련미로 똘똘 뭉친 벤의 조언과 격려가 있었다. 줄스에게 벤은 거의 아버지 같은 인턴이었다.

줄스는 30세의 젊은 워킹맘이자 슈퍼맘으로 이른바 '유리천장glass ceiling'을 깨뜨리며 성취와 성공에 흠뻑 취해 살아왔다. 남편은 귀여운 딸의 양육과 살림을 도맡았다. 아내의 사업적 성공을 위해 자신의 꿈을 접고 내조하기로 결심했기 때문이다. 줄스는 회사에서 시간·장소·상황, 즉 TPO에 꼭 맞는 패션센스를 보이는 완벽주의자로서 분 단위로 일정을 관리할 정도로 여유가 없다. 심지어 업무수행 중인 사무실에서도 자전거를 타며 체력관리를 할 정도다. 동시에 줄스는 야근하는 직원들을 자상하게 챙기고, 고객을 위해 박스포장까지 직접 하는 열정을 보인다.

한편, 전화번호부 만드는 회사에서 45년 이상 광고와 홍보 업무를 거쳐 이사직까지 수행했던 70세의 벤 휘태커는 그간의 노하우는 물론 풍부한 인생경험을 바탕으로 새 직장상사 줄스를 거의 완벽하게 보좌한다.

지혜롭고 배려심 많은 벤은 비록 신분이 불안정한 인턴사원에 불과하지만 회사에서 젊은 직장선배들과 잘 어울리면서 그들이 어려움에 처할 때마다 재치 있게 도와준다. 벤은 금세 인기 폭발인 직원이 되었으며, 그의 인간적 친화력과 적극적 사고방식은 직장 내 인간관계를 화목하게 만들고 조직 분위기를 활기차게 했다. 늘 손수건을 갖고 다니는 벤이 "손수건은 나를 위한 게 아니라 남에게 빌려주기 위한 것"이라고 말하는 부분도 상징적이다.

흥미롭게도 벤의 새 회사 건물은 예전에 자신이 일했던 공장이었다. 벤은 줄스에게 "이 건물의 모든 것을 다 알죠"라고 말하며 줄스와 친밀한 관계를 형성한다. 처음에는 벤에게 특별히 시킬 일이 없어 주저하던 줄스도 서서히 마음의 문을 연 뒤 벤과 친해진다. 심지어 벤에게 자동차 운전을 맡기고, 하나밖에 없는 딸아이를 돌보는 일까지 부탁한다. 나중에는 해외출장의 동반자로 삼거나 인생상담을 요청하기도 한다. 줄스는 벤에게 기대고 벤 또한 줄스가 든든하다.

한편 벤은 회사 내 건강 마사지사인 피오나(르네 루소 분)와 친해져 사랑에 빠지고 나중엔 동거까지 한다. 우연히 벤의 집에 들른 줄스는 피오나와 벤이 같이 사는 모습을 보고 내심 부러워한다.

결국 〈인턴〉은 패션 마케팅이라는 일과 사랑에 관한 영화다. 특히 젊은 상사와 나이 든 인턴의 우정이 넘치는 인간관계는 영화를 보는 이의 마음을 따뜻하게 하고 오랜 여운을 남긴다. 노인 벤이 줄스에게 회사 인턴이라면, 젊은 줄스는 벤에겐 인생 인턴이라 할 수 있다.

시대적 배경

영화의 공간적 배경은 미국 뉴욕이며, 영화가 나온 2015년에 벤의 나이 70세, 줄스가 30세인 걸 보면 벤이 1945년에 태어났음을 알 수 있다. 반면 줄스는 1985년에 태어나 한창 청년기인 2008년에 '리먼 브라더스 Lehman Brothers' 사태로 상징되는 금융위기를 체험한 바 있다.

70세 노인 벤의 관점에서 보면 자신은 아날로그 세대지만 자신이 살아가는 현실, 특히 인턴으로 일하게 된 온라인 쇼핑몰 '어바웃 더 핏'은 디지털 시스템이 지배하는 곳이다. 그로서는 페이스북 등의 SNS는 상상도 못 하던 일이다. 물론 그런 디지털 세계에서조차 벤의 아날로그식 인간적 삶의 태도가 회사 분위기를 따뜻하게 만들어간다는 점이 이 영화의 묘미이기도 하다.

앞서 말했듯 벤이 일하게 된 온라인 쇼핑몰 회사는 예전에 자신이 일했던 전화번호부 제작 공장이었다. 다시 말해 동일한 장소가 제조업에서 인터넷 쇼핑몰, 즉 서비스업으로 변화한 것도 이 영화의 시대적 배경과 관련된 한 단면을 보여준다.

한편 이 영화에는 여성 CEO 줄스가 슈퍼맘으로 살아가는 이야기가 나온다. 전통적 남성 부양자 가족 모델에서 맞벌이 부부 모델로 사회가 이행되어왔는데, 이 영화는 한 발 더 나아가 여성이 부양자인 가족 모델을 제시한다. 이는 앞으로 여성 CEO도 가능한 시대가 온다는 점을 암시하기도 한다. 물론 현실 경영 세계에서는 여전히 남성 CEO가 압도적이지만 말이다.

끝으로 이 영화는 은연중에 남녀노소를 막론하고 일중독에 빠질 수밖에 없는 현대인의 삶을 다각도로 보여준다. 벤의 청년 시절과는 달리 줄스의 현재에선 일중독이 더는 예외적 현상이 아니라 이미 대중적 현상이다. 사람들은 일중독을 이상하게 여기기보다는 당연시하고 자연스럽게 받아들이며 살아간다. 그러다 건강을 잃거나 인간관계가 파탄나는 중대한 사태가 생기면, 그제야 문득 그간 얼마나 병든 상태에서 살아왔는지 깨닫게 된다.

온라인 마케팅과
감정 노동

영화의 주요 무대는 온라인 쇼핑몰 회사 '어바웃 더 핏'이다. 앞서도 말
했듯이 이 회사는 주인공 줄스가 불과 18개월 만에 직원 25명 규모에서
220명 규모로 급성장시킨 곳이다. 스스로가 탁월한 패션감각의 소유자
인 줄스는 이 감각적 재능을 마케팅에 적극 활용한다. 즉 줄스는 뛰어난
패션센스로 TPO(시간·장소·상황)에 꼭 맞는 옷차림을 할 줄 안다.

　개성을 강조하는 현대인들은 패션감각을 대단히 중시한다. 특히 많
은 직장인들은 이미지 관리가 직무역량이나 성과와 마찬가지로 조직
내 생존을 위해 필수라고 여긴다. 그러한 이미지 관리를 위해서는 패션
감각만큼 중요한 것도 없다. 물론 영화에서 회사 대표 줄스가 "옷으로

튀실 필요는 없어요"라고 말하지만 정작 자신은 뛰어난 패션감각을 발휘한다. 직장 내 인간관계에서는 표정이나 이미지가 상대방에 무언의 메시지를 전달하는 역할을 할 뿐 아니라 조직 분위기에도 영향을 미친다. 물론 얼마나 '전통적'인 정장 스타일을 하느냐, 또는 자연스럽게 캐주얼 분위기로 가느냐 하는 문제는 상사나 조직 분위기에 따라, 개인의 선택에 따라 달라질 수 있다.

여하간 이 영화에 나오는 회사는 생산이 아니라 판매를 주로 하는 모습을 보여준다. 대부분의 직원들은 온라인으로 주문을 받으며 해당 고객의 취향이나 상황을 묻고 고객의 필요에 부합하는 제품 구성을 해줌으로써 고객만족을 극대화하려 노력한다. 즉 '어바웃 더 핏'은 단순히 매출을 올리는 데 집중하는 게 아니라 고객만족에 최대한 초점을 맞춤으로써 고객들이 자연스럽게 다시 찾게 만든다는 경영 전략business strategy을 가진 셈이다. 사실 이런 전략만이 '지속 가능한 경영'을 실현시킨다. 그러나 단기적 안목을 가진 경영자들은 오로지 눈앞의 매출 향상에만 신경 쓰기 때문에 '순간'을 잘 넘기겠다는 식으로 행동하는 경향이 있다. 지속 가능한 회사가 되고 싶다면 단기적 안목을 뛰어넘어 장기적 안목을 가져야 한다. 생산성이나 판매고에만 유념할 게 아니라 직원만족과 고객만족을 조화롭게 달성하는 것이 바람직하다.

한편 영화 도입부에는 이 회사에서 어떤 식으로 마케팅이 이뤄지는지 상세히 나온다. 컴퓨터 모니터 앞에 앉은 직원들과 심지어 대표 줄스조차 일종의 콜센터 직원처럼 일한다. 감정 노동emotional labor도 심하다. 화를 내선 안 되는 것은 기본이고, 늘 상냥하게 웃으며 고객을 응대해야 한다. 언제나 고객의 관점에서 느끼고, 생각하고, 말해야 하는데 이는 매우 중요한 점이다.

"좋은 소식입니다. 고객님이 주문하신 네이비 사이즈 8 상품을 찾았네요."

"고객님 말이 맞습니다. 그 물건은 지금쯤 도착하는 게 맞아요. 제가 한번 확인해보겠습니다."

"고객님 사이즈에 맞다면 이 바지는 정말 멋질 거예요."

"음, 좋아요. 다시 한번 짚어보죠. 신부 들러리가 여섯 분 계시고 분홍색 실크 쉬폰 드레스 여섯 벌 주문하셨네요. 결혼식이 사흘 남았는데 지금 쥐색 드레스가 배송되었다는 거죠? 그것 참 이상하네요, 저희가 취급하는 색상이 아닌데······. 알겠습니다. 판매점에 확인해서 오늘 내로 문제를 해결하겠습니다. 배송 전 드레스를 직접 제 눈으로 확인하고 금요일 오전 9시에 배송되도록 하겠습니다. 만일에 대비해 제 전화번호를 드릴게요. 하여튼 불편함을 감수하시게 해서 죄송합니다. 대신 고객님 돈은 모두 환불해드릴게요. 대안에 만족하시나요? 네, 그럼 해결됐네요. 레이첼, 결혼식 잘 치르세요."

이런 식이다. 특히 마지막 대화는 회사 대표인 줄스가 직접 고객에게 응대하는 내용이다. 짜증이 날 법한데도 줄스는 친절하게 고객의 관점에서 말하면서 환불까지 해준다.

이처럼 오늘날에는 판매와 서비스 마케팅이 갈수록 고객의 관점에서 느끼고 생각하고 말하는 것이 되고 있다. 흥미롭게도 이 영화에서 벤은 (비서 베키의 도움을 받았다고 강조하며) 줄스 등 최고경영팀에게 "미

▮ 회사 대표인 줄스는 직접 친절하게 고객의 관점에서 전화 응대를 한다. 이처럼 오늘날 서비스 마케팅은 갈수록 고객의 관점에서 느끼고 생각하고 말하는 것이 되어간다. 천문학적 돈이 드는 광고나 홍보보다는 고객에 대한 감정이입과 공감 능력이 경영 성과에 결정적이다.

국 전역에서 광고비와 매출액의 상관성을 연구한 결과, 적게 광고한 곳의 매출이 오히려 높고, 광고를 많이 한 지역은 매출이 낮다"는 사실을 확인했다고 알려준다.

천문학적 돈이 드는 광고나 홍보보다는 고객에 대한 감정이입과 공감 능력이 경영 성과에는 결정적이다. 따라서 직원들도 고객을 위해 예사로 감정 노동을 해야 한다. 최근에는 이른바 '진상고객'들의 폭언이나 폭행 때문에 감정 노동을 하던 서비스 노동자들이 우울증에 걸리거나 자살 충동까지 느끼는 경우도 있었다. 한국에서도 실제로 자살 사례들이 있었고 근로복지공단에서 이를 산업재해로 인정받기도 했다. 일하는 직원도, 구매하는 고객도 상호 존중하는 길만이 모두를 위한 해결책이다.

인턴이라는 고용 형태와
조직 몰입

우리나라에서는 인턴사원 하면 주로 청년층을 의미하지만, 이 영화에서는 시니어 인턴, 즉 노년층을 상대로 한 인턴이 등장한다. 영화 앞부분에서 시니어 인턴으로 채용된 70세 노인 벤이 회사 대표 줄스와 면담하려고 찾아갔을 때 줄스의 비서 베키가 깜짝 놀라 다시 쳐다보는 장면이 인상적이다. 이는 한국처럼 미국에서도 고용률 증대와 유휴 노동력 재활용을 위해 정부가 기업 측에 일정 부분 지원해준 결과로 보인다. 우리나라의 경우 정부뿐만 아니라 대학에서도 인턴(기업 현장실습) 경험을 학점으로 인정해주고 장학금까지 지원한다.

　여기서 잠시 실업률과 고용률의 개념 차이를 정리해보자. 일반적으로 실업률이란 경제 활동 인구 중 실업자 비중을 말한다. 이때 실업자란 노동 의욕이 있고 노동 능력을 갖추었는데도 조사일 기준으로 지난 2주 동안 한 시간 이상 일하지 못한 사람을 말한다. 반면 고용률이란

15세 이상의 생산 가능 인구 중 취업자 수 비율을 말하며, 인적자원의 활용도 및 국가 성장 잠재력의 지표로서 실업률보다 선호된다. 2013년 한국의 고용률은 59.5퍼센트, 실업률은 3.1퍼센트였는데 정부는 고용률 70퍼센트 달성이라는 목표를 세우고, 이를 위해 청년 고용 증대 또는 경력 단절 여성의 고용 증대를 위한 다양한 대책(인턴제 또는 시간선택제 등)을 마련하기도 했다.

그런데 경영학적으로는 과연 그런 인턴사원들의 조직 몰입, 즉 조직에 대한 열정과 충성심이 얼마나 높을 것인지가 문제가 된다. 인턴사원들은 정식 직원이 아니기에 고용이 불안하며, 기존 직원과 비슷한 일을 하는 경우에도 동일한 대우를 받지 못한다. 상당히 많은 연구에서 인턴을 비롯한 비정규직 사원들은 정규직 사원들에 비해 평균적으로 낮은 조직 몰입도를 보이는 것으로 나타났다.

그런데 흥미롭게도 이 영화에 나오는 시니어 인턴사원 벤은 전혀 다른 모습을 보여준다. 그는 특유의 성실함과 인간적 친화력, 나아가 상황에 적합한 재치 있는 대응으로 회사 조직에 높은 몰입도를 보일 뿐 아니라, 조직 분위기를 대단히 활기차게 바꾼다.

"음악가들은 은퇴하지 않는다. 그들은 음악이 없을 때 멈춘다. 나는 아직 내 안에 음악이 있다고 생각한다."

벤이 취업을 위해 스스로 만든 동영상의 일부다. 그렇다. '열정'이 있는 한 우리는 멈출 수 없다. 일하는 데 나이가 무슨 상관이랴? 특히 산전수전 다 겪은 노신사의 따뜻한 마음과 다양한 재능, 문제 해결력은 이 젊은 회사에서도 대단히 필요한 부분이었다.

▌ 인턴사원은 정식 직원이 아니기에 고용이 불안하며, 기존 직원과 비슷한 일을 하는 경우에도
동일한 대우를 받지 못한다. 이 영화에 등장하는 시니어 인턴사원 벤은 특유의 성실함과 인간
적 친화력으로 회사 조직에 높은 몰입도를 보인다.

　　영화는 크게 두 가지 면에서 교훈을 준다. 하나는, 비교적 최신식
기술 시스템에 의해 움직이는 온라인 쇼핑몰 회사 '어바웃 더 핏'이라는
조직은 그동안 상당한 성취를 이뤘지만 인간적 시스템 차원에서 뭔가
부족한 면이 있음을 간과해왔다는 점이다. 바로 이 부족했던 부분을 벤
이라는 시니어 인턴을 통해 메울 수 있었기에 조직이 더욱 지속적으로
발전할 수 있었다는 게 이 영화의 시사점이다. 즉 이상적 조직 시스템

은 경제-기술적 시스템과 사회-문화적 시스템이 서로 잘 맞물려 돌아갈 때 탄생할 수 있다.

또 하나 중요한 점은, 시스템 차원만이 아니라 조직 구성원인 한 개인이 매우 큰 영향을 줄 수 있다는 점이다. 물론 현실에서는 벤 같은 이상적 직원, 그것도 인턴사원을 찾긴 어렵다. 하지만 우리는 벤을 통해 인간적 친화력과 상황 분별력이 뛰어나며 자기 일에 성실한 한 개인이 조직의 성과나 분위기에 얼마나 막대한 영향을 미치는지 알게 된다.

일중독과 직무 몰입의 차이

여러 경영학자들에 따르면 직무 몰입job involvement이란 결국 '직무와의 심리적 일체감'으로 정의된다. 또한 이것은 '직무 관련 자아 존중감이나 자아 정체성'을 뜻하기도 한다. 즉 직무가 삶의 핵심 관심사(내재적 동기intrinsic motivation)가 되면서 직무수행에 적극 참여할 뿐 아니라, 그 성과를 통해 자존감을 확인하거나 자아실현감을 갖게 되는 상태가 직무 몰입이다.

이러한 직무 몰입이 높아질수록 노동자의 조직에 대한 헌신도는 물론 직무 성과도 높아질 것이다. 그렇다면 직무 몰입을 높이는 요인에는 어떤 것이 있을까? 어떤 학자들은 조직의 우호적인 분위기를 강조하기도 하고, 조직의 공정성 정도가 조직 구성원들의 직무 몰입을 고양한다고 강조하는 학자들도 있다. 특히 최근에는 '고용불안'의 시대로 접어들면서 일반적으로 고용안정성이 높을수록 구성원들이 더욱 직무에 몰입하는 경향이 있다. 그런데 이 영화에서는 고용안정성이 낮은 인턴사원인 벤이 오히려 높은 직무 몰입도와 조직 헌신도를 보이며 모든 구성원들에게 두루 사랑받는 가운데 자연스럽게 고용안정성을 드높인다.

여러 경영학자들의 연구에 따르면 직무 몰입에 영향을 주는 요인은 대체로 직무 특성 요인(다양성·자율성·의미성·명확성·피드백·안정성 등), 개인 특성 요인(내재적 동기부여·성취욕·근로윤리 등), 조직 특성 요인(상사나 회사의 지원과 신뢰·조직 분위기·리더십 스타일 등)으로 정리된다. 이 영화와 관련지어 보면 벤의 경우 다양한 직무와 확실한 피드백이 직무 몰입에 긍정적 영향을 미친다고 볼 수 있다. 개인 특성 요인을 보면 자아실현, 사명감 등 내재적 동기가 강할수록 근로윤리에 철저하므로 직무 몰입도 또한 높다고 할 수 있다. 나아가 상사나 회사의 높은 신뢰와 우호적 조직 분위기는 자연스레 벤의 직무 몰입도를 높인다.

직무 몰입도나 조직 몰입도가 높은 사람들은 조직을 위해 자발적으로 바람직한 행동을 하는 경향이 있다. 경영학에서는 이런 행동을 조직시민행동^{organizational citizenship behavior}(이하 OCB)이라 부른다. 자발적 행동·이타주의·양심적 행동·스포츠맨십·예의·시민적 덕성 등이 대표적 OCB다. 이 영화에 나오는 벤의 여러 행동은 OCB의 모범 사례를 보여준다. (자신보다 타인을 위해 필요하다며 들고 다니는) 벤의 손수건은 그 상징이다.

한편 직무 몰입과 비슷한 개념으로 일중독을 들 수 있다. 그런데 일중독은 직무 몰입이 과잉되어 당사자나 조직 모두에 해로운 결과를 초래하는 병적 상황이다. 본디 일중독이란 강박적으로 일에 의존하고, 갈수록 성취도가 높아야 일시적으로나마 만족하며, 일하지 않고 쉬면 일종의 금단증상으로 불안과 초조를 느끼는 병적 상태로 정의된다. 일중독은 결코 정지 상태에 머무르지 않으며 내버려두면 서서히 악화해 마침내 사망에 이를 수도 있는, 지극히 위험한 질병이다.[1]

일중독에 빠진 사람은 항상 일이나 성과만 생각하고, 성취나 성과로 이어지지 않는 활동이나 인간관계에는 소홀해지기 쉽다. 직면한 고통스런 상황을 회피하려고 일로 도망치는 경우도 있다. 일중독에도 여러 유형이 있어서, 일만 생각하면 아드레날린이 분비되어 기분이 들뜨는 유형(흥분제로서의 일), 일에 파묻히면 만사를 잊고 마음이 평화로워지는 유형(진정제로서의 일), 거듭되는 실패와 좌절로 인해 열등감에 빠진 사람이 스스로 가치 있고 위대한 것처럼 보이기 위해 감당도 못 할일들을 떠맡는 유형(은폐물로서의 일)으로 나눌 수 있다.

이 영화의 주인공 줄스야말로 전형적인 일중독자로 살아간다. 사업을 시작하고 얼마 되지 않아 회사가 급성장을 했으니 일중독에 빠지지 않는 게 이상할 정도다. 회사일로 너무나 바쁜 줄스는 딸이나 남편과 살가운 시간을 보내기 어렵다. 심지어 식사시간도 제대로 챙기지 못한다. 사업체 규모가 일정 정도 커지면 당연히 전문경영인이 필요한데, 줄스는 별도의 전문경영인을 초빙하자는 제안에 거듭 거부 의사를 드러낸다. 그 사이 줄스의 남편은 아내에게서 잃어버린 사랑의 느낌을 되찾고자 다른 여성에게 관심을 보인다. 둘은 자칫 파국에 이를 뻔했으나 다행스럽게도 줄스는 벤이 살아가는 모습과, 그에게 들은 진실한 조언

덕분에 간신히 마음을 추스를 수 있었다. 남편도 줄스에게 자신의 잘못에 대해 용서를 빈다. 이렇게 해서 줄스는 가정과 직장 모두를 놓치지 않을 수 있었다.

하지만 외부에서 유능한 전문경영인을 초빙하려던 계획을 마지막 순간에 철회하는 장면은 여전히 줄스가 일중독에서 벗어나지 못했음을 암시한다. 그 정도로 한번 일중독에 빠지면 회복하기가 힘들다. 줄스는 일과 자신의 관계에서 적정한 거리를 찾지 못할 때 또다시 인간관계나 건강상 문제를 겪게 될 것이다. 이렇게 되면 결국 조직의 건강성을 해치는 동시에 조직 구성원들에게도 부정적 영향을 끼치기 쉽다.

이런 면에서 경영 조직이 그 구성원들에게 적절한 직무 몰입을 장려하면서도 일중독에 빠지지 않도록 하는 일은 상당한 도전이라 할 수 있다. 직무 몰입이 지나쳐 일중독에 빠지는 구성원들이 많아지면 조직 자체도 중독적으로 행위하게 됨으로써 구성원들이나 조직 모두에 치명적 결과를 낳을 수 있다.[2]

워킹맘의 일과 삶의 균형

전통적 가족 모델은 '남성 부양자' 가족이었다. 그러나 갈수록 여성의 사회 참여, 경제 활동 참여가 높아지면서 요즘은 '맞벌이' 가족 모델이 보편화하는 중이다. 또 상대적 소수이긴 하지만 '여성 부양자' 가족 모델이나 '홀부모 가족' 모델도 있다. 이런 변화의 과정에서 일하는 여성들은 '워킹맘'으로 직장에서 일하고 퇴근 후에는 다시 가정에서 일하는 이중부담에 시달린다. 심지어 앨리 혹실드^{Arlie Hochschild} 교수는 이미 오래전에 워킹맘들은 '3교대 노동'을 한다고 말하기도 했다. 직장일, 집안일에 더해 아이들 기분을 살피며 때론 외식을 하고, 별도로 시간을 내어 표정관리를 하는 등 '감정 노동'까지 해야 한다는 것이다.

사실 줄스 역시 이러한 이중, 삼중의 부담을 느낀다. 물론 '전업주부' 역할을 하는 남편 덕분에 그렇게 정도가 심하진 않다. 그러나 아내인 자신을 위해 남편이 스스로 희생한다는 생각에 미안해하며, 하나밖에 없는 딸과도 친밀한 시간을 보내지 못해 일종의 죄책감을 느끼기도 한다.

이런 상황에서 남성이건 여성이건 '일과 삶의 균형^{work-life balance}'을 이루기란 매우 어렵다. 따라서 이 문제를 더는 개인적 차원에서 해결하려 하지 말고, 기업과 사회가 함께 힘을 모아야 한다. 예컨대 기업은 사내 놀이방이나 어린이집을 운영하고, 지자체나 중앙 정부는 공공 육아 시설을 충분히 확충할 필요가 있다. 나아가 직장마다 노동 효율성 향상에 비례하여 노동시간 단축을 이뤄냄으로써 부모와 자녀들이 더 많은 여가시간을 함께 보내도록 해야 한다. 특히 전 사회가 공공성의 관점에서 육아 및 교육비를 공동으로 책임지는 것이 바람직하다. 실제로 유럽 대부분의 복지국가들은 우리보다 세금을 많이 거둔다. 그리고 상대적으로 투명하고 공정한 조세 행정을 통해 사람들이 (주거나 노후 문제는 물론) 육아와 교육에 개인 부담을 별로 느끼지 않고 높은 삶의 질을 누릴 수 있게 한다.

인정 욕구와
동기부여

미국의 인본주의 심리학자 에이브러햄 매슬로우^{abraham maslow}의 욕구단계설에 따르면, 인간에겐 생리적 욕구^{physiological needs}, 안전 욕구^{safety needs}, 소속과 애정 욕구^{belongingness and love needs}, 존경 욕구^{esteem needs}, 자아실현 욕구^{self-actualization needs} 등이 있다. 그는 욕구(필요) 충족이 인간 행동의 동기가 된다고 보았으며, 사람들은 하위 욕구가 충족되면 상위 욕구의 충족을 추구한다고 생각했다.

한편 독일의 프랑크푸르트학파 철학자 악셀 호네트^{Axel Honneth}는《인정투쟁^{Kampf um Anerkennung}》이란 책에서 인간이 개인적으로나 집단적으로 지닌 인정 욕구에 대해 말한다.[3] 사람들은 자신의 가치를 인정받고 싶은 욕구나 필요를 느낄 뿐 아니라, 심지어 인정을 받기 위해 투쟁도 불사하는 경향이 있다고 보는 것이다. 이러한 인정 욕구를 매슬로우의 이론에 비춰보면, 그 3단계에 해당하는 존경 욕구(자존감)와 일맥상통한다.

그런데 아들러 심리학에 따르면 '미움받을 용기'가 절실하다고 한다.[4] 군이 타자에게 인정받으려 애쓰지 말고 지금 여기서 자신이 행복해질 수 있는 길을 찾으라는 것이다. 그러려면 당연히 타자에게 미움받는 일까지 감수할 수 있어야 한다. 다시 말해, 타자의 인정이나 존경을 받으려고 군이 자신의 내면을 억압하거나 왜곡하는 일은 관두는 게 좋다는 얘기다. 자존감이 높을 수록 미움받을 용기도 커진다. 사실 이러한 관점은 먹고살기 위해, 상사의 인정을 받기 위해 '감정 노동'까지 수행해야 하는 오늘날의 많은 노동자들에게 상당한 위로와 용기를 준다.

이 영화에서 줄스의 비서인 스물네 살 베키는 어지럽게 쌓인 서류 더미 앞에서 간단한 패스트푸드로 식사할 정도로 매일 열네 시간 동안이나 (자기 생각에 '하찮은' 업무만 하며) 일에 치여 산다. 이름 있는 대학 출신인데도 줄스에게 별로 인정받지 못해서 내심 불만이었다. (설상가상으로 벤에게 "하루 일곱 시간 미만 자는 사람들은 그보다 많이 자는 사람들에 비해 비만 위험도가 38퍼센트나 높다"는 이야기까지 듣는다.) 시니어 인턴으로 취업한 벤이 줄스 곁에서 여러모로 유능함을 발휘하자 베키는 일종의 상대적 박탈감에 시달리기도 한다. 노련미 넘치는 벤은 그런 베키의 마음을 간파하고 베키의 노력과 헌신을 인정해줄 것을 줄스에게 부탁하기도 한다. 이런 식으로 벤은 동료들(기존 직원들)에게 대단히 관용적이고 배려하는 모습을 보인다.

이제는 동기이론과 관련해 내재적 동기와 외재적 동기^{extrinsic motivation}에 대해 간략히 살펴보자. 인간 행동의 동기를 설명하는 데는 크게 내재적 동기와 외재적 동기라는 두 가지 개념이 있다. 내재적 동기가 있는 사람들은 재미나 재주, 의미 등에 따라 행동한다. 재능 있는 자는 노력하는 자를 못 따라가고, 노력하는 자는 즐기는 자를 못 따라간다는 말이 있다. 모든 내재적 동기 중에서도 재미를 느껴서 움직이는 것, 바로 재미라는 동기는 가장 지속성이 크다.

반면 외재적 동기란 상금이나 승진, 비교나 칭찬 등 외부 요인에 의해 움직이는 경우를 말한다. 경영이나 경제, 행정 분야에서는 흔히 '인센티브'라는 말을 쓰는데, 이것이야말로 가장 대표적인 외재적 동기다.

▌ 줄스의 비서 베키는 어지럽게 쌓인 서류 더미 앞에서 간단한 패스트푸드로 식사할 정도로 매일 열네 시간 동안이나 일에 치여 산다. 시니어 인턴으로 취업한 벤이 줄스 곁에서 여러모로 유능함을 보이자 베키는 일종의 상대적 박탈감에 시달리기도 한다.

일정한 인센티브(지원금)를 제공하면 어떤 정책을 시행하려 할 때 별 흥미나 의미가 없더라도 사람들이 움직이는 경우가 흔하다.

이 영화에서 베키가 줄스에게 느꼈던 서운함은 베키의 내면에 있던 인정 욕구가 충족되지 못한 데서 왔다. 엄밀히 보면 인정 욕구는 결국 타자와의 관계에서 나오는 욕구, 다시 말해 외재적 욕구의 일종이라 할 수 있다. 결국 베키는 줄스나 벤과 달리 자신이 수행하는 일 자체의 재미나 의미가 아니라 일을 통해 인정받고 싶은 욕구에 의해 움직였던 셈이다. 베키가 "제가 여기 온 지 9개월이나 지났는데도 대표님은 (제 역량을 인정받을 만한 일은 주지 않고) 회사일엔 손도 못 대게 했어요. 전 펜실베이니아대학을 나왔고 경영학 학위도 있다고요"라고 소리치며 우는 장면은 바로 이러한 베키의 인정 욕구를 잘 드러낸다.

좀 더 깊이 생각해볼 주제들

1. 여성의 경제 활동 참가율을 드높이는 방법은?
2. 여성 직장인들이 가정과 직장의 균형을 되찾게 하는 방법은?
3. 노인이나 퇴직자들에게 인생 이모작은 어떤 의미를 지닐까?
4. 어떻게 하면 벤처럼 친화력 있고 적극적 사고방식을 가진 사람이 될 수 있을까?
5. 스웨덴이나 노르웨이처럼 기업경영층 내 여성의 비율을 높이려면 어떻게 해야 할까?
6. 직무 몰입이나 조직 몰입, OCB 등은 모두 성실성이나 충성심과 연관된다. 그러나 조폭이나 부패 조직, 심지어 나치 조직처럼 반사회적·반생명적 미션 수행에 성실히 충성하는 것은 한나 아렌트가 말한 '악의 평범성'을 드러내는 결과가 되지 않을까? 또 이것은 앤 윌슨 섀프가 말하는 '중독 시스템'의 특성이 아닐까?
7. 이른바 '인정투쟁'과 '미움받을 용기'는 얼핏 상반된 개념으로 보인다. 이에 대한 우리의 올바른 태도는 무엇일까?

더 울프 오브 월 스트리트
재무관리와 카지노 자본

The Wolf of Wall Street | 마틴 스콜세지 감독 | 미국 | 201

기업의 경제적 책임이란 고객들에게 필요한 상품을 적정가격에 제공함으로써 수익을 창출하는 것인데, 이런 관점에서 보더라도 병든 리더가 운영하는 병든 조직은 경제적 책임을 제대로 수행하는 것마저 어려울 수밖에 없다. 결국 이런 조직은 파산 위협에 직면하고 만다. 경제적·윤리적 지속 가능성이 거의 없기 때문이다.

개요와 줄거리

마틴 스콜세지^{Martin Scorsese} 감독의 영화 〈더 울프 오브 월 스트리트〉(월가의 늑대)는 〈빅쇼트^{The Big Short}〉 〈월 스트리트-분노의 복수^{Assault On Wall Stree}〉 〈월 스트리트-머니 네버 슬립^{Wall Street: Money Never Sleeps}〉 〈보일러룸^{Boiler Room}〉 〈갬블^{The Gamble}〉 〈마진콜^{Margin Call}〉 등의 영화와 마찬가지로 오늘날 사실상 세계경제를 지배하는 한 축인 냉엄한 금융자본의 실체를 다룬다. 월 스트리트를 떠들썩하게 했던 실존인물 조던 벨포트(리어나도 디캐프리오 분)의 거짓말 같은 실화가 영화의 뿌리가 된다. 그는 월 스트리트에 뛰어들어 주가조작으로 천문학적 돈을 벌어들인 후 술과 파티, 여자에 빠져 FBI의 표적이 되고 마침내 파멸의 길을 걷는다.

원래 금융과 화폐경제는 자재나 에너지를 다루는 실물경제(쉽게 말해 일상생활에 필요한 물자나 그 물자를 만드는 기계와 부품을 제작·유통하는 것)를 원활하게 돕는 윤활유나 혈액 역할을 해야 마땅하다. 쌀을 사려고 돈을 지불하는 것, 셋방을 구할 돈이 없어서 은행에서 돈을 빌리고 나중에 갚는 것 등이 금융경제 본연의 모습이다.

그런데 오늘날 금융 세계는 그러한 '원시적' 차원에 머물지 않고 시간적·공간적·기술적으로 '첨단' 차원을 달린다. 겉보기에는 온갖 금융상품이 다양하게 개발된 듯하지만, 실제로는 실물경제와 무관한 투기 상품들이 무수히 창조되고 거래된다. 이것이 거품경제의 핵심이다. 특히 정보기술의 발달과 더불어 온 세상이 하나가 되면서 그런 상품들의 유통 속도는 가히 상상을 초월할 정도다.

영화 〈더 울프 오브 월 스트리트〉의 주인공 조던 벨포트는 화려한 언변, 수려한 외모, 명석한 두뇌 등을 밑천 삼아 동료들과 함께 과장, 거짓, 루머, 내부정보 유출 등 교묘한 방법으로 주가조작을 한다. 한마디로, 머리 하나로 대박을 노린다. 그 본질은 당연하게도 사기극이다.

이 영화를 통해 우리는, 흔히 세상에서 또는 기업 세계에서 '대박'이란 말 아래 벌어지는 돈잔치가 결국은 거품에 불과하다는 사실을 깨닫는다. 큰 부자가 되기보다 본연의 소박한 삶에 충실하게 사는 것, 적게 벌고 적게 쓰는 것, 소박한 인간적 필요에 걸맞게 사는 것, 자신의 건강한 땀의 대가가 아닌 부를 탐하지 않는 것, 가족이나 친구들과 진실한 사랑을 나누며 사는 것 등이 참된 삶이다. 기업경영 역시 사람을 속이고 사회를 망치면서 큰 수익을 내기보다는 사람을 존중하고 사회에 보탬이 되면서 건강한 효율을 추구하는 것이 올바른 방향이라는 점도 이 영화를 통해 배울 수 있다.

시대적 배경

1987년 10월 19일의 '검은 월요일black monday'이 이 영화의 배경이다. 1929년 10월 24일 대공황 이후 최고의 폭락으로, 과열로 치닫던 미국 뉴욕 맨해튼 주식시장의 거품이 한꺼번에 꺼진 날이다. 그날 다우존스 지수는 22퍼센트 이상 급락했다. 그 뒤 미국은 2008년 가을, 투자은행 리먼 브라더스 파산 사태로 상징되는 금융시장 붕괴를 겪고 그 여파로 세계 금융위기를 초래한다.

검은 월요일의 충격으로 인해 미국에서는 1년 뒤인 1988년 10월 19일에 처음으로 '서킷브레이커circuit breaker' 제도를 도입했다. 원래 서킷 브레이커란 전기회로가 부분적으로 과열될 때 과열회로를 차단하는 장치를 말한다. 주식시장에서 주가가 급등 또는 급락할 경우 주식매매를 일시 정지하는 데, 이 아이디어를 도입한 것이다. 즉 주식 등 증권시장 이 과열되어 일정한 폭 이상으로 등락이 있을 때 시장이 냉정을 되찾는 시간을 주려는 것이 서킷브레이커 제도다.

　서킷브레이커가 실제 발동되는 일은 흔치 않다. 미국에서는 최초의 도입 후 9년 만인 1997년 10월 27일 처음 발동하고서는 재등장하지는 않았다. 반면 중국 증시에서는 종종 발동되는데, 너무 자주 있다 보니 '증시 안정'이라는 본래 역할보다는 오히려 '공포신호' 역할을 한다는 비판도 있다.

　한국에서도 1998년 12월 코스피 시장에 먼저 도입됐고, 코스닥 시장에서는 2001년 10월부터 적용됐다. 이후 코스피 시장에서는 2000년 4월 단 한 차례 발동됐고, 코스닥 시장에서는 2011년 8월 여섯 번째로 발동되기도 했다. 2008년 글로벌 금융위기 여파로 전 세계 증시가 혼돈에 빠진 2008년 10월 23일과 10월 24일, 코스닥 시장에서 연이어 서킷브레이커가 발동된 바 있다.

　이처럼 〈더 울프 오브 월 스트리트〉는 특히 1980년대 이후 급성장한 세계 금융시장의 단면을 보여주는 영화로, 정부의 경제 개입을 최소화한다는 명제 아래 전개된 신자유주의 세계화 시대를 살아가는 사람들의 사회경제적 모습을 이야기한다.

〈더 울프 오브 월 스트리트〉와 기업경영

금융경제와
투자의 세계

영화의 주인공 조던 벨포트는 처음엔 주식투자에 대해 잘 모르는 애송이였다. 주식을 거래하는 증권시장은 본래 숨 가쁘게 돌아가는 가운데 생존이 결정되는 '금융정글'로, '돈 놓고 돈 먹는' 게임이 초고속으로 이뤄진다. 일 분 일 초를 다투며 사고파는 데다 천문학적 금액이 순식간에 움직이기 때문에 직원들은 노동 과정에서 늘 초긴장 상태에 있다. 극도의 스트레스를 받다 보면 언제 심장이 멈출지 몰라 '심장 두드리기'가 일상적 운동이 되고 늘 약물을 복용할 정도다.

주인공 조던 벨포트는 초보자로 출발했지만 명석한 두뇌 덕분에 투자회사에서 돈 버는 방법을 재빨리 배워나간다. 스물두 살 기혼남인 그는 돈을 벌겠다는 욕망에 사로잡혀 있었다. 처음엔 1899년에 설립된 로스차일드라는 투자회사에 직원으로 취업해 상사가 시키는 대로 열심히 하면서 6개월 만에 중개인 면허를 취득하지만 불운하게도 바로 그날 회사가 망하고 만다. 1929년 대공황 이후 최고의 폭락을 기록한 검은 월요일이었다. 그 뒤 한 투자센터를 거쳐 스스로 회사를 세우기도 한다.

돈 버는 방법은 간단하다. 사람들이 아직 주목하지 못한 유망 상품을 찾아내 이를 예비 투자자들에게 많이 팔면 된다. 일례로 이 영화에는 '에어로타인'이 등장해 나스닥(주로 벤처기업을 다루는 미국의 장외 주식시장)에 상장되지 않은 비상장사 주식, 즉 페니스톡^{penny stock}(싸구려 투기용 주식) 거래의 대상으로 떠오른다. 중개 수수료도 50퍼센트나 된다. 조던은 뛰어난 말주변으로 숨은 보석 에어로타인에 투자하기만 하면 그 열 배를 만들어주겠다고 어느 투자자를 속여 순식간에 4000달러를 투자하게 만든다. 그러나 실제로 에어로타인은 동네 헛간에서 레이더 감지기를 개발하던 형제들의 영세 벤처기업으로, 주가 6센트인 '쓰레기'에 불과했다. 영화의 한 대사처럼 조던은 "쓰레기를 팔면서 돈을 강탈"한 것이다. 조던은 이렇게 투자한 고객이 손해를 보든 말든 자신의 탐욕을 위해 고위험 상품에 투자를 권유하며 큰돈을 번다.

이후 조던은 상위 1퍼센트의 최고 부자들을 대상으로 페니스톡을 팔려고 투자회사 스트래튼 오크몬트를 설립한다. 돈을 벌기 위한 제1원칙은 부자들에게 '믿음'을 주는 것이다. 그래서 일단은 "디즈니, AT&T, IBM 등의 블루칩(우량주)으로 부자들을 낚아야" 했다. 그렇게

▎ 조던은 상위 1퍼센트의 최고 부자들을 대상으로 페니스톡을 팔려고 투자회사 스트래튼 오크몬
트를 설립한다. 돈을 벌기 위한 제1원칙은 부자들에게 '믿음'을 주는 것이다.

해서 "신뢰가 쌓이면 페니스톡을 중개해 큰 수수료를 챙기는" 수법이
었다.

　그 과정에서 언론이 하는 역할은 매우 크다. 회사의 명성이나 신용
도에 막강한 영향을 미치기 때문이다. 영화에서는 유명 경제지《포브스
forbes》에 조던이 '월 스트리트의 늑대'라는 제목으로 심층 소개되면서 회
사가 단숨에 두 배 규모로 성장한다. 그리하여 조던은 미국 증권업계의
신화로 부상한다.

그러나 오르막이 있으면 내리막이 있는 법. FBI가 조던을 '주가조작', '강압 판매', '탈세' 등의 혐의로 수사하고, 결국 조던은 금융질서 교란 등의 죄목으로 5년 만에 구속되고 만다.

이처럼 〈더 울프 오브 월 스트리트〉에는 투자자와 투자 권유자들의 탐욕이 빚은 재앙이 여과 없이 폭로된다.

기업의 사회적 책임과 정부의 규제

이 영화에는 기업의 사회적 책임^{Corporate Social Responsibility}(이하 CSR)을 생각하게 하는 대목들이 나온다. 아치 캐럴^{Archie B Carroll}은 이미 오래전에 CSR을 경제적·법률적·윤리적·자선적 책임으로 범주화한 바 있다.

일례로, 금융 기업들은 고객인 예비 투자자들에게 정직한 정보를 제공해야 하는데도 에어로타인처럼 별 가망 없는 회사를 마치 전도양양한 회사인 것처럼 속여 투자하게 한 후 많은 주식을 팔아 이득을 챙긴다. 회사가치를 속이면서 결국은 주가를 속인 셈이다. 이는 법률적·윤리적 측면에서 기업의 CSR을 망각하고 '주가조작'이라는 범죄를 저지른 행위다.

또, 수단과 방법을 가리지 않고 돈을 벌어 술, 섹스, 마약 등으로 '광란의 잔치'를 벌이는 모습도 나오는데, 이로써 윤리적 책임성의 문제까지 제기된다. 특히 조던은 천문학적 돈과 선물로 많은 여성들을 유혹하고 비윤리적인 성관계도 맺는다. 이혼 같은 위기 상황이 닥쳐도 예사로 생각하며 결코 반성이나 책임을 모른다. 이런 사람이 기업의 리더가 되면 그 조직은 필연적으로 병들고 만다. 윤리적 책임을 넘어 경제적 책임까지 문제가 되는 부분이다. 원래 기업의 경제적 책임이란 사람들에게 필요한 상품을 적정가격에 제공함으로써 수익을 창출하는 것인데, 이런 관점에서 보더라도 병든 리더가 운영하는 병든 조직은 경제적 책임을 제대로 수행하는 것마저 어려울 수밖에 없다. 결국 이런 조직은 파산 위협에 직면하고 만다. 경제적·윤리적으로 지속 가능성이 거의 없기 때문이다.

때문에 국가나 정부는 '공정거래법' 등 다양한 장치를 통해 기업의 행위를 규제한다. 이 영화에는 주가조작이나 강제 판매, 탈세 의혹 등의 문제가 등장한다. 엄밀히 말하면 마약이나 섹스파티 등도 문제가 되지만 영화에서는 FBI가 주가조작 같은 금융기관의 전형적 무책임을 단죄하기 위해 끈질기게 추적하는 장면이 부각된다.

경제 원리의
역사적 변화와 신용경제

이 영화에 직접적으로 나오진 않지만 간접적·우회적으로 암시되는 내용이 있다. 그것은 지금까지 자본주의 경제를 지탱해온 원리들에 미세한 변화가 포착된다는 점이다. 예컨대 조던이 브래드 등 동료들에게

"이 펜을 나한테 팔아봐"Sell me this pen"라고 하자 누군가 "당신 옆에 있는 냅킨에 이름 좀 써주겠나?"라고 답한다. 필요needs가 있으면 수요demand가 창출된다는 원리다. 조던이 "6000달러 투자하면 6만 달러를 번다"며 투자를 권유하자 존이라는 고객이 "헉, (6만 달러면) 내 대출금을 갚을 수 있네"라고 말하는 장면도 있다. 대출은 신용이자 크레디트credit(외상)다. 잘만 투자하면 빚도 갚을 수 있으니 쉽게 빠져든다.

이 시점에서 지금까지 자본주의 경제를 지탱해온 원리들에서 일어난 미세한 변화를 간략히 살펴보자. 그것은 장시간 노동, 임금인상, 신용 대출, 광고홍보, 유행(패션) 등이다.

우선, 자본주의 초기에 사람들은 공장에서 장시간 노동으로 조금 더 돈을 벌고 그 돈으로 소비를 했다. 자본주의 경제생활의 가장 초보 단계다. 시간당 임금이 낮으니 장시간 일해서 번 돈으로 생활에서 필요를 해결하려는 경향은 거의 필연적이었다.

다음으로는 임금인상이다. 단결해서 노동조합을 만들고 단체교섭을 하려던 노동자들은 자본가와 권력의 탄압을 받았다. 그러나 노동자의 단결을 막는 것만이 능사가 아니었다. 이들을 막을 수 없다고 판단한 자본은 임금인상을 해주는 대신, 그 돈으로 더 많이 소비하도록 유도했다. 이렇게 해서 임금인상은 단순한 인건비 상승만이 아니라 구매력 증대로 이어지고 결국에는 소비 증대를 낳았다. 이어서 자본은 제품의 고급화, 다양화, 차별화를 새로운 전략으로 개발했다.

그다음으로 나온 것은 신용카드로 상징되는 대출이나 외상 시스템이다. 갈수록 '빈익빈 부익부' 현상이 심해지자 돈이 없거나 쪼들리는 사람들이 소비하도록 하는 방법이 강구되었다. 그것이 바로 크레디트, 즉 신용카드나 외상, 할부 시스템이다. 일단은 쓰고 나중에 갚으라는 것이다. 한쪽은 상품을 많이 팔아서 좋고, 다른 한쪽은 상품을 많이 사서 좋다. 그 사이에 은행이나 기업은 사람들이 가진 노동력의 미래가치를 저당 잡아서 좋다. 이는 이미 거액의 빚을 진 사람들이 그 빚을 다 갚을 때까지 '다른' 생각 말고 꼼짝없이 성실히 일해서 돈을 모아야 한다는 의미다.

한편으로 기업들은 제품 자체의 수명을 단축시키거나 의도적으로 일정한 시간 후에는 고장이 나게 만들기도 한다. 이른바 '도덕적 마모 moral depreciation'를 전략적으로 추진한다. 이는 훨씬 더 나은 상품을 개발함으로써 아직 물리적으로는 얼마든지 쓸 수 있는 상품도 기술적으로나 심리적으로 더는 사용하지 못하게 만드는 것을 말한다. 요즘 가장 대표적인 것이 2~3년 쓰고 나면 새 제품으로 바꾸어야 하는 스마트폰이다. 심지어 2~3년 된 PC조차 구닥다리라는 비아냥거림을 받을 정도다.

자본은 소비를 더욱 진작하려고 부단히 광고나 홍보를 해대고, 유행과 패션을 통해 사람들의 욕구마저 창조한다. 여기에 가장 효과적인 기법으로 동원되는 것이 "이 옷을 입으면 원래의 내 모습이 살아난다"고 광고하는, 소비를 통한 가짜 자존감의 회복이다. 그리고 "피부는 권력이다", "친구가 그동안 어떻게 지냈냐고 물으면 이 아파트에 산다고 말한다" 등의 광고처럼 특정 제품을 통한 비교우위, 즉 상대적 우월감을 자극하는 것이다.

물질만능주의,
속물주의와 인간 삶

주인공 조던만이 아니라 그와 함께 일하는 동료와 모든 직원이 물질만 능주의, 속물주의에 빠져 있다. 물론 사람이 살아가는 데는 충분한 돈이 필요하다. 하지만 '충분함'을 넘어 지나친 돈을 추구한다면?

예컨대 조던의 꿈은 엄청나게 돈을 벌어 페라리 같은 고급차 여섯 대, 말 세 마리, 화려한 저택과 자가용 비행기, 별장 두 채와 큼직하고 멋진 요트를 사는 것이다. 그 화려한 저택에서는 날마다 환상적 파티가 열리고 황홀한 섹스도 이어진다. 영화의 한 장면에는 조던이 운영하는 회사의 하룻저녁 회식비가 무려 몇만 달러나 나와 도대체 어떻게 그 많은 돈을 낭비했느냐고 질책당하는 부분이 나온다. 실은 창녀들과의 섹스파티 비용까지 회사카드로 결제한 것이다.

조던이 자기 회사 사원들 앞에서 일장연설을 하며 다음과 같이 말하는 장면은 바로 이런 속물주의와 황금만능주의를 보여주는 증거다.

"이 세상은 돈이 전부야. 맛있는 음식, 예쁜 여자, 비싼 차, 넓은 집, 뭐든 가질 수 있게 해주거든. 내가 속물 같다고? 그렇게 생각한다면 평생 맥도널드에서 알바나 해."

여기서 그는 맥도널드 노동과 증권회사 노동을 극명하게 대비한다. 사실 이것은 식당에서 메뉴를 선택하는 것처럼 '취향에 따른 선택'이 아니다. 어쩔 수 없이 맥도널드 알바 같은 값싼 비정규직 노동에 종사할 수밖에 없는 사람들은 무수히 널렸지만 순간의 시세차익이나 사

"이 세상은 돈이 전부야. 맛있는 음식, 예쁜 여자, 비싼 차, 넓은 집, 뭐든 가질 수 있게 해주거든. 내가 속물 같다고? 그렇게 생각한다면 평생 맥도널드에서 알바나 해."

기성 주가조작 등으로 천문학적 돈을 버는 사람들은 얼마 되지 않는다. 게다가 맥도널드 등에서 일하는 노동자들이 엄청나게 많이 존재하기에, 바로 그런 노동착취에 기초해서 거대한 사기성 거품경제가 돌아가는 게 아닌가 하는 문제 제기도 있을 수 있다.

맥도널드 노동이 조롱되는 것과 비슷한 맥락에서 단순함과 소박함, 평화와 생명의 가치를 근간으로 한 삶의 방식을 추구하는 불교나 아미시공동체도 조롱당한다. 어쩌면 이 영화는 역설적으로 불교나 아미시공동체를 속물주의나 물질만능주의에 대한 대안으로 제시하는지도 모른다. 조롱받는 이것이 실은 관점에 따라 대안이 될 수 있음을 암시하기 때문이다.

이 영화에서 여러 차례 등장하는 섹스 문제도 인간관계 차원에서 간략히 정리해보자. 남녀 간에 이뤄지는 섹스는 대체로 두 가지로 나눌 수 있다. 첫째는 탐욕으로서의 섹스, 둘째는 사랑으로서의 섹스다. 탐욕으로서의 섹스란 진실한 사랑의 마음 없이 이뤄지는 육체적 결합이다(대체로 남성 성구매자는 몸을 탐하고, 여성 성판매자는 돈을 탐한다). 처음엔 호기심이 발동해 섹스를 원할지 모르지만 나중엔 (매력적인 상대 앞에서의) 절제되지 않은 성욕을 무분별하게 충족시키는 것이 동인이 되기도 한다. 그것도 자랑하듯이 되도록 많은 수의 상대와 섹스를 하려 할 때 쉽게 섹스중독에 빠진다. 반면 사랑으로서의 섹스는 진심으로 사랑하는 두 사람의 영혼과 육체가 자연스럽게 하나로 결합하는 것이다. 이런 섹스는 각자에게 삶의 기쁨이자 사랑의 기쁨을 서로 나누는 과정, 서로의 관계가 고양되는 과정이기도 하다.

이 영화에는 사랑으로서의 섹스보다는 탐욕으로서의 섹스가 많이 등장한다. 특히 영화 속 증권회사 직원들은 극도의 스트레스에 시달리기 때문에 (자위는 물론) 섹스를 손쉬운 스트레스 해소법으로 삼는다. 하지만 스트레스의 원인 자체가 해소되지 않으면 이 문제에 대한 해법은 없으며, 더욱이 인간다운 삶은 결코 가능하지 않다.

중독 시스템과
그 치유

영화에 나오는 증권회사들은 모두 중독 시스템의 문제를 드러낸다. 임상심리학자 앤 윌슨 섀프에 따르면 중독 시스템이란 회사나 정부 등 어떤 시스템이 마치 알코올중독자처럼 이상행동을 하는 것이다.[1] 한 회사의 대표가 돈중독, 마약중독, 알코올중독, 섹스중독에 빠져 있다면 대표 자신은 물론 주변도 이상해진다. 대표의 주변 인물들은 한사코 대표에게 잘 보이고자 직언은 삼가고 늘 아부와 동조, 칭찬만 늘어놓는다. 조직의 효율성이나 건강성이 아닌 사장의 기분이 모든 행위나 의사결정의 기준이 된다. 이처럼 늘 사장의 기분을 좋게 유지해야 하므로 주변 인물들도 대체로 중독자가 된다.

중독 시스템의 의사소통 방식은 대체로 전화나 메모 등 간접 소통이며 설사 대면접촉이 이뤄지더라도 쌍방소통이 아니라 일방소통, 즉 명령과 복종이 대세를 이룬다. 구성원들 사이엔 개방적·수평적 토론이나 정보 공유가 거의 없다. 대신 소문과 뒷담화가 무성하며 조직이 어떻게 돌아가는지 투명하지 않다. 잘못된 일에 직언하는 이도 없고, 혹시라도 그렇게 하는 사람은 가차 없이 잘리고 만다. 거짓과 아첨, 통제와 조작, 은폐와 배제 등이 조직 운영의 '정상적' 문화로 자리 잡는다. 개별 구성원들은 물론 조직 전체가 심각히 병들지만 대부분의 구성원들은 자신이나 조직이 얼마나 심각한지조차 모른다. 바로 중독 시스템에 빠진 조직이다.

영화에서 조던이 일했던 로스차일드사나 투자센터 회사 조직, 나아가 직접 설립한 스트래튼 오크몬트 역시 중독 시스템에 빠져 있었다. 리더를 비롯한 모든 구성원은 돈중독, 마약중독, 섹스중독에 시달렸으며 리더 주변의 사람들은 함께 중독되어 리더의 눈치만 보았다. "이 바닥에선 마약과 창녀가 없으면 못 버텨"라는 조던의 말은 많은 것을 말해준다. 조직 내 의사소통이나 의사결정 방식, 나아가 문제나 실패에 대처하는 방식 등은 모두 알코올중독자의 행위 방식처럼 건강하지 못하다. 한마디로 그들은 일상적 주가조작이나 마약중독 등 조직 내 문제들을 보이는 대로 보지 않고, 제대로 느끼려 하지 않았으며, 진실을 가리고 조작하려 했다. 그래야 조직이 돌아가기 때문이다. 그러나 그런 식의 과정은 결국 조직을 파탄에 이르게 한다. 약물중독으로 조던이 뇌성마비 증세를 보이는 장면이나 조던이 FBI에 구속되는 장면은 매우 상징적이다.

좀 더 깊이 생각해볼 주제들

1. '카지노 자본주의'가 아닌 건강한 금융경제는 어떻게 가능할까?
2. 정부 규제가 존재하는데도 CSR이 잘 지켜지지 않는 이유는 무엇인가?
3. 앞으로도 지금과 같은 경제 시스템이 계속될 수 있을까? 그렇게 하려면 어떤 방법이 있을까?
4. 속물주의에서 벗어나 불교나 아미시공동체의 생활방식을 실천하려면?
5. 우리 가까이 있는 조직 중에 중독 시스템 경향을 보이는 곳이 있다면? 그리고 그 치유법은?

Chapter 4

카트
인사관리와 노동조합

Cart | 부지영 감독 | 한국 | 2014

영화에 나오는 더 마트 경영진은 '무노조 경영'을
기본 자세로 삼는다. 마치 삼성이라는 재벌이 창사
이래 해왔던 것처럼. 그러나 노동자들이 인간다운
삶을 위해 자발적으로 일어서는 움직임은 그 누구
도 막을 수 없다. 무노조 경영으로 악명 높던 삼성
에도 삼성 일반노조와 금속노조 삼성전자 지회가
설립되어 활동 중이지 않던가.

개요와 줄거리

〈카트〉는 대형마트에서 일하는 비정규직 노동자들의 일과 삶, 투쟁을 다룬 영화다. 영화 속 노동자들은 매일 고객(소비자)들에게 "안녕하십니까, 고객님. 행복한 하루 되십시오, 고객님"이라고 반복해서 외친다. 거의 로봇 수준이다.

대형마트는 대개 재벌 그룹 계열사로 자본의 규모 덕에 독과점 시장을 형성하지만 경쟁사끼리의 경쟁은 피를 말린다. 이 영화에는 '더 마트'가 상징적으로 등장한다. 더 마트 직원들은 "마트의 생명은 매출, 매출은 고객, 고객은 서비스"라는 구호를 아침저녁으로 외치며 언제나 고객만족 서비스를 최우선으로 삼는다. 때문에 고객들의 온갖 불평불만과 잔소리를 꿋꿋이 참으며 웃는 얼굴로 일해야 한다.

그러던 어느 날, 더 마트 직원들은 회사에서 갑작스럽게 일방적 해고통지를 받는다. 처음엔 개인적 충격에 할 말을 잃은 채 절망하고 낙담하던 이들이 서로의 속마음을 털어놓으면서 점차 분위기가 바뀌어 간다.

"회사가 잘되면 저희도 잘될 줄 알았습니다. 오늘 우리는 해고되었습니다. 그래서 이렇게 나섰습니다."

열성을 다해 일했지만, 어느 순간 해고의 칼날이 목을 겨누자 단순한 순응자에 머물지 않고 주체적 행위자로 나선 것이다.

하지만 모든 비정규직 노동자들이 하루아침에 같은 마음이 되긴 어렵다. 사람마다 생각이 다르고 조건이 다르다. 정규직 전환을 눈앞에 둔 선희(염정아 분)를 비롯해 싱글맘 혜미(문정희 분), 청소원 순례(김영애 분), 순박한 아줌마 옥순(황정민 분), 88만 원 세대 미진(천우희 분)은 하루아침에 직장을 잃을 위기에 처하면서 생각과 상황의 차이로 갈등한다. 노조의 '노' 자도 몰랐던 이 여성 노동자들은 우여곡절 끝에 용기를 내고 힘을 합쳤으며 노조를 만들어 회사와의 협상과 투쟁을 전개한다. 이들은 그러한 과정을 통해 대형마트의 문제점, 자본주의 기업경영의 실상, 인사관리와 노사관계, 노동조합, 단체교섭과 단체행동 등을 몸으로 배운다.

영화 〈카트〉는 2007년 5월 이랜드 일반노동조합 소속 조합원들이 서울 상암동 '홈에버' 월드컵점을 점거하고 512일 동안 파업농성을 했던 실제 사례를 소재로 한다. 당시 이랜드 그룹은 2년 이상 근무한 상시고용 근로자를 정규직으로 전환하도록 한 '비정규직보호법' 시행(2007년 7월)을 앞두고 홈에버 계산원을 포함한 계열사 직원 700여 명을 정리해고했다. 노사는 커다란 갈등을 겪은 후 합의로 마무리했다.

시대적 배경

⟨카트⟩는 2014년에 나온 영화지만 그 배경은 2007년 전후로, 1997년 IMF 외환위기 이후 한국경제가 본격적으로 신자유주의적 구조조정을 해나가던 때다. 흥미롭게도 정치적으로는 한국 역사상 가장 민주적인 정부로 평가되는 김대중 정부(1998~2002), 노무현 정부(2003~2007) 시기와 겹친다. 어쩌면 대내적으로는 국민들이 비교적 신임했던 민주 정부들이 (대외적으로 부과된) IMF식 신자유주의 구조조정을 관철해나가는 데 가장 적합했는지 모른다. 노조나 시민들은 신자유주의 구조조정에 저항할 필요를 느꼈다. 하지만 과거처럼 군사독재정권이 아니었기 때문에 일정한 민주적 절차와 형식을 매개로 저항의 싹을 상당히 순치하거나 완화할 수 있었다. 게다가 노조나 시민사회단체[ngo] 출신 인사들이 정부 내 요직에 참여하던 형편이라 시민과 노동자들로선 저항의 칼날을 매섭게 세우기 어려웠던 면도 있다.

실제로 2007년 7월부터 이른바 비정규직보호법이 시행될 예정이었다. 원래 이 법(기간제 및 단시간 근로자 보호 등에 관한 법률)이 제정될 무렵(2006년경)에는 노동 진영의 반대가 격심했다. 노동 보호라는 취지는 좋지만 실제로는 악영향이 크다는 지적이었다. 일례로, 현실적으로는 (이미 1998년에 시행된 근로자파견법처럼) 일단 그런 법이 제정된 후에는 오히려 비정규직이 더욱 합법적으로 증가했다. 또한 "2년 뒤 정규직으로 간주하거나 정규직으로 고용할 의무"라는 규정은 공식 취지는 좋아도 실제 경영 현실에서는 해고 사태로 이어지게 할 가능성이 있었다. 하지만 많은 저항이 있었음에도 그 법은 국회를 통과해 마침내 2007년 7월부터 적용될 예정이었다.

이러한 상황에서 당시 2년간 계속 고용되어온 기간제 및 단시간 근로자들은 그간의 서러움을 씻고 마침내 정규직으로 전환된다는 기대에 가슴이 벅찼다. 그러나 영화의 배경이 된 이랜드 그룹은 앞서도 나왔듯이 700여 명이나 되는 비정규직 노동자를 해고했다. 정규직으로 전환되기 전에 '계약해지'함으로써 정규직 전환으로 인한 인건비 증가를 회피하려 한 것이다.

이 사건은 상당한 사회적 파장을 불렀는데 영화 〈카트〉에는 그 과정이 잘 묘사된다. 그러나 전술한 것처럼 이 해고 사태는 2007년만의 일이 아니라 1997년 말 외환위기 이후 지속된 신자유주의 구조조정의 연속선상에서 파악해야 한다. 이랜드 그룹은 2000년 3월, 경기도 부곡 물류센터를 외주화해 비정규직 전원을 용역업체로 옮기려는 시도를 하기도 했다. 당시 한 달에 50만 원가량을 받고 일하던 노동자들은 석 달

뒤 파업에 들어갔다. 265일 동안의 파업이라는 힘겨운 투쟁 끝에 이랜드 노조 부곡분회 비정규직 45명은 비로소 정규직이 될 수 있었다. 그러나 이랜드 그룹은 그 뒤로도 꾸준히 노조원들의 부서를 바꾸거나 다른 지역에 발령 냈다. 노조의 힘에 밀리면 경영 수익성 향상이 절대 불가능하다고 판단했기 때문이다. 사실 노동의 유연화^{flexibilization of labor}는 번드르르한 말뿐이었다. 실제로는 일회용품처럼 노동력을 쓰고 버리며, 노조를 없애거나 친기업적으로 바꾸겠다는 말과 다름없었다. 그 결과 이랜드 그룹의 노조원 수는 2000년 200여 명에서 2006년 60명으로 급감했다. 그 뒤 2007년 7월의 비정규직법 시행을 앞두고 다시금 계약해지 사태가 이어져 노동쟁의가 발생한 것이다. 〈카트〉는 바로 이런 배경에서 만들어진 영화다.

노동조합과
노사관계

하루아침에 해고 통보를 받은 마트 계약직 여성 노동자들은 모여서 고민하다가 마침내 노동조합을 만들기로 결심한다. 노조로 힘을 모은 뒤 처음엔 평화적 단체협상(단체교섭)을 통해 대화로 해결하려 했지만 마트(회사)에선 이를 완전히 무시한다. "지치면 제풀에 나가떨어지리라" 보았기 때문이다. 결국 이들은 "언제 회사가 말로 해서 들어준 적이 있나?"며 파업을 결심하고 마트를 점거해 농성에 돌입한다.

회사는 '불법 파업'으로 고객의 불편을 초래했을 뿐 아니라 마트에 무려 70억 원이나 손실을 안겨다주었다며 노조간부들을 대상으로 손해배상 청구소송을 제기한다. 회사는 노조와 협상할 마음이 없다. 점거를 풀면 협상하겠다는 말만 되풀이할 뿐이다. 하지만 실제로는 점거를 푸는 순간 대체 인력을 투입해 영업을 지속할 속셈이다.

비정규직 노조원들은 "계약서대로 일하게 해달라", "일방적 계약해지를 즉각 취소하라" 등을 요구하며 점거를 풀지 않는다. 이에 회사 측은 용역깡패를 투입하고, 경찰을 불러 현장채증을 하게 한 뒤 강제로 농성자들을 해산시킨다.

한편 단호한 결심으로 과감하게 정규직 노조를 설립했으며, 점차 회사의 압박이 조여오고 앞이 보이지 않는 막막한 상황에서 노조 위원장이 된 강 대리(김강우 분)는 20년 청소 노동자 순례 여사에게 묻는다.

"낙숫물이 정말 바위를 뚫을 수 있을까요?"

사실 조합원들이 입은 투쟁조끼엔 "낙숫물이 바위를 뚫는다"는 문구가 새겨져 있다. 처음에는 '계란으로 바위 치기'에 불과할지 몰라도 언젠가는 승리하리란 믿음과 희망이 담긴 글귀다. 하지만 노동자 내부를 이간질하려는 회사 측 대응과 용역들의 폭력, 경찰의 공권력, 노조 지도부 와해, 손해배상 소송 제기와 가압류 처분 등 다방면의 공격으로 말미암아 그런 믿음은 수시로 흔들린다. 회의가 들기도 하고, 자본에 대응하는 싸움이 '갈수록 태산' 내지 '끝없는 터널' 같아서 도무지 계속하기 어렵다는 생각이 들기도 한다.

그러나 대한민국 헌법 10조는 인간 존엄성에 기초한 행복추구권을 보장하고, 11조는 법 앞의 평등을 말하며, 33조는 노동3권, 즉 단결권·교섭권·행동권을 보장한다. 노동조합을 결성하고 정규직과 비정규직 차별을 철폐해 평등한 대우를 해달라고 요구하는 것은 행복을 추구

▌ 노동조합을 결성하고 정규직과 비정규직 차별을 철폐해 평등한 대우를 해달라고 요구하는 것
은 행복을 추구하는 모든 사람의 정당한 권리다.

하는 모든 사람들의 정당한 권리다.

　　나아가 노동조합 및 노동관계조정법에 따르면 노조는 회사와 신의
성실에 기초한 교섭(협상)을 통해 일정한 노동조건을 단체협약으로 확
보할 수 있으며, 적법한 절차를 거치면 파업 같은 단체행동도 할 수 있
다. 물론 노동자들의 파업에 대해 회사는 직장폐쇄로 사후대응할 수 있
다. 이러한 노사 간 힘겨루기는 결국 단체협약으로 결실을 맺음으로써
그간의 갈등과 분쟁을 봉합하게 된다.

영화에 나오는 더 마트 경영진은 '무노조 경영'을 기본 원칙으로 삼는다. 마치 삼성 재벌이 창사 이래 해왔던 것처럼. 그러나 노동자들이 인간다운 삶을 위해 자발적으로 일어서는 움직임은 그 누구도 막을 수 없다. 무노조 경영으로 악명 높던 삼성에도 삼성 일반노조와 금속노조 삼성전자 지회가 설립되어 활동 중이지 않던가.

그렇다면 노조 자체를 부정하고 탄압할 일이 아니라 노조의 존재를 인정하고 각종 경영정보를 투명하게 공개·공유하는 것이 바람직하지 않을까? 신의와 성실의 원칙 아래 대화와 협상을 통해 제반 쟁점들을 원만하게 풀어나가야 하지 않을까? 한 걸음 더 나아가 노조와 단체협상을 할 때뿐만 아니라 평소에도 각종 의사결정 과정에 노조나 노동자 대표를 참여하게 해서 노사가 함께 결정하고, 함께 집행하며, 함께 책임지는 전향적인 경영 방식이 미래 지향적이라 할 수 있다.

"죄 없는 사람 잡아가고 돈 있는 사람 지키는 게 경찰이가?"

청소밥 20년 만에 처음으로 노동자 의식으로 똘똘 뭉쳐 악을 쓰며 일어나는 순례 여사의 날카로운 지적이다. 노동자의 억울함은 회사, 경찰, 국가 전반을 향한 외마디 비명으로 나타난다.

이런 면에서 볼 때 미래 지향적 경영의 핵심은 노동자들의 억울함과 트라우마(마음의 상처)를 어루만지면서 노동자나 노조의 존재 자체를 진심으로 존중하는 게 아닐까 싶다. 영화 끝부분 투쟁 장면에서 마이크를 잡은 선희는 외친다.

"저희가 바라는 건 대단한 게 아닙니다. 저희를 좀 보아달라는 겁니다. 저희 이야기를 좀 들어달라는 겁니다."

정규직과
비정규직의 연대

선희는 5년 동안 벌점 0점인 모범직원으로 묵묵히 회사가 시키는 대로 일해왔다. 계약직 근로자인 선희는 3개월 뒤 정규직 직원으로 승진을 앞두고 있다가 해고위기에 처하자 눈앞이 캄캄하다. 회사에선 이들을 해고하고 용역으로 돌리려는 계획을 세운 뒤였다. 선희는 똑 부러지고 당찬 성격의 혜미를 만나 함께 대형마트 비정규직 노조의 중심에 서기로 결심한다. 그러나 시간이 흐를수록 계속되는 회사의 탄압으로 노조는 위기에 처하고, 견딜 수 없는 압박에 혜미는 (회사 측에 협조하여 정직원으로 승진하는) 다른 길을 택해야 할지 망설이기도 한다. 게다가 파업 농성 중 용역의 침탈로 어린 아들 민수가 다치자 혜미는 돈 때문에 일단 작업에 복귀해야 했다. 그런 혜미에게 선희는 "나라면 꿈도 못 꿀 일을 네 덕분에 했어. 나중에 우리 그때처럼 즐겁게 일하자"고 진심 어린 말을 건넨다. 이 장면은 엄마나 여자, 모범직원으로서가 아닌, 한 인간으로서 선희의 내적 성장, 그리고 혜미와의 자매애와 연대의 정을 드러낸다.

이 영화에서 가장 돋보이는 부분은 아무래도 강 대리로 상징되는 정규직 노동자가 (그것도 인사팀 소속 직원이) 과장 승진을 포기하고 해고 위험까지 감수하며 정규직 노조를 만들고, '합치자'는 말로 마침내 '아줌마'들의 비정규직 노조와 연대하는 장면이다.

"정규직도 노조를 만들었어요. 회사는 정규직에게는 연봉계약직을 실시하고 기존의 계약직 사원들은 용역으로 돌리면서 마트 매각 계획

▌ 영화에서 가장 돋보이는 부분은 아무래도 강 대리로 상징되는 정규직 노동자가 과장 승진을 포
기하고 해고 가능성까지 감수하며 정규직 노조를 만들어 비정규직 노조와 연대하는 장면이다.

을 갖고 있어요. 그래서 우리 모두 합쳐서 싸워야 해요."

　　회사 측은 용역깡패와 경찰을 불러 농성장에 있는 시위대를 무자
비하게 해체한다. 관리자들은 노조위원장을 하던 강 대리를 일컬어 "이
사람 말 믿다가 아줌마들 모두 파탄 났다"고 음해하며 이간질한다. 그
과정에서 싸움이 붙고 힘이 약한 위원장은 구속된다. 선희와 함께 면회
를 간 순례 여사는 "내가 제대로 못 해서 미안하다"고 말하는 위원장에

게 "우리 마음은 아직 그대로다"라며 흔들리지 말라고 위로한다.

영화의 마지막에는 이런 멘트가 나온다.

"대량해고와 노조 탄압에 맞선 이들의 투쟁은 오랫동안 계속되었다. 파업을 주도했던 노조 지도부들이 복직을 포기하는 조건으로 나머지 조합원 전원은 일터로 다시 돌아갈 수 있었다. 지도부들의 희생으로 이룬 절반의 승리였다."

비정규직 노동자들의 싸움에 적극 결합했던 정규직 노동자들이 보여준 연대의 미학과 더불어 일반 조합원들의 복직을 위해 자신의 일자리를 포기한 노조 지도부의 마지막 결단은 헌신의 미학을 보여주었다. 어쩌면 자본주의 안에서의 노사관계란 이처럼 '절반의 승리'가 최대치인지도 모른다. 중요한 것은 그 절반의 승리조차 거저 주어지는 것이 아니라 부단한 연대와 투쟁, 긴장과 갈등 속에서 어렵사리 쟁취된다는 점이다.

근로기준법상 4대 정리해고 요건과 부당해고

영화 〈카트〉에는 한 달여 시간을 주고 해고(계약해지) 공고를 낸 마트의 모습이 나온다. 해고 통보를 받은 노동자들에겐 선택의 여지가 없다. 용역회사 소속으로 옮기거나, 그냥 해고를 당하거나 중 양자택일이다. 노동자들은 이를 '부당해고'로 규정했다.

근로기준법 24조는 경영상 이유에 의한 정리해고를 합법적으로 하기 위한 4대 전제조건을 규정해놓았다. 그것은 1) 긴박한 경영상의 필요, 2) 해고 회피 노력, 3) 공정하고 객관적인 기준, 4) 50일 전 노조 통보 및 성실 협의 등이다. 이에 비춰보면 위 '계약해지'는 부당한 것이다.

그러나 이러한 조항조차 근로계약서의 내용이 명확해야 유효하다. 예컨대 영화 속 더 마트 측은 근로계약서를 작성할 때 상당수 노동자들이 계약 기간을 명시하지 않은 채 진행했다. 일종의 백지계약서였다. 그것은 법적으로 언제 해고될지 모른다는 의미이기도 했다.

영화 속 노동자들이 공인노무사나 변호사의 도움을 받아 부당해고 구제신청을 했을 때 중앙노동위원회는 상당수 노동자들이 아직 계약 기한이 남아 있음에도 부당하게 계약해지 통보를 받았다는 사실을 인정하고 회사 측에 구제명령을 내렸다. 노동자들은 쾌재를 불렀으나 백지계약서를 쓴 노동자들에겐 해당되지 않는 일이었다. 회사 측은 아직도 계약 기간이 명시적으로 남은 23명만 복직시키겠다고 공고하면서 더 이상 집단행동을 용납하기 어렵다는 것을 분명히 했다.

감정 노동과 노동자의 트라우마

"사랑합니다, 고객님. 어서 오세요! 감사합니다, 고객님. 행복한 하루 되세요!"

마트 여성 노동자들이 하루 종일 반복하는 인사말이다. 과연 그들은 진심으로 사랑하고 진심으로 감사해할까?

그렇지 않다. 그저 관리자들이 하라고 해서, 먹고살기 위해서 읊어대는 매뉴얼일 뿐이다. "목구멍이 포도청"이란 말도 있지 않은가. 이는 먹고살기 위해서라면 하기 싫은 일도 하지 않을 수 없다는 말이다. 이렇게 서비스 직종에서 자신의 속마음을 숨기며 고객의 기분을 좋게 해주려 노력하는 것을 감정 노동이라고 한다. 백화점 점원, 비행기 승무원, 콜센터 직원, 자동차 판매원 등이 가장 대표적인 감정 노동자들이다.

그렇게 영혼 없이 읊어대야 하는 남녀 노동자들의 인격과 자존감, 느낌과 감정은 서서히 사라지거나 억압된다. 이는 결국 스트레스와 회의감, 심지어 우울증으로까지 나타난다. 몸과 마음에 좋은 영향을 끼칠 리 없다. 극단적인 경우 비관자살까지 하는 사람도 있다.

영화 〈카트〉에는 실수인지 고의인지 명확하진 않지만, 한 여성 고객이 가격표가 붙지 않은 마트 상품을 자기 것이라 우기며 계산원(캐셔)과 가벼운 실랑이를 벌이는 장면이 있다.

"이 마트 서비스가 엉망이네. 고객을 도둑으로 보질 않나, 째려보질 않나, 내 물건에 손을 대질 않나……."

고객은 급기야는 계산원이 관리자 앞에서 무릎 꿇고 빌 것을 요구한다. 그야말로 목구멍이 포도청인 계산원은 수치심과 자존심을 억누른 채 무릎을 꿇고 용서를 구한다.

그런데 실제로 이런 일은 비일비재하다. 일하던 중 고객에게 성희롱과 폭언을 듣고 정신적 스트레스를 호소하던 한 대형마트 노동자는 2016년 10월 근로복지공단에서 처음으로 산업재해를 인정받는다. 고

▌ 서비스 직종에서 자신의 속마음을 숨기며 고객의 기분을 좋게 해주려 노력하는 것을 감정 노동
이라고 한다. 백화점 점원, 비행기 승무원, 콜센터 직원, 자동차 판매원 등이 가장 대표적인 감
정 노동자들이다.

용노동부가 2016년 3월, 고객의 폭언·폭행으로 인한 적응장애와 우울
증을 업무상 질병 인정 기준에 추가하는 내용의 산업재해보상보험법
시행령을 개정한 것이 이 판정에 영향을 미쳤다.

이마트 캐셔로 일하던 박씨는 2016년 4월 27일 오후, 50대 남성 김
모 씨가 구취 제거용 사탕을 들고 자기 계산대에 선 것을 보았다. 김씨
는 야릇한 시선을 보내면서 "키스하기 전에 사탕을 먹으면 입냄새가 나

지 않는 것이냐?"고 물었다. 박씨는 성적 수치심을 느꼈지만 "먹어본 적이 없어서 모르겠다"고 답했다. 그런 후 김씨는 "사탕은 증정품"이라며 돈을 내지 않으려 했다. 이 실랑이 과정에서 김씨는 "눈알을 뽑아버리겠다"는 등 10여 분 동안 입에 담기 힘든 폭언을 퍼부었다. 박씨는 사건을 겪은 후 불안감을 느끼고 불면증을 앓다가 정신건강의학과를 찾았다. 병원은 "직장에서 고객의 심한 언어폭력과 성희롱적 발언에 충격을 받아 적응장애, 신체형 자율신경 기능장애, 불면증을 앓고 있다"며 "요양진료가 필요한 것으로 판단된다"고 진단했다. 이렇게 박씨는 커다란 정신적 충격(트라우마)을 받았는데, 그 후유증으로 지금도 피의자 김씨와 외모가 비슷한 남성을 보면 불안해한다. 이른바 외상 후 스트레스장애PTSD에 시달리는 것이다.

이와 유사한 사례로 2017년 1월, 전북 전주 시내 한 통신사 콜센터에서 현장실습을 하던 어느 특성화고 졸업반 A양(19세)이 저수지에서 투신자살한 사건이 있다. A양은 통신사를 이동하려는 고객들을 상대로 이동하지 말라고 당부하는 감정 노동에 투입된 후 업무 스트레스를 호소하고 우울증 증세를 보였다. 그런데 놀랍게도 그 콜센터는 2014년에도 한 여직원이 회사 측의 부당노동행위를 규탄하며 자살한 사건이 벌어졌던 곳이다.

이런 식으로 감정 노동자들은 단순한 육체 노동자들에 비해 마음의 상처를 입기 쉽고, 그것이 외상 후 스트레스장애로 이어져 정상적 일상생활이 불가능해지며, 심한 경우 자살로 이어진다.

학생 알바와
노동법

영화 〈카트〉에는 선희의 아들 태영(도경수 분)이 알바를 하는 장면이 나온다. 고등학생 태영은 코앞에 닥친 제주도 수학여행을 앞두고 돈 때문에 혼자 고민한다. 아빠는 집에 있을 때가 드물고, 생활비를 벌겠다고 마트에서 힘겹게 일하는 엄마한테는 제대로 말을 꺼내기가 어렵다. 이미 급식비까지 밀릴 정도로 뻔한 형편이었다. 그렇게 태영은 혼자서 속을 앓다가 결국 엄마 몰래 편의점 알바를 선택한다. 하지만 점장의 횡포가 만만찮은 데다 월급을 제대로 받지 못해 매우 억울한 심정이었다. 이 사실을 알게 된 엄마는 점주와 싸워 기어이 체불임금을 받아내고 만다. "엄마가 내 억울한 거 풀어줬어" 하는 태영의 말은 그간의 트라우마가 한꺼번에 씻겨 내려가는 치유의 표현이기도 하고, 조건 없는 엄마의 사랑을 온몸으로 느낀 감사를 말해주기도 한다.

여기서 청소년 알바와 관련된 노동 관련법을 정리하면 다음과 같다.

첫째, 근로기준법상 만 15세 이상인 자만 근로계약이 가능하다. 근로계약서를 문서로 작성해 각자 보관해야 한다. 위반 시 500만 원 이하 벌금을 물어야 한다.

둘째, 근로기준법상 만 18세 미만자에겐 연소 근로자 규정이 적용된다. 즉 연령증명 호적증명서와 친권자 동의서를 사업장에 비치해야 한다. 유해하고 위험한 작업은 금지되며, 근로시간은 1일 일곱 시간, 1주 40시간을 초과하는 것이 금지된다. 단, 당사자 합의 시 1일 1시간, 1주

여섯 시간까지 연장 가능하다. 그리고 네 시간당 30분 이상 휴게시간이 필요하며 본인 동의 없이는 야근(밤 10시~오전 6시), 휴일 근로, 갱내 근로를 금지한다.

셋째, 알바생도 최저임금 이상을 받는 것이 원칙이다. 위반 시 3년 이하 징역 또는 2000만 원 이하 벌금 등으로 형사처벌된다.

넷째, 청소년보호법상 만 19세 미만자 출입 및 취업 금지 업소는 다음과 같다. 유흥주점, 단란주점, 비디오방, 노래방(단, 청소년 출입이 허용되는 시설을 갖춘 업소는 제외), 전화방, 무도학원업, 무도장업, 사행행위업, 성기구 취급업소. 또한 만 19세 미만자 고용이 금지된 업소는 다음과 같다. 숙박업, 이용업, 목욕장업 중 안마실을 설치하거나 개실로 구획하여 하는 영업, 담배소매업, 유독물 제조·판매·취급업, 티켓다방, 주류 판매 목적의 소주방, 호프나 카페 형태의 영업, 음반판매업, 비디오물 판매·대여업, 일반 게임장, 만화 대여업.

다섯째, 근로계약서에는 일을 하기로 한 기간, 일할 장소, 해야 할 일, 하루에 일해야 하는 시간과 쉬는 시간, 쉬는 날, 받아야 할 돈(임금), 임금 받는 날 등 중요한 내용이 반드시 나타나 있어야 한다. 근로계약은 반드시 본인이 해야 하며 다른 사람이 대신할 수 없다.

여섯째, 계속 고용하기 어려울 정도로 알바 근로자가 중대한 잘못을 했을 경우 해고될 수도 있지만, 일반적으로는 정당한 이유 없이는 마음대로 해고하는 것이 불가하다.

좀 더 깊이 생각해볼 주제들

1. 정규직과 비정규직 노동자들의 단결과 연대를 힘들게 하는 장애물은 무엇이며 어떻게 극복할 수 있을까?
2. 과연 기업경영에 노동조합은 필요한가? 노동조합은 '필요악'인가 '필수물'인가?
3. 노사 간의 원만한 소통과 합의가 어려운 이유는 무엇일까? 이에 대한 대안은 무엇일까?
4. 경영 전략 중에는 '아웃소싱'이 있다. 과연 노동력에도 아웃소싱이 필요할까? 그 장단점은 무엇일까?
5. 우리나라 여성 노동자들이 처한 현실을 다각도로 살펴보고 그 개선법을 토론해보자.
6. 인간의 주체성, 노동자의 주체성은 과연 어디에서 나오고 어떤 식으로 표현될까?

귀여운 여인
인수·합병(M&A) 전략

Pretty Woman | 게리 마셜 감독 | 미국 | 1990

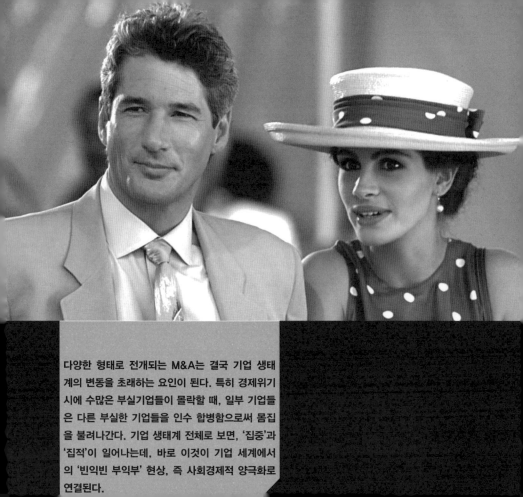

다양한 형태로 전개되는 M&A는 결국 기업 생태계의 변동을 초래하는 요인이 된다. 특히 경제위기 시에 수많은 부실기업들이 몰락할 때, 일부 기업들은 다른 부실한 기업들을 인수 합병함으로써 몸집을 불려나간다. 기업 생태계 전체로 보면, '집중'과 '집적'이 일어나는데, 바로 이것이 기업 세계에서의 '빈익빈 부익부' 현상, 즉 사회경제적 양극화로 연결된다.

개요와 줄거리

미국 동부 뉴욕에 사는 매력적인 독신남 에드워드 루이스(리차드 기어 분)는 재정이 어려운 회사를 인수한 뒤 분할 등 적당한 절차를 거쳐 다시 파는 사업가다. 이른바 '기업 사냥꾼'인 셈이다. 그는 '모스'라는 기업을 인수하기 위해 동부 뉴욕에서 서부 로스앤젤레스로 출장을 가는데, 인수 사업 성공을 위해 지난 10년간 사업 파트너로 일해온 할리우드의 필립 스터키(제이슨 알렉산더 분) 변호사를 만나기로 한다. 필립이 주관한 파티에 참석한 에드워드는 필립의 수동기어 차를 빌려 타고 투숙 호텔로 가던 중 길을 잃는다. 마침 그때 '고객'을 기다리던 콜걸 비비안 워드(줄리아 로버츠 분)의 도움을 받게 된 에드워드는 스스럼없고 순진무구한 행동을 보이는 비비안에게 자신도 모르게 끌려 마침내 그녀와 하룻밤을 보낸다.

그런데 그 직후 모스 기업의 창업주가 에드워드에게 면담을 요청한다. 에드워드는 "여자를 데리고 가는 게 좋겠다"는 필립의 충고에 따라 비비안에게 일주일 동안만 (임시) 파트너가 되어달라고 부탁한다. 일종의 '즉석' 고용계약이다. 에드워드의 제안을 기꺼이 수락한 비비안은 드레스를 사려고 로데오 거리에 갔다가 점원에게 멸시당한 후 호텔 지배인 톰슨(엑토르 엘리손도 분)에게 도움을 청하고, 품위를 중시하는 톰슨은 비비안의 숙녀수업에 최선을 다한다.

에드워드는 자신이 후원하는 자선 폴로 경기장에서 필립과 함께 잔디밭을 걷던 중 비비안의 신분을 의심하는 그에게 얼떨결에 그녀가 매춘부라 실토한다. 비열한 필립은 이를 약점 삼아 비비안을 희롱하고, 호텔로 되돌아온 에드워드와 비비안은 이 문제로 다툰다. 하지만 화를 내던 에드워드는 곧 비비안을 뒤따라가 사과하고, 같이 있어달라고 부탁한다. 그날 밤 둘은 자신들의 개인적 이력personal history을 솔직히 토로하며 오히려 더욱 가까워진다. 샌프란시스코의 오페라극장에 비비안을 데리고 간 에드워드는 〈라 트라비아타La Traviata〉를 관람하며 감동하는 비비안의 모습에 사랑을 느낀다.

그런데 에드워드는 비비안에게 끌리는 것만큼이나 재정난에 허덕이던 모스 기업의 강제 매입을 주저한다. 회사를 넘기기 싫어하는 모스 기업 사장 제임스 모스(랠프 벨러미 분)는 실은 자기 부친과도 아는 사이였고, 모스에게도 자기 또래 아들 데이빗 모스(알렉스 하이드 화이트 분)가 있기 때문이다. 이 지점에서 사람의 인간성과 기업의 합리성이 충돌하는 모습을 본다. 결국 모스 기업을 살리기로 결심한 에드워드는 오히려 동업을 제안해 모스 사장을 감동시킨다. 비비안 덕분에 에드워드가 따뜻한 인간성을 회복한 셈이다.

에드워드가 회의장에서 나와 녹색 잔디밭을 맨발로 신나게 걸어다니는 장면은 바로 이 사실을 증명한다. 이는 세속적 출세주의, 물질만능주의에 찌든 현대인들이 마음 깊은 곳에서는 목가적이고 인간적인 삶을 열망하고 있음을 상징하기도 한다.

시대적 배경

게리 마셜^{Garry Marshall} 감독의 이 영화는 1990년에 상영되었는데 그 직접적 배경은 1980년대로 짐작된다. 미국의 경우, 1987년 10월에 주식폭락 위기가 있었다. 이 영화의 핵심 배경은 M&A^{Mergers & Acquisitions}, 즉 인수와 합병으로 기업 자체가 하나의 상품이 되고 매매 대상이 되는 시기, 즉 구조조정이 거세게 일어나는 시기다. 이런 면에서 이 영화의 간접적 배경은 자본주의 기업경영의 생태계가 작동하는 전 기간, 그중에서도 특히 인수와 합병 등 기업 생태계의 변화가 격심한 위기의 시기를 관통한다.

역사적으로 자본주의는 1848년, 1873년, 1929년, 1973년, 1979년, 2008년 등에 비교적 큰 위기를 겪었고, 그 외에도 수시로 크고 작은 위기를 겪어왔다. 그러나 "위기는 곧 위험인 동시에 기회"라는 말이 있듯이 일부 자본에는 위기가 커다란 기회가 되기도 했다. 가까운 예로 1997년 말 한국에서 외환위기가 터져 IMF 등에서 구제금융을 받던 때, 수많은 기업들이 몰락한 가운데 극소수 대자본은 M&A를 통해 더 커다란 부를 축적할 수 있었다. 그 와중에 일부 재벌들 순위가 바뀌기도 했다.

　더욱 거시적으로 보면 자본주의에서 주기적으로 혹은 간헐적으로 위기가 닥치는 것은 자연스런 경기순환의 산물일 수도 있고, 구조적인 원인으로 인한 결과일 수도 있다. 중요한 것은 위기가 곧 종말을 의미하지는 않는다는 점이다. 오히려 그와는 반대로 위기는 마치 동맥경화에 걸린 인간의 몸처럼 자본의 과잉 축적 내지 과잉 생산으로 말미암아 경제 전반에 걸쳐 돈이 원활히 돌지 않는다는 신호를 준다. 따라서 위기가 오면 M&A를 통해 자본의 구조조정을 이뤄냄으로써 자본은 체질을 개선하고 위기를 극복해나간다.

　그 과정에선 당연히 고통이 따를 수밖에 없다. 특히 대규모 정리해고는 수많은 노동자와 그 가족의 생계를 위협하고 사회적 갈등을 불러온다. 예컨대 한국의 외환위기 시기, 특히 1998년 현대자동차에서의 4800여 명 정리해고 반대 파업, 2001년 대우자동차에서의 1700여 명 정리해고 반대 파업, 그리고 2008년 세계 금융위기 직후인 2009년 쌍용자동차에서의 2600여 명 정리해고 반대 파업 등이 대표적 사례다. 대우자동차는 미국 GM에 매각되었다. 쌍용자동차는 외환위기 이후인 2003년 상하이자동차에 매각되었다가 77일간의 노동자 파업 이후 인도의 마힌드라 그룹에 넘어갔다(상하이자동차가 쌍용차에 대한 경영권을 포기하고 법정관리, 즉 기업회생 절차를 신청한 뒤, 경영개선 조치의 일환으로 정리해고 계획이 나왔다).

이처럼 기업의 M&A 과정에서 기업의 수익성을 높이기 위해 다양한 구조조정이 일어나는데 그나마 '고용승계'가 이뤄지면 해당 노동자들에게는 다행이라 할 수 있다. 반대로 가차 없는 '정리해고' 대상자로 전락하면 격심한 갈등이 일어난다. 전체적으로 대자본으로서는 이러한 구조조정을 통해 이른바 효과적 '군살 빼기'를 할 수 있고 그럼으로써 더 탄탄한 모습으로 전진하기도 한다.

기업 생태계의
변화를 초래하는 M&A

M&A란 기업의 인수와 합병으로, 외부 경영자원을 활용하는 한 방법이기도 하다. 여기서 기업의 인수[acquisitions]란 대상 기업의 자산이나 주식을 취득해서 경영권을 획득하는 것을 말하며, 기업의 합병[mergers]이란 둘 이상의 기업이 결합하여 법률적으로 하나의 기업이 되는 것이다. 최근에는 M&A가 더 넓은 의미로 쓰여 전통적인 기업의 인수와 합병 외에도 금융적 관련을 맺는 합작관계나 다양한 전략적 제휴 등도 M&A에 포함시켜 부르기도 한다.

M&A를 하는 이유는 당연히 기업의 효율성을 제고하고 이윤을 추구하기 위해서다. 이는 많은 경우 자본의 관점에서는 안정성과 성장성

을 드높이는 계기가 된다. 특히 M&A를 통해 기업이나 사업 간의 시너지 효과가 발생하는 동시에 투자나 시간을 절약하는 효과도 있다.

M&A의 구체적 방법으로는 주식인수와 기업합병, 기업분할, 영업양수도 등이 있다. 우선 주식인수는 매수 대상 회사의 주식을 인수하여 지배권, 즉 경영권을 획득하는 방법이다. 주식인수 형태를 취하면 회사 채권자들의 동의를 받을 필요 없이 주식 자체만 매수 대상이 되므로 거래시간과 비용이 절약된다는 이점이 있다.

기업합병은 둘 이상의 회사가 계약에 의해 청산 절차를 거치지 않고 하나의 경제적·법적 실체로 합치는 것을 의미한다. 피합병 회사의 자산과 부채를 포함한 모든 권리와 의무가 합병 법인에 포괄적으로 승계되고, 그 대가로 합병 법인은 피합병 법인의 주주들에게 합병 법인의 주식과 합병 교부금을 지급한다.

기업분할은 회사가 독립된 사업 부문의 자산과 부채를 포괄적으로 이전하여 하나 이상의 회사를 설립함으로써 하나의 회사가 둘 이상의 회사로 나뉘는 것을 의미한다. 〈귀여운 여인〉에서 에드워드는 주로 기업분할 방법을 통한 M&A를 통해 돈을 버는 사업가다. 여기서 자산과 부채를 포괄적으로 이전하는 회사를 분할회사라 하고 자산과 부채를 포괄적으로 이전받는 회사를 분할신설회사라 한다.

한편 영업양수도는 영업권의 양수 및 양도의 준말로, 그 범위가 광범위하고 다양한 형태로 이뤄지기에 명확하게 정의하기가 어렵다. 하지만 영업양수도란 대체로 독립된 사업 부문의 자산·부채·조직·인원·권리·의무 등 영업에 필요한 유·무형 자산 일체가 포괄적으로 이전

되는 것으로, 독립된 영업 부문은 동일성을 유지하면서 경영 주체만 교체하는 제도다.[1]

이렇게 다양한 형태로 전개되는 M&A는 결국 기업 생태계의 변동을 초래하는 요인이 된다고 할 수 있다. 특히 경제위기 시에 수많은 부실기업들이 몰락할 때, 일부 기업들은 다른 부실한 기업들을 인수 합병함으로써 몸집을 불려나간다. 기업 생태계 전체로 보면, '집중centralization'과 '집적concentration'이 일어난다고 할 수 있는데, 바로 이것이 기업 세계에서의 '빈익빈 부익부' 현상, 즉 사회경제적 양극화polarization로 연결된다.

임시
고용계약

기업은 직원과 고용계약 관계를 맺는다. 통상적으로 이를 근로계약이라고 한다. 근로계약은 기간의 정함이 있는 것과 없는 것으로 나뉜다. 이 영화에는 원래 계약 기간이 일주일밖에 되지 않는, 기간의 정함이 있는 근로계약이 나온다. 반면 기간의 정함이 없는 근로계약을 달리 말하면 정년(통상 60세 전후)이 보장되는 근로계약으로, 대체로 정규직 직원에게 해당되는 말이다.

근로계약은 노동자가 사용자에게 노동을 제공하고, 사용자는 이에 대하여 임금을 지급함을 목적으로 체결된 계약이다(근로기준법 제2조). 일반적으로 근로자와 사업주가 사용관계에 들어가 노사 간에 이른바 종속적 노동관계가 이루어지는 계약이 근로계약이다. 이 계약에 따라 노동자는 기업 내에서의 업무수행과 관련해 사용자(기업주 또는 경영관리자)에게 일정한 지휘·명령을 받아 본인의 의사와 관계없이 성실히 노무를 제공할 의무를 진다.

이 영화에서는 사업가 에드워드와 매춘부 비비안 사이에 일주일간의 고용계약이 이뤄진다. 비비안은 에드워드를 위해 일주일 동안 마치 비서처럼 움직여야 한다. 비비안도 자유의사로 동의했기 때문에 근로계약이 성립되었다.

그러나 문제는 그다음부터다. 통상 근로계약은 사용자와 노동자 사이의 '노동력' 제공에 관한 것으로, 하루에 몇 시간 일을 해야 하는지 미리 정한다. 현재 한국을 비롯한 많은 나라에서는 하루 여덟 시간이 표준 노동시간이다. 그러나 에드워드는 비비안더러 일주일 동안 24시간 내내 동반할 것을 주문하고 비비안은 이에 동의했다. 형식상 자유계약이 이뤄졌으나 통상적 근로기준법의 원리에는 반하는 계약이다. 민법에서는 계약 자유주의를 원리로 하지만, 노동법의 법리엔 계약 조건이 제한된다. 즉 임금에 최저임금 수준을 정하듯 노동시간에는 최고 내지 표준 노동시간이 있으며, 일정 시간 이상 초과 노동을 금지한다. 특히 미성년자(15~18세)나 여성의 경우, 노동시간이나 초과근로시간, 야간 근로, 특정 근로환경 등에 일정한 제한이 있다.

이런 면에서 하루 24시간 내내, 그것도 일주일 내내 사용자 에드워드와 함께 있어야 하는 노동자 비비안은 과연 정상적 고용계약 상태라 할 수 있을까? 과연 이것이 노동을 제공하는 근로계약인지 아니면 생활

▌ 하루 24시간 내내, 그것도 일주일 내내 사용자 에드워드와 함께 있어야 하는 노동자 비비안은
과연 정상적 고용계약 상태라 할 수 있을까?

전체를 제공하는 생활계약인지 구분하기가 대단히 모호하다. 당사자가
자유의지로 동의했다고 해서 이런 식으로 하루 24시간을 통째로 노동
력 제공에 바치는 근로계약이 법적으로 유효한지는 깊이 따져봐야 할
문제로 남는다.

한편 에드워드는 비비안과 같이 지내는 동안 그녀의 순진함과 따
뜻한 인간성에 차츰 이끌리는데 이 부분은 냉혹한 비즈니스 세계와 대
조된다. 모스 기업을 인수하면서 에드워드가 "나는 사업에 감정을 개

입시키지 않는다"고 말하자 비비안이 "당신은 마치 로봇처럼 일하는군요"라고 비난조의 멘트를 하는 부분이 바로 그것이다. 에드워드는 이런 비비안을 통해 차츰 따뜻함과 사람다움을 배우고, 그녀에게서 (음악교사였던) 돌아가신 어머니의 이미지를 재발견한다. 바로 이 지점에서 우리는 감정(인간성)의 세계와 이성(합리성)의 세계가 어떻게 조화를 이뤄야 할지 깊이 성찰할 필요를 느낀다.

경영진을 측면 지원하는 전문가 그룹의 존재

이 영화에는 자문 변호사 필립이 나온다. 앞서 말했듯이 에드워드가 비비안과 일주일 동안 임시 고용계약을 맺은 것은 기업인수를 하러 갈 때 여성과 함께 가는 것이 좋다는 필립의 조언 때문이었다. 이런 식으로 기업 자문 변호사들은 기업경영과 관련한 각종 조언이나 정보를 준다. 뿐만 아니라 특정 이슈가 발생해 기업의 수익성 관점에서 법적 대응의 필요성이 절실해지면 그 본연의 전문가적 능력을 발휘해 기업에 막대한 기여를 하기도 한다. 기업 규모가 작으면 자문 변호사 한 명으로도 족하지만 한국의 재벌처럼 규모가 커지면 변호사 몇십 명을 쓰기도 한다. 이러한 변호사는 기업이 자체 고용하기도 하고, 외부 법률사무소 등에 속한 변호사와 긴밀한 관계를 맺고 협력하는 경우도 있다.

흥미로운 사실은, 한국의 삼성처럼 회사의 탈세나 비자금 등을 수사 지휘하는 판검사들과 은밀히 접촉하다가 일정한 시간이 흘러 이들이 사표를 쓰고 변호사로 변신하는 순간, 자기 회사로 불러들여 회사 내부 변호사로 직접 고용하는 경우도 제법 많다는 것이다.[2]

변호사 외에도 기업에 절실히 필요한 전문가들이 있다. 바로 공인회계사^{CPA}나 세무사가 그들이다. 공인회계사는 기업의 재무 및 회계에 관한 각종 정보(대차대조표·손익계산서·이익잉여금처분계산서 등)를 작성하고 공시하는 일을 한다. 주식시장에 그 회사의 주식이 공개적으로 상장된 기업들, 즉 상장기업들은 금융감독원이 주관하는 전자공시 시스템에 이런 재무 및 회계정보를 공개해야 한다(http://dart.fss.or.kr 참고). 그리하여 일반인들은 이 전자공시 시스템을 통해 상장기업들의 경영정보를 객관적으로 파악할 수 있다.

세무사들은 기업이 낼 세금, 특히 법인세를 비롯한 각종 세금과 공과금을 합법적 범위에서 절약할 방법을 알려준다. 매년 5월은 종합소득세 신고의 달로, 특히 기업들은 세금 문제로 골머리를 앓기도 한다. 본연의 기업경영도 만만치 않은 일인데 세금마저 일일이 신경을 쓸 수가 없는 기업들은 외부의 세무사를 활용하기도 하고, 큰 기업의 경우 자체 고용한 세무사를 통해 이런 문제를 해결하기도 한다.

물론 공인회계사나 세무사들이 늘 공정하고 합리적인 방식으로만 일을 하지는 않는다. 이들은 때때로 회사를 위해 회계정보를 속이거나 조작하기도 한다. 일례로 2009년 쌍용자동차(당시 상하이자동차 소유)에서 법정관리 신청 및 2600여 명에 대한 해고 계획이 나올 당시 A 회계법인 전문가들에 의해 기업의 자산은 축소 계상된 반면 기업의 비용은 과대평가되기도 했다. 특히 당시 A 회계법인이 제출한 유형자산 손상 차손(유형자산의 장부상 가격과 이 유형자산을 처분하거나 사용함으로써 벌어들일 수 있는 회수 가능 가격의 차이)을 5000억 원대로 책정한 보고서가 '경영상 위기'를 판단하는 근거가 되었다. 즉 광범위한 회계조작으로 인한 '고의 부도' 혐의가 짙었다. 그리하여 2014년 2월 고등법원은 이러한 회계 조작을 인정해 당시 쌍용차 정리해고는 무효라 선고하는 판결을 내리기도 했다.[3] 그러나 불행히도 이 고법 판결은 대법원에서 '경영상 위기에 의한 정당한 정리해고'로 뒤집어지고 말았다.[4]

또 다른 전문가는 공인노무사[CPLA]로서, 이들은 기업의 인사노무 관리나 노사관계 관련 자문을 해준다. 특히 이들은 노동법 전문가들로서, 노동관계 법령이나 노동부 행정해석, 판례 등을 토대로 기업경영 과정에서 제기되는 각종 노동 관련 문제에 대한 자문과 정보를 제공한다. 물론 이들은 대체로 기업 편에서 노동 관련 이슈에 대한 합리적 해법을 찾아내지만, 때로는 탈법적이고 불법적인 자문과 해법을 제시하기도 한다.

가장 대표적 사례가 창조컨설팅이다. 창조컨설팅은 2003년에 설립된 노무법인으로, 경총 출신 심 모 대표와 노동부 출신 김 모 전무가 핵심이고 노무사 등 전체 직원은 약 25명이었다.[5] 창조컨설팅에 가입해서 정기적으로 자료나 자문을 얻는 회원사가 170개 정도이고 몇십 개 회사에 노무 관련 자문을 해주었는데 사실상 민주노조 파괴 컨설팅이었다. 특히 유성기업·상신브레이크·보쉬전장·발레오만도·KEC·골든브릿지증권 등의 사업장이 대표적 희생양이었다. 창조컨설팅의 노조 파괴 시나리오는 대체로 '불법 파업 유도→용역 폭력 투입→직장폐쇄→민주노조 파괴 및 민형사 소송 제기→어용노조 설립' 등으로 진행되었다. 이는 노조의 자립적 설립과 활동을 인정하는 노동조합및노동관계조정법에 어긋날 뿐 아니라 1987년 이후의 민주주의를 심히 후퇴시키는 일이었다. 이런 불법 방식을 자문한 창조컨설팅은 2014년에 등록이 취소되었고 심 모 대표도 3년간 자격 정지를 받았다.[6] 물론 그런 방식을 자문받고 불법행위를 자행한 사업주들도 유죄 판결을 받았다.[7]

신데렐라의 소비중독과 참된 행복

영화에는 비비안이 에드워드가 준 신용카드를 가지고 상류층 여자들이 드나드는 명품숍에서 신나게 물건을 사들이는 장면이 나온다. 늘 싸구려 옷만 걸치던 비비안이 돈의 힘으로 우아한 귀부인으로 변신하는 셈이다. 이 장면만 떼내어 본다면 이 영화가 흔히 알려진 것처럼 '백마 탄 왕자'를 만나 인생 역전을 이룬 '신데렐라'의 신화를 보여준다고 할지 모른다. 하지만 감독은 몇 걸음 더 나아가 살아온 환경이 전혀 다른 두 사람이 상호작용 과정을 통해 전혀 다른 삶의 가치관을 품게 되는 과정을 보여준다. 즉 물질적 성공을 추구하는 사이에 잃어버린 그 무엇을 되찾는 이야기를 들려준다.

비비안은 에드워드의 안내로 상류층 사람들의 생활을 직접 체험하

▎'백마 탄 왕자'를 만나 인생 역전을 이룬 '신데렐라'의 신화처럼 보이는 이 영화는 살아온 환경이 전혀 다른 두 사람이 상호작용 과정을 통해 전혀 다른 삶의 가치관을 품게 되는 과정을 보여준다.

기도 한다. 그중에서도 비행기를 타고 베르디의 저명한 오페라 〈라 트라비아타〉를 보러 가는 일은 가장 놀라운 체험이었다. 비비안으로서는 전혀 생각지도 못한 호사였다. 그러나 이러한 호사도 일주일 동안만 허락된 일종의 일장춘몽과 같았다. 오페라를 관람하는 동안 비비안의 마음속은 요동쳤다. 〈라 트라비아타〉에 나오는 주인공 비올레타의 이루어질 수 없는 사랑 이야기를 바로 자신의 상황으로 느꼈기 때문이다.

126

비비안은 바로 이 부분에서 가슴 저리는 슬픔을 느끼고 공연을 보며 계속 눈물을 흘린다.

마침내 에드워드와 계약한 일주일이 지난 뒤 비비안은 돌연 매춘부 생활을 청산하고 고향으로 돌아간다. 에드워드와 함께하는 시간 동안 자신의 삶에 대해 깊이 숙고했기 때문이다. 물론 비비안이 되돌아간 일상은 매우 고달팠다. 적어도 에드워드가 다시 비비안을 찾으러 오기 전까지는.

그 뒤 에드워드가 비비안을 다시 찾아간 장면 역시 에드워드의 가치관 변화를 보여준다. 여태껏 돈과 성공만을 좇으며 물질주의를 지향하며 살아오다가 비비안과 함께하는 시간 동안 진정한 삶에 대해 근본적으로 성찰하게 된 것이다. 결국 일주일간의 고용계약은 단순한 거래관계가 아니라 양 당사자들로 하여금 자신의 삶을 근본적으로 성찰하게 만드는 계기가 되었다.

그런데 두 사람의 가치관이 변하기 전, 즉 비비안이 에드워드에게 받은 신용카드로 상류층이 애용하는 명품숍에서 신나게 쇼핑하는 장면에서 상류층을 상대로 하는 고급 명품의 '차별화 마케팅'을 엿볼 수 있다. 마케팅 분야에서는 목표 고객 집단을 다양한 범주로 구분하고 그들 각각에 걸맞은 상품을 적절히 '다르게' 제시할 때 영업 성과가 올라간다. 쉽게 말해 서민이 사는 곳에는 품질이 낮더라도 저렴한 상품을, 중산층이 많은 곳에는 중간 정도 상품을, 부자들이 많은 곳에는 고급 명품 중심으로 상품을 제공해야 성과를 극대화할 수 있다. 오늘날에는 '빅데이터' 분석을 통해 개별 고객이 어떤 취향의 상품을 구매하는지 면밀히 파악하기도 한다.

　신용카드는 현찰에 비해 더욱 소비를 촉진하는 기능을 하기도 한다. 원래 신용카드는 거래의 편리성과 투명성 제고를 위해 나왔다고 볼 수 있다. 하지만 실제로는 신용카드가 현금에 비해 잘 보이지 않는다. 숫자로만 파악되기 때문에 소비자의 감각을 무디게 만들어 예사로 고가품을 사게 만들거나 실제 지불 능력을 초과하는 과소비를 부추길 위험마저 존재한다. 특히 오늘 신용카드를 사용해도 결제는 다음 달에 되므로 그사이 새로운 수입이 생기면 또 다른 소비의 세계로 유도하기 쉽다. 심지어 신용카드 한도를 초과한다 해도 미래에 돈을 많이 벌 수만 있다면 오늘 '외상(신용거래)'으로 상품을 구매하는 것이 큰 문제로 느껴지지 않는다. 엄밀히 보면 이는 미래의 노동력을 저당 잡힌 채 현재의 상품을 소비하는 꼴이다. 게다가 신용카드로 인한 부채는 일반 대출이자보다 상대적으로 더 높은 이자를 덧붙여 내야 한다. 그런 식으로 신용카드는 신용사회를 촉진하는 동시에 부채사회도 촉진한다.

좀 더 깊이 생각해볼 주제들

1. 연인 사이에 참된 사랑이란 어떻게 이뤄지고 유지될 수 있을까?

2. 감정(인간성)의 세계와 이성(합리성)의 세계는 어떻게 조화를 이룰 수 있을까?

3. 성공적인 기업경영의 지표엔 어떤 것들이 있을까?

4. 기업경영에서 합법과 불법의 경계선은 어디일까?

5. 비비안이 생각하는 참된 삶은 어떤 것일까?

6. 에드워드가 생각하는 참된 삶은 어떤 것일까?

7. 독자 여러분이 생각하는 참된 삶은 무엇인가?

8. 우리 각자가 생각하는 참된 삶을 가능하게 하는 사회적 조건들은 무엇일까?

9. 그러한 사회적 조건들을 만들기 위해 우리는 무엇을 어떻게 할 수 있을까?

Chapter 6

남쪽으로 튀어
지역개발 사업과 갈등관리

South Bound | 임순례 감독 | 한국 | 2012

경영학에 나오는 '갈등관리론'에 따르면 조직의 관점에서도 어느 정도 갈등은 조직의 역동적 발전을 위해 긍정적 작용을 할 수 있다. 물론 그 갈등의 정도가 너무 심해 조직 자체를 위협한다면 더는 생산적 갈등이 아니라 파괴적 갈등으로 귀결되기도 한다. 여기서 중요한 것은, 이미 발생한 갈등을 생산적으로 유도할 수 있는 시스템의 내적 역량이다.

개요와 줄거리

영화 〈남쪽으로 튀어〉는, 2008년 〈우리 생애 최고의 순간〉이나 2014년 〈제보자〉로 유명한 임순례 감독의 2012년 영화로, 원래 일본 작가 오쿠다 히데오^{おくだひでお}의 동명 소설을 각색한 것이다. 고대 그리스 철학자 아리스토텔레스^{Aristotle}의 말처럼 "인간은 사회적 동물"이다. 그래서 사람들은 일정한 사회관계 속에서 살 수밖에 없다. 때문에 원하지 않아도 어쩔 수 없이 해야 하는 일이 있고, 하고 싶은 말도 참아야 할 때가 많다. 하지만 이 영화 〈남쪽으로 튀어〉는 그런 사람들과는 완전히 다른 사람(들)에 관한 이야기를 담아낸다. 즉 마음에 들지 않는 일이나 못마땅한 일은 하지 않고, 해야 할 말은 꼭 하며 살고 싶은 최해갑(김윤석 분)과 아내 안봉희(오연수 분), 딸 민주(한예리 분), 아들 나라(백승환 분), 막내 나래(박사랑 분)에 관한 이야기다.

최해갑과 아내 안봉희는 다른 사람들처럼 하루 종일 회사의 명령과 복종체계에 몸과 마음을 바치지 않아도, 동네에서 작은 카페 하나만 운영하면 얼마든지 살아갈 수 있다고 믿는다. 다시 말해 남들과 '달라도' 충분히 인간답게 살 수 있다고 믿는 셈이다. 그런데 최씨와 안씨는 국가가 하는 일에 늘 못마땅한 표정이다. 일례로 TV 수신료가 포함된 전기요금, 국민연금, 주민등록증 제도, 엉터리 공교육 시스템 따위에 심한 거부감을 드러내며 일일이 충돌한다. 독재정권하에서 대학생이던 시절부터 운동권으로 살아온 부부들이 보여주는 삶의 일관성이기도 하다.

마침내 국가에서 재산압류 압박 등이 다가오자 이들 가족은 기꺼이 서울을 버리고 '남쪽으로' 튀기로 결심한다. 국가가 간섭할 수 없는 자유로운 삶의 터전을 찾으려는 것이다. 이제 최씨 가족은 (고등학교를 중퇴한 뒤 의상 디자인을 배우는) 큰딸 민주만 남겨둔 채 남해안의 아름다운 들섬으로 이사를 간다. 들섬은 최씨의 고향이자 큰딸 민주가 태어난 곳이기도 하다. 그런데 마침 들섬은 지역구 국회의원(보수여당) 김하수(이도경 분)의 도움 아래 티브로 건설회사가 리조트 단지를 개발하기 직전의 상태였다. 마침내 최씨 가족과 개발업자가 보낸 용역들 사이에 물리적 충돌까지 벌어진다. 자연주의와 속물주의의 싸움이다. 마지막에 가서는 최씨가 국회의원 김씨를 인질로 잡고 결국에는 들섬 개발 사업 백지화를 발표하게 만든다.

이제 최씨와 안씨 부부는 아이 셋을 들섬에 남겨둔 채 또다시 '남쪽으로' 튄다. 자본과 국가의 입김을 피해 최씨의 조상이 계실 곳으로 추정되는 상상의 섬을 찾아가는 것이다.

시대적 배경

이 영화는 한편으로 1970~1980년대의 민주화운동, 특히 의식 있는 대학생들을 중심으로 벌어진 '학생운동'을 시대적 배경으로 하고, 또 한편으로는 1990년대 이후 국가기관이 자행한 민간인 사찰이나, 건설자본과 정치권력이 결탁해서 벌인 각종 대형 개발 사업의 번창을 배경으로 한다.

우선 1970~1980년대의 많은 대학생들은 지식인으로서 사회적 책임을 자각하고, 민중 위에 군림하는 독재정권 타도나 한반도 분단 극복, 나아가 미국 등 외세로부터의 자주성 획득 등을 구호로 외치며 선구적 사회운동을 해왔다. 특히 1970년 11월 13일에 "근로기준법을 준수하라", "내 죽음을 헛되이 마라" 등 구호를 외치며 분신 항거한 서울 청계천 평화시장의 재단사 전태일 열사는 수많은 대학생들에게 지식인으로서의 사회적 책임이라는 화두를 던졌다. 그 뒤 의식 있는 대학생들은 독재정권 타도를 위한 시위를 주동한 후 강제 징집을 당하거나 옥살이를 해야 했고, 대학 학적을 포기하면서까지 공장 노동자로 변신해 현장 노동운동을 이끄는 사람도 있었다. 이 영화에 나오는 최씨 부부, 즉 최해갑과 안봉희 역시 그렇게 민주화운동을 했던 대학생 출신으로, 딸 이름을 '민주'라 짓기도 했다.

다음으로, 1990년대 이후 국가기관이 자행한 민간인 사찰이나 건설자본과 정치권력이 결탁해서 벌인 각종 대형 개발 사업의 창궐 등을 살펴보자.

국가기관 중에서도 보안사(현 기무사)에 의한 민간인 사찰이 노태우 정부(1988~1992) 아래 있었는데 이는 1990년에 보안사 소속이던 윤석양 이병이 약 1300명에 대한 '민간인 사찰' 사실을 폭로함으로써 온 천하에 드러났다. 군인으로서 엄청난 용기가 필요했던 양심선언이었다. 1987년 6월 항쟁 및 7~9월의 노동자 대투쟁 이후 민주화 물결이 거셌으나 1987년 12월의 대통령 선거에서는 (부정선거 논란을 뒤로한 채) 육군사관학교 출신 노태우 후보가 당선되었다. 전임 전두환(1980~1987)과 함께 박정희의 뒤를 이은 신군부 우두머리에 속했던 노태우 정부 아래선 민주화운동 내지 노동운동에 제동을 거는 일이 잦았으며 보안사 민간인 사찰 또한 자행되었다. 그 뒤 2008~2010년에는 이명박 정부의 국무총리실이 광범위하게 민간인 사찰을 해왔음이 폭로되기도 했다.[1] 또 2014년엔 이재명 성남 시장[2], 2016년엔 박원순 서울시장에 대한 국정원의 사찰 또는 공작[3]을 언론이 폭로했다.

이와 더불어 이 영화에서 중요한 시대적 배경을 이루는 것은, 건설

자본과 정치권력의 공모에 의한 각종 대형 개발 사업의 전개다. 사실 이 부분은 결코 과거완료형이 아니라 현재진행형이라 할 수 있다. 영화에 직접 나오는 리조트 개발 사업은 물론이요, 골프장 건설, 케이블카 설치, 대형 아파트 단지 조성, 콘도 개발, 새만금 개간 사업, 4대강 사업, 원자력 발전소 건설, 전원주택 단지 개발 등이 바로 지금까지도 이어지는 대형 개발 사업들이다. 이는 건설자본과 정치권력의 결탁과 공모 없이는 진행되기 어렵다. 건설자본은 국회의원 등 정치권력자들에게 거액의 뇌물을 후원금으로 주고, 대신에 천문학적 돈벌이가 원만히 진행되도록 '뒤 봐주기'를 부탁한다. 이런 식으로 자기들끼리 무대 뒤에서 은밀한 거래를 하면서 "지역개발을 통해 모두 부자를 만들어주겠다" 또는 "지역개발과 고용 창출을 동시에 달성한다" 등의 논리로 현지 주민들과 일반 시민들을 설득하려 한다. 그리고 상당수 시민들도 그러한 이른바 '공약空約'을 철석같이 믿는다.

요컨대 이 영화는 민주화 이후에도 역시 자본의 이윤 논리가 민주주의나 삶의 질, 궁극적으로는 본연의 인간성까지 망가뜨릴 수 있음을 잘 보여준다.

자영업자의
경영난

영화 첫 부분에는 최씨와 안씨가 서울의 한 동네에서 작은 가게를 운영하는 모습이 나온다. 이층은 가족들이 거주하는 이른바 주상복합건물로, 카페 운영은 주로 안씨가 담당한다. 최씨도 카페에서 보내는 시간이 많지만 사실 최씨는 다큐영화 감독이다. 카페에서 최씨는 기타를 치며 노래를 부르거나 아내 안씨를 도우며 그럭저럭 살아간다. 당연히 경제적으로는 그리 여유롭지 못하다.

최씨의 TV 수신료 납부 거부는 일차적으로 경제적 이유보다도 정치적 이유에서 나온 행동이다. 진실과 비판을 생명으로 하는 언론이 죽었다고 판단하기 때문이다. 하지만 최씨가 TV 수상기 자체를 내던져버

▌ 온 사회가 지나치게 학벌을 강조하는 분위기에서는 민간이건 공공이건 조직생활에서 성공하기
어렵다고 생각하는 사람들에게 자영업이 대안으로 떠오른다.

림으로써 수신료 납부를 거부한 것은 정치적 이유와 경제적 이유가 결합한 결과다. 특히 전기세를 제때 내지 않아 경고에 경고가 거듭되고 마침내 한전이 전기를 끊어버릴 지경이 된 데서 최씨 가족의 경제적 궁핍이 어느 정도인지 짐작할 수 있다. 물론 그러한 상황조차 (국민에게 봉사하지 않는) 국가에 대한 거부감의 표현이기도 하다.

여기서 잠시 자영업이나 가족 중심 경영 문제에 대해 생각해보자.

우리나라는 다른 나라에 비해 자영업자 비중이 상대적으로 높다. 2014년 기준, 한국의 전체 취업자 네 명 중 한 명 이상이 자영업자인 것으로 나타났다. OECD '팩트북 2015~2016'에 따르면 2014년 한국의 자영업자 비율은 26.8퍼센트다.[4]

이는 OECD 평균인 15.4퍼센트보다 11.4퍼센트 포인트나 높은 것으로, 한국보다 자영업자 비중이 높은 나라는 그리스·터키·멕시코·브라질뿐이다. 하지만 1인당 국민총소득[GNI], 실업률, 여성 실업률, 조세 부담률, 인구 부양비 등 경제·사회적 여건을 고려해서 평가할 때 한국의 자영업자와 비임금 근로자의 비중은 그리스에 이어 두 번째로 높은 수준이다.[5]

자영업자 비중이 높은 데는 여러 이유가 있다. 일반 직장인은 상사의 눈치를 보며 성과 압박과 지위 경쟁에 시달릴 수밖에 없다. 그래서 일정한 자금 조달이 가능하면서 자유와 독립을 강하게 열망하는 이들은 자영업을 선택한다. 다음으로, 기업의 구조조정 과정에서 탈락한 명예퇴직자나 정년퇴직자들이 새로운 형태로 경제 활동을 시작할 때 비교적 간단해 보이는 것이 자영업이기 때문이다. 하지만 한국사회에서 자영업을 꾸려나간다는 게 생각처럼 쉽지가 않다. 자영업의 외양만 보고 판단력이 흐려지는 셈이다. 끝으로 사회복지체계가 부실한 한국에서는 어떻게든 돈을 벌어야 하는데 온 사회가 지나치게 학벌을 강조하는 분위기에선 민간이건 공공이건 조직생활에서 성공하기 어렵다고 생각하는 사람들에겐 자영업이 대안으로 떠오른다. 게다가 갈수록 취업문은 좁아지지 않는가?

2014년의 자영업자 비율 26.8퍼센트는 2000년의 36.8퍼센트에 견주면 상당히 줄어든 편이다. 전체 취업자 세 명 중 한 명이 자영업자이던 것이 이제는 네 명 중 한 명꼴로 줄어든 것이다. OECD 전체로 보아도 "2000~2014년 동안 전체 국가 중 3분의 2에서는 자영업자가 감소했다"고 한다. 전체 취업자 중 자영업자 비중이 여전히 높은 편이긴 해도 예전보다 감소한 것도 사실이다.

그도 그럴 것이 소규모 창업을 한 자영업자들은 (경험 부족·과당 경쟁·시장 포화·재벌 횡포 등의 문제로 말미암아) 성공할 확률이 그리 높지 않고, 오히려 갈수록 부채만 증가한다. 예컨대 통계청에 따르면 2012년 창업한 숙박·음식점 업체 중 1년 후인 2013년까지 생존한 곳은 절반 정도인 55.6퍼센트에 불과했다.[6] 숙박·음식업의 경우 수익성이 그리 높지 않아서 1년 뒤 폐업률이 약 절반에 이른다는 결론이다. 결과는 당연히 자영업자들의 부채 증가로 나타난다. 청년 창업자는 물론, 창업으로 새 출발을 한 퇴직자들이 한숨만 푹푹 쉬게 되는 까닭이다. 실제로 한국은행이 2016년 8월 10일 발표한 '2016년 7월 중 금융시장 동향' 자료에 따르면, 2016년 7월 말 기준 은행권의 가계 대출 잔액은 673.7조 원이며, 은행의 자영업자 대출은 2016년 1~7월 12.7조 원이 늘어 잔액이 250조 원을 넘었다.[7] 자영업자들은 앞으로 경기 상황에 따라 소득 상황이 악화될 위험성이 크기 때문에 민간 부채의 취약 요인으로 꼽히기도 한다.

지역 (재)개발 사업의
수익구조

이 영화에서는 남해안의 아름다운 섬 가운데 하나인 들섬 개발 사업이 주요 테마로 등장한다. 이른바 들섬 티브로 리조트 개발 사업으로, 티브로라는 건설회사가 들섬의 상당 부분을 리조트로 개발해 관광객을 유치하고 일자리도 창출하며 지역경제를 활성화하겠다는 것이다.

사실 한국은 농촌과 도시의 격차가 너무 심하고, 특히 젊은 부부들은 자녀교육을 위해서라도 한사코 도시로 나간다. 예전에 분교 형태로 존재하던 작은 학교들이 하나둘 사라지고, 시골에는 아이들 울음소리가 사라진다. 70~80대 이상 노인들만 남았는데 이 노인들마저 사라진 후에는 더는 시골 마을을 지킬 사람이 별로 없다. 들섬 또한 그런 시대상을 고스란히 반영한다. 그리고 바로 그 틈새를 비집고 들어오는 것이 개발자본이다.

개발의 기본 콘셉트가 서고 개발 대상지가 확정되면 그 계획을 실행하기 위해 개발자본을 모은다. 완전히 자기자본으로 시작할 수도 있지만 대체로 친구나 지인들에게 자금을 끌어들인다. 물론 은행융자를 받는 경우가 대부분이다.

개발자본 역시 자본의 속성상 이윤을 목적으로 한다. 개발 사업의 인허가 절차를 원만하게 거쳐야 실제로 사업 실행이 가능하고 그 결과 막대한 수익도 올릴 수 있는데 인허가 절차를 원만히 밟으려면 국회의원이나 지역 유지들, 관계기관장들, 마을 이장이나 청년회장, 노인회장,

부녀회장 등이 모두 힘을 보태야 한다. 실무 차원에서는 행정관청의 실무 담당 공무원들의 협조와 도움이 필요하다. 그러므로 특히 개발자본이 제공하는 로비나 뇌물은 예외적 사건이 아니라 차라리 '일상적 사무'로 보는 편이 나을지 모른다. 이 영화에서도 청년회장이었던 들섬 주민이 들섬을 떠나 육지에 살면서 부동산 사무실을 운영하는데 마침 들섬 리조트 개발 사업이 진행되자 적극적 협조자로 활약한다.

결국 (재)개발 사업의 수익(이윤)은 우선 저렴한 땅값, 수려한 자연경관, 상대적으로 약세인 주민 희생, 건설 과정에서의 값싼 노동력 활용, 소비자나 고객으로부터의 폭리 등을 통해 획득된다. 이때 주민 저항이나 노동자운동, 소비자운동 등에 따라 수익성이 달라지므로 개발자본은 행정 당국이나 사법 당국과 긴밀한 협력관계를 형성하고 관리해 나간다.

CSR(기업의 사회적 책임)과 시민사회

CSR, 즉 기업의 사회적 책임에 관해서는 이미 1960년대부터 논의가 이뤄져왔다. 키스 데이비스[8]는 CSR에 대해 "기업의 경제적·기술적 이해관계를 조금이라도 초월하는 이유에 근거한 의사결정이나 조치"라고 했으며, 엘스와 월턴[9]은 CSR을 "기업이 사회적 문제를 외면하지 않는 것, 그리고 기업과 사회의 관계를 통솔하는 윤리적 원리"라고 했다.

그러나 이들이 CSR로 제시한 내용은 주로 경제적·법률적 의무라는 측면에 국한되었다. 그래야 이윤 추구라는 (자본주의) 기업의 행위에 대한 사회적 정당성이 확보되기 때문이다.

물론 CSR을 근본적으로 부정하는 논자들도 있다. 그 대표적 인물로 프리드먼[10]을 들 수 있는데, 그는 시장 경쟁과 이윤 추구의 자유만 보장한다면 기업은 그 고유의 책임, 즉 경제적 책임을 다한다는 관점을 제시했다. 자유시장 메커니즘이 법적·윤리적 문제까지 해결해준다고 보았기 때문이다. 그러나 이러한 관점에는 두 가지 한계가 있다. 하나는 소비자들이 완벽한 정보를 가지고 있고 합리적 판단을 할 수 있어야 한다는 가정이다. 그렇지 않은 상황이라면 자유시장 메커니즘을 통해 법적·윤리적 문제가 해결되진 않는다. 다른 하나는 프리드먼 자신이 "기업경영자는 주어진 사회의 법이나 관습에 체화된 사회적 규칙을 준수하는 가운데 가능한 한 많은 이윤을 추구해야 한다"고 주장하기 때문이다.[11] 그의 언술 자체가 이미 기업은 법적·윤리적 책임을 준수하는 가운데 경제적 책임을 져야 한다는 것인데도 그는 이윤 추구, 즉 주주 이익 극대화라는 경제적 책임 말고는 별도의 CSR이 없다고 말하는 자기모순을 드러낸다.

한편으로 기존 기업의 사회적 책임CS-Responsibility 개념이 지나치게 기업의 의무적 측면만을 강조한다며, 기업의 사회적 응답성CS-Responsiveness을 주창한 학자들도 있다.[12] 이들은 기업의 의식적 행위, 즉 나름의 동기에 입각한 수행에 주목했다. 그리하여 기업의 전략적 조치들, 특히 선취적 행위들이나 적극적인 사회적 역할수행에 관심을 기울였다.

그러나 이것은 CSR을 부정한 것이 아니라 CSR 개념을 확장한 것이다. 갈수록 기업의 사회적 의무나 반응, 역할, 도덕 등 다차원을 통합할 필요성이 강해졌다. 기업의 모든 의사결정, 정책, 행위 등 전반적 과정에서 진지한 사회적 책임의식이 깃들도록 해야 한다는 것이다.

이런 맥락에서 아치 캐럴[13]은 CSR을 경제적·법률적·윤리적·자선적 책임으로 범주화하고 또 이들 간에 일종의 위계적 관계(피라미드)가 있다고 보았다. 순서대로 그 핵심만 간추려보면, 경제적 책임은 품질이 좋고 가격이 적정한 재화와 용역을 공급하면서 적정이윤을 추구하고, 동시에 고용 창출과 사회 발전에 기여하는 것이다. 법률적 책임은 편법이나 탈법을 쓰지 않고 모든 법령이나 제도적 규제 등을 충실히 따르는 것이다. 윤리적 책임은 법 제도 등의 강제 규정에 나오지 않는 시민사회적 윤리나 규범과 기대, 특히 인간적 가치나 환경적 가치를 실천할 책임이다. 자선적 책임은 기업이 '모범적 기업시민'으로 우뚝 서기 위해 해야 할 적극적 행위들, 예컨대 예술·교육·공동체 지원 등 공공 복리나 공동선 증진 행위를 하는 것이다.

요컨대 CSR은 기업이 사회적 정당성을 획득하기 위해 해야 할 것은 잘하고, 하지 말아야 할 것은 하지 않으며, 나아가 하지 않아도 좋은 것도 잘함으로써 사회의 다양한 이해관계자들(주주·직원·소비자·연관 기업·지역사회·NGO·정부·생태계 등)이나 사회 전체와 바람직한 관계를 맺는 행위라 할 수 있다.[14]

이러한 개념을 한국 기업의 현실에 적용해보면 크게 두 가지 흥미로운 점이 발견된다. 첫째, 한국 기업들은 윤리적 책임은 말할 나위도 없거니와 가장 기본적인 경제적·법률적 책임조차 등한시하기 일쑤다. 둘째로, 한국 기업들은 군이 하지 않아도 될 자선적 책임(예: 텔레비전에 나오는 기부 행사 등)은 상대적으로 떠들썩하게 수행한다. 이 두 가지 사실에서 내릴 수 있는 소결론은, 한국 기업들은 (군이 하지 않아도 될) 자선적 책임을 수행함으로써 (해야 하는 것을 하지 않는) 경제적·법률적·윤리적 '무책임'을 상쇄·보상·대체·은폐하려는 경향이 있다는 점이다.[15] 이와 동시에 얻을 수 있는 또 하나의 통찰은, 경제적 책임만 강조하는 조직은 대체로 윤리적으로 타락하는 경향이 있으며[16] 역으로, 윤리적 기초가 탄탄한 조직은 경제적 성취 면에서도 지속성을 보인다는 것이다.

이 영화 역시 티브로 건설회사가 용역 폭력배를 동원해 개발 사업을 강행하는 장면을 보여주는데 최씨 일가와 마을주민들의 완강한 저항과 반발로 말미암아 사업을 성공적으로 수행하지 못한다. 요컨대 사회적 책임을 다하지 못하는 기업이나 사회적 신뢰를 얻지 못하는 기업은 실패할 확률이 높다고 할 수 있다.

개발업자와 지역주민 간, 국가와 국민 간 갈등 ─갈등관리

이 영화에는 개발업자와 지역주민 간 갈등이 노골적으로 나온다. 자연 경관이 아름다운 들섬에 부자들을 위한 리조트와 헬기장을 건설하려는 계획이 비밀리에 진행되지만 지역주민들에게 동의를 구하는 절차가 없었다. 따지고 보면 들섬은 원래 불모지인 무인도 상태였으나 최해갑의 조부가 처음으로 사람이 살 수 있도록 일구어 지역주민들에게 땅을 나누어 주었다. 물론 토지 소유관계가 명확히 정리된 서류는 없다.

근대적 토지 소유관계는 일제하 1910~1918년에 이뤄진 토지조사 사업 이후의 일이다. 그 결과 일제는 한반도 전 국토의 50.4퍼센트를 무상으로 직접 약탈하여 조선총독부 소유로 만들었다. 그러고는 1945년 해방 이후, 북한에서는 '무상몰수, 무상분배'를 원칙으로 한 토지개혁이, 남한에서는 '유상몰수, 유상분배'를 원칙으로 하는 토지개혁이 일어났다. 국토 전체를 사유지 아니면 국유지로 분류해 서류 정리를 한 것이다. 물론 명확히 개인 사유지로 등록되지 않은 땅은 국유지로 간주하기도 했다. 들섬은 바로 이런 과정에서 주인 없는 땅으로 처리되어 국가 소유로 넘어간다. 그런 배경 아래 들섬 출신 여당 국회의원 김하수는 티브로 건설회사와 함께 들섬 주민들을 강제로 쫓아내고 들섬을 관광단지로 개발하려 했던 것이다.

그러나 최씨 가족으로 상징되는, 주체적이고 능동적인 주민들은 부자와 권력자를 위해 아름다운 섬을 사유화하려는 잘못된 사업에 적극 저항한다. 사실 들섬 주민들의 저항은 그전부터 있었다. 일례로 최씨의 고향 후배 만덕이(김성균 분)와 일부 (야당 성향) 젊은이들은 (주민들의 동의도 구하지 않은 채) 개발 사업을 추진하려던 여당 국회의원 김하수를 못마땅하게 여겼다. 마침내 만덕이는 (들섬 출신 야당 성향 선배들의 지지 아래) 다이너마이트 폭탄테러를 시도하기도 한다.

최씨 가족이 개발 사업에 본격 저항하게 된 것은 개발업자들이 용

▌ 최씨 가족으로 대표되는 주체적이고 능동적인 주민들은 부자와 권력자를 위해 아름다운 섬을
사유화하려는 잘못된 사업에 적극 저항한다.

역 폭력배들을 보내 최씨가 새로 이사 온 집(원래 만덕이 살던 집)을 폭력
적으로 부수고 나서부터다. 그 뒤 최씨는 개발업자가 보낸 변호사와 포
클레인을 앞세운 철거 용역반을 상대로 물리적 충돌도 불사한다. 최씨
는 영리하게도 포클레인에 대비해 마당 한복판에 커다란 구덩이를 파
놓았다. 다윗이 골리앗을 이기는 통쾌한 장면이다. 그렇게 해서 마을 철
거 작업은 무산된다. 그리고 마지막엔 최씨가 (개발 현장을 직접 진두지휘
하려던) 국회의원 김하수를 인질로 잡아 등대에 매달고 자기 입으로 "나

안 해!"라고 말하게 만든다. 최씨의 아내 안봉희도 최씨를 체포하려는 경찰과 용역들을 향해 화염병을 투척하는 등 큰 몫을 한다.

또 다른 갈등 장면은 영화 앞부분에 나오는 최씨와 국가의 갈등이다. KBS TV 수신료를 내기 싫은 최씨는 한전이 전기료와 수신료를 합산 청구하는 것이 얄밉기만 하다. 결국 최씨는 전기료를 내지 않겠다는 선언을 한다. 들섬에 가서는 저녁 7시부터 9시까지 두 시간씩만 자가 발전기를 돌린다. 국영 기업인 한전에서 독립하려는 것이다. 국민연금도 내지 않는다. 국민연금관리공단 직원이 "나중에 노후연금을 못 받게 된다"고 걱정하자 "나라가 언제부터 국민들을 걱정했느냐?"며 일침을 가한다. '국민 거부' 선언이다. 아이가 다니는 공립학교에 가서 급식당번을 할 때는 부실한 급식에 대해 교장 면담까지 당당히 요구한다. 심지어 막내 나래마저 "우리 집 가훈은 '가지지 말고 배우지 말자'입니다"라고 말할 정도다. 당황해하는 다른 학부모들과 교사에게 엄마 안봉희는 "뭐, 틀린 말도 아니잖아요?"라고 떳떳하게 말한다. 한편 최씨는 국가대표가 참가한 국제전에 열광하는 술집 손님들에게 "월드컵, 올림픽? 뭔 놈의 애국심이 4년에 한 번씩 돌아오나?"라고 묻는다. 최씨가 최게바라, 안씨가 안다르크라는 별명을 갖게 된 이유다.

비교적 조용히 움직이는 안기부(국정원) 요원 두 사람도 처음부터 최씨의 동태를 감시하기 위해 불법 사찰을 자행한다. '운동권' 최씨를 밀착 감시하는 것이다. 그러나 이들의 존재를 이미 눈치챈 최씨는 은근히 따돌리며 이들을 놀린다. 이런 식으로 두 부부는 일관성 있게 국가나 자본에 저항하는 모습을 보인다.

경영학에 나오는 '갈등관리론'에 따르면 조직의 관점에서도 어느 정도 갈등은 조직의 역동적 발전을 위해 긍정적 작용을 할 수 있다.[17] 즉 어느 지점까지는 갈등의 양과 조직의 발전이 비례관계에 놓인다. 물론 그 갈등의 정도가 너무 심해 조직 자체를 위협한다면 더는 생산적 갈등이 아니라 파괴적 갈등으로 귀결되기도 한다.

여기서 중요한 것은, 이미 발생한 갈등을 생산적으로 유도할 수 있는 시스템의 내적 역량이다. 이러한 역량을 갖춘 조직이 건강한 조직이다. 더욱 구체적으로 말하면, 건강한 조직은 조직 내외에서 일어나는 갈등을 원천 봉쇄하거나 은폐하기보다는 당사자들 이야기에 귀를 기울이고, 그 원인과 뿌리를 잘 파악한 다음, 개인과 조직이 모두 '윈윈WIN-WIN' 하는 방향으로 해결함으로써 갈등을 미래 지향적으로 해소할 수 있다. 하지만 대부분의 경우, 조직들은 갈등을 원천 봉쇄하거나 조직적 은폐 작업을 시도한다. 그래서 거짓이 거짓을 낳고 조작이 조작을 낳는다. '중독 조직'들이 바로 그런 특성을 보인다.[18]

이 영화에 나오는 개발업자와 주민 간 갈등, 최씨 가족과 국가 간 갈등 역시 마찬가지다. 일종의 공유지인 들섬을 사유화하려는 탐욕이 개발업자와 주민 간 갈등의 근본 원인이다. 좋은 개발 사업이 있으면 당연히 해당 주민들에게 공개적으로 알리고 합리적 토론을 해야 한다. 만일 문제점들이 드러난다면 이를 건강한 방식으로 풀어내기 위해 머리를 맞댈 필요가 있다. 하지만 개발업자들은 그러지 않았다. 일차적으로 용역 폭력배를 동원하고, 개발 지향적인 변호사를 동원했으며, 경찰의 협조 아래 강제 철거를 시도했다. 이는 2009년 초의 용산참사나

2007년경부터 시작된 제주 강정마을 해군기지 강행 등의 사례를 떠올리게 한다. 만일 주민들 목소리를 경청하고 합리적이고 정당한 해법들을 함께 찾아냈더라면 훨씬 미래 지향적 지역개발이 가능했을 것이다.

그런데 최씨를 밀착 감시하는 두 정보요원은 영화 막바지에 의로운 사람들로 변신한다. 이들은 용역 폭력 집단의 불법행위를 못마땅하게 여기고 저항하는 주민의 편에 선다. 그러면서 자신들이 감시하던 최씨조차 결국은 정의감에 불타는 사람, 일관성 있게 살려고 발버둥치는 사람으로 재평가한다. 아마도 자신들의 내면에서 심리적 갈등을 많이 겪었을 테지만 결국은 양심이 말하는 대로 움직인다. 국가 정보기관에 의한 민간인 사찰 문제를 양심선언을 통해 공개적으로 폭로한 이들을 일종의 '양심적 내부고발자'whistle-blower'라고 할 수 있다.

물론 현실적으로 이런 일은 쉽지 않다. 그러나 1990년 이문옥 감사관의 재벌 기업들의 비업무용 부동산 보유 실태 고발, 1992년 이지문 중위의 군 부재자 투표 관련 양심선언, 2012년 대선 직전 권은희 수서경찰서 수사과장의 댓글요원(국정원 여직원) 수사에 대한 거센 외압 폭로, 2016년 전 국정원 직원들의 박원순 서울시장 관련 공작에 대한 양심선언, 2016년 고영태, 노승일의 박근혜-최순실 게이트에 대한 양심적 증언 등은 모두 양심적 내부고발에 속한다. 이러한 양심적 내부고발자들이 많이 나오고, 또 이들이 아무런 위협을 받지 않고 평온하게 살수 있는 사회, 자라나는 아이들이 이들을 정의로운 사람의 본보기로 삼을 수 있는 사회야말로 우리가 추구하는 미래 지향적 사회다.

건설자본과
용역폭력

과연 기업경영에 폭력이 필요할까? 원칙적으로 보면 기업경영에 폭력은 불필요할 뿐 아니라 결코 바람직하지도 않다. 오히려 폭력은 역효과를 가져올 확률이 높다. 하지만 현실적으로 보면 기업경영의 전 과정에서 폭력이나 폭력적 현상이 관찰된다. 현실 경영에서는 폭력의 정도를 어느 정도 수준에서 조절하는가가 실질적 문제로 남는다. 물론 무엇을 폭력으로 볼 것인가 하는 문제도 있다. 예를 들면 임금을 주고 노동력을 샀다고 해서 기업이 직원들에게 업무수행을 위해 필요한 비인간적이거나 반환경적 행위를 지시할 수 있을까? 직접적으로 사람이나 생명을 폭행하는 것만 폭력으로 볼 순 없을 것이다.

그런데 건설자본이나 악덕 기업들은 노골적 폭력을 예사로 행사한다. 건설자본은 지역개발 또는 아파트 재개발과 관련해 주민 저항에 봉착하기 일쑤다. 주민들은 대체로 더 많은 보상을 원하며 아예 개발을 원하지 않는 경우도 있다. 하지만 건설자본은 다양한 주민 저항을 공사 기간 연장과 자원 낭비, 즉 비용 증대로 간주할 뿐이다. 비용은 폭증하고 공사를 조속히 시행하라는 압박도 심하다. 은행 등 채권자들의 압력도 견디기 어렵다. 따라서 건설자본은 주민 저항을 초기에 진압할 필요성에 직면한다. 경찰 등 공권력에 호소하는 것도 시간이 넉넉할 때 일이어서 건설자본이 사적으로 운용하는 용역 폭력 집단을 동원한다. 대체로 현실에서는 이런 사적 폭력 집단과 공권력의 힘이 모두 이용된다. 하지만 저항 집단을 조기 진압하는 데는 용역 폭력 집단을 활용하면 훨씬 빠르고 효과도 큰 편이다.

악덕 기업의 경우, 특히 노조 등 노동자의 조직적 움직임에 알레르기 반응을 보인다. 실은 악덕 기업만이 아니라 모든 자본이 노조 등의 노동자 자율 조직체나 노조운동을 꺼린다. 일차적으로 노동자들은 임금인상을 원하며, 이차적으로는 각종 노동조건 개선과 복지 증대를 원한다. 나아가 기업의 의사결정 과정에 참여하기를 바라며 각종 정책들에 대안을 제시하기도 한다. 노동자들의 이런 움직임은 지극히 정당하며 (비폭력적이고 비파괴적인) 대부분의 행위에 대해 헌법이나 법률이 정당성을 보장한다.

그러나 경영이나 자본의 관점은 그렇지 않다. 경영과 자본의 관점에서 가장 좋은 노동자는 노예처럼 순종하는 사람들 또는 사령관의 명령에 복종하는 군인 같은 사람들이다. 명령에 불복종하거나 저항하는 자들은 경영이나 자본에 손해를 입히는 존재로 인식될 뿐이다. 그래서 사소한 꼬투리라도 잡으면 징계나 해고라는 벌을 내린다. 2015년부터는 '저성과자' 일반해고 조항을 노동법에 넣으려는 시도가 있었다. 특히 경영과 자본의 관점에서는 노동조합을 없애거나 '어용노조'로 만들어버리는 것, 강성 조합원을 해고하거나 제거하는 것이 이롭다고 느낀다.

가장 대표적 예가 '창조컨설팅'의 지도로 벌어진 노조 파괴 공작이다. 원래 창조컨설팅은 2003년 1월에 만들어졌고, 대표는 심 모 노무사다.[19] 한국경영자총협회(경총)에서 노사대책팀장, 법제팀장 등으로 13년간 일한 심 모 씨는 그 뒤 노무사로 활동하며 전국금속노조의

대화 상대인 금속사용자협의회(2004)와 병원사용자협의회 교섭대표
(2005~2006)를 맡는 등 노사관계 전문가로 통해왔다. 그는 이때 쌓은
경험과 친분을 바탕으로 병원과 금속 사업장의 '노조 파괴' 컨설팅에 적
극 나서기 시작했다. 대표적인 것이 2011년 이후 자동차 산업 하청회
사들인 유성기업, 상신브레이크, 발레오전장의 노사 갈등이다. 당시 경
총은 "노조 파업은 불법이다. 강성노조 탓에 금속노조 탈퇴 사업장이
늘어나고 있다"는 내용의 보도자료를 만들어 홍보하기도 했는데, 이는
모두 창조컨설팅과의 협력 속에서 일어난 일이다. 창조컨설팅의 '2인
자'는 김 모 전무인데, 김 전무는 고용노동부 대전지방노동청 근로감독
관, 노동부 충주지청 충주고용지원센터장, 중앙노동위원회 심판1과 조
사관 등을 지내다 2009년에 창조컨설팅에 합류했다.

이렇게 창조컨설팅은 경총 출신 노무사와 노동부 출신 전무가 주
도하는 25명 규모의 회사로, 시나리오에 따라 노조 파괴를 시도했다.
이 조직의 노조 파괴 시나리오는 대체로 다음과 같다. 불법 파업 유
도→직장폐쇄→용역 폭력 투입→징계·해고·고소 고발 등으로 민주
노조원 말살 전략→어용노조 설립.[20] 노사관계의 관점에서 보면 이들
은 민주적이고 대등한 노사관계가 아니라 일방적이고 경도된 노사관
계를 창조한다. 노조 파괴라는 반헌법적 행위에 대한 문제 제기가 이어
지자 노동부는 2012년 10월경 창조컨설팅의 설립 인가를 취소했다. 창
조컨설팅식으로 폭력적 관행이 구현된 곳은 전술한 몇몇 기업 외에도
골든브릿지투자증권·아사히글라스·민영화 이후의 케이티(KT) 노사관
계·갑을오토텍 등 몇십 군데에 이른다.[21] 특히 창조컨설팅의 후신인 '예

지'의 지도 아래 갑을오토텍에 경찰이나 특전사 출신 용역 폭력 집단을 투입한 회사 대표는 부당노동행위라는 범죄를 저지름으로써 법정 구속 되기도 했다. 이와 같이 대체로 용역 폭력배들은 경찰·특전사·조직폭력배·동네 건달·대학생 알바 등을 건당 10만 원 등 일당 얼마씩을 주고 사는 형식으로 조달된다. 건설 현장이나 (재)개발 현장에서 벌어지는 용역 폭력들의 정체도 이와 별반 다르지 않다.

사실, 기업 측이 고용한 용역 폭력에 의한 노조 파괴는 이른바 이명 박근혜 정부 아래 성황을 이루었다. 대표적으로 2012년 7월 27일 새벽, 용역 업체 컨택터스는 경기도 안산시 반월공단에 위치한 SJM 공장 안 으로 진입했다. 당시 SJM 노동자들은 사측이 단체협상에 응하지 않는 데 반발해 파업 중이었다. 컨택터스 소속 용역들은 경찰 진압장비를 연 상시키는 방패와 헬멧, 곤봉을 착용하고 파업 중인 노동자들에게 폭력 을 휘둘렀다. 이 과정에서 노동자 30여 명이 부상을 당했고, 10여 명은 병원에 후송됐다. 같은 날, 역시 노사 갈등 중이던 만도기계 평택공장 등에도 컨택터스 용역들이 침입했다. 용역들은 만도기계 노동자들의 공장 출입을 막았고, 사측은 직장폐쇄를 단행했다. 일주일 만에 금속노 조 만도지부에 속했던 노동자들 대다수가 기업노조로 이동했고, 만도 지부는 소수파로 전락하고 말았다.[22]

바람직한 기업경영의 관점에서 보면, 이러한 폭력의 사용은 사회적 비용을 높일 뿐만 아니라 해당 기업의 이미지에도 치명타를 가한다. 명 색이 세계 초일류 기업이라는 삼성재벌이 노조 탄압으로 인해 세계 최 고의 인권 억압 집단이란 오명을 얻게 된 것이 바로 그 증거다.[23]

기업경영과
부패 네트워크

원래 정상적인 경영이라면 소비자나 시민들에게 필요한 물품이나 서비스를 적정가격에 판매함으로써 이윤을 창출한다. 하지만 사람들의 필요나 욕구 충족과 무관한 물품이나 서비스가 제공되거나 적정가격이 아닌 부당가격에 속여 파는 경우도 있다. 그럼에도 대체로 일반적 기업경영은 원칙적 룰을 따르려고 노력한다. 문제는 (재)개발 사업이나 건설 사업 등의 경우, 시민의 권리 보호나 자연환경 보호 차원에서 각종 규제들이 존재하는데, 해당 기업들이 그런 규제나 기준을 잘 지키지 않으려 하는 데서 발생한다. 법적인 절차나 기준을 형식적으로만 맞추되 실상은 법적 규정을 우회함으로써 편법·탈법·불법을 일삼기도 한다. 그런데 이런 과정이 별 탈 없이 진행되려면 일종의 '부패 네트워크'가 필요하다. 사업주가 경찰이나 검찰, 시장이나 군수, 도지사, 언론과 학계, 국회의원이나 지방의원, 인허가 관련 실무 담당 공무원 등과 부패의 그물망으로 연결하는 것이다.

이 영화에서는 국회의원 김하수가 핵심 인물로 등장하는데, 그는 (영화에는 노골적으로 드러나지 않지만) 사업주·경찰·군수·언론·공무원 등과 밀접한 관계를 맺고 있다. 이러한 부패의 네트워크를 가장 잘 보여주는 또 다른 영화는 〈내부자들〉(우민호 감독, 2015)이다.

실제 사례로는 '삼성 X파일 사건'을 들 수 있다. 이 사건은 2005년 7월, 문화방송 이상호 기자가 국가안전기획부의 도청 내용을 담은 90여

분짜리 테이프를 입수, 삼성 그룹과 정치권·검찰의 관계를 폭로한 것이다.[24] 이 테이프에는 1997년 대선 당시 중앙일보 홍석현 회장이 신라호텔에서 삼성 그룹 이학수 부회장에게, 특정 대통령 후보에 대한 자금 제공을 공모하고 많은 검사들이나 주요 인사들에게 뇌물을 제공한 것을 보고하는 내용이 담겨 있다. 이 사건은 부패의 네트워크, 문민 정부를 자처한 김영삼 정부의 불법 도청이라는 비윤리성, 국가 정보기관이 일상적으로 행한 불법 도청, 수사기관의 공정성 문제, 재판의 공정성 등 여러 문제를 백일하에 드러냈다.

사실 기업경영 쪽에서도 부패 네트워크를 만들고 관리, 유지하는 데는 엄청난 돈이 들며 불법을 감수하지 않을 수 없다. 이런 부패의 네트워크를 깨트린다면 엄청난 비용 요인을 줄이는 한편, 훨씬 윤리적이고 건강한 조직을 운영할 수 있을 것이다. 이런 면에서 볼 때 부정부패는 사회적으로 막대한 자원 낭비의 요인일 뿐 아니라 갈수록 '빈익빈 부익부'라는 양극화를 초래하는 주범이 되어 경영과 사회의 참된 선진화를 가로막고 있음을 알 수 있다.

좀 더 깊이 생각해볼 주제들

1. 한 사람 혹은 한 가족으로서 과연 최씨나 안씨처럼 국가를 거부할 수 있을까?
2. 지역 (재)개발 사업은 실제로 누구를 위한 발전으로 귀결될까?
3. 같은 제목의 책(오쿠다 히데오, 2005)에 나오는 구절, "혁명은 운동으로 안 일어나. 한 사람 한 사람 마음속으로 일으키는 것이라고!"란 말은 이 영화의 어떤 장면(들)에 부합할까?
4. 개발자본의 관점에서 (재)개발 사업의 성공을 위한 조건들은 무엇일까?
5. 기업이 사회적으로 책임성 있게 경영 활동을 하려면 무엇을 어떻게 해야 할까?
6. 사회적 책임을 다하는 기업을 만들기 위해 기업의 구성원들은 무엇을 할 수 있을까?
7. 지역사회가 바람직하게 발전하도록 만들기 위해 지역주민들은 무엇을 할 수 있을까?

Chapter 7

식코
의료민영화와 병원 경영

Sicko | 마이클 무어 감독 | 미국 | 2008

의료민영화는 사람의 건강을 인질 삼아 돈벌이를
하는 과정에 지나지 않는다. 병원이나 제약회사만
이 아니라 보험회사 역시 그 과정에서 막대한 혜택
을 본다. 이는 국가나 사회가 민주주의를 내팽개치
고 오로지 돈벌이에만 몰입함을 의미한다.

개요와 줄거리

영화 〈식코〉에서 마이클 무어^{Michael Moore} 감독은 미국 민간 의료보험 조직인 건강관리기구^{Health Maintenance Organization, HMO}의 부조리한 폐해를 낱낱이 폭로한다. 그는 '아메리칸 드림'의 허상과 충격적 이면을 까발리며 열악하고도 무책임한 의료 제도를 신랄하게 비판한다. 일례로 다리가 찢어지는 사고를 당한 아담은 스스로 자기 다리를 봉합한다. 비싼 돈을 내야 하는 민간 의료보험에 가입하지 않았기 때문이다. 릭은 작업 중 손가락이 두 개 절단되었다. 봉합수술에는 각 손가락마다 6만 달러와 1만 2000달러가 든다. 서민 처지에선 엄청난 부담이다. 결국 릭은 결혼반지를 낄 네 번째 손가락만 봉합한다. 나아가 어느 보험회사 여직원은 40도에 가까운 고열이 나는 딸을 데리고 급히 병원을 찾지만, 자기 보험회사 협력 조직이 아니라는 이유로 병원 치료를 거부당한다. '골든타임'을 놓친 뒤에야 간신히 보험이 되는 병원에 도착했으나 딸은 숨을 거두고 만다.

공공 의료보험 제도의 미비로 인한 사실상의 '제도적 살인'이다.

원래 의료와 건강은 공공성 논리에 기반해서 시스템을 구축하는 것이 마땅하다. 그러나 전형적인 자본주의 기업의 수익성 논리에 사로잡힌 전국 의료기구가 이윤 극대화라는 목표를 달성하기 위해 기본적 헬스케어 서비스마저 생략하는 모습은 미국 의료보험 시스템이 얼마나 허구적인지 잘 드러낸다. '건강관리기구'라는 국가적 의료 시스템은 그럴듯한 이름과는 달리 실제로는 돈 있는 중산층 이상의 사람들에게만 일정한 혜택을 줄 뿐, 가난하고 (과거) 병력이 있는 환자를 의료 제도의 사각지대에 방치해 결국 종종 죽음으로 내몰고 있다. 즉 미국 건강관리기구는 겉보기에 공공 의료 서비스기관처럼 보이지만, 실제로는 민간 의료보험 회사와 다름이 없다.

이러한 사실은 세계 최강국으로 알려진 미국이 실제로는 '돈 놓고 돈 먹기' 식 돈벌이 논리에 지배당한다는 것을 증명한다. 심지어 돈이 없으면 죽어야 하는 세상을 영화 〈식코〉가 잘 고발한다. 특히 미국의 의료 시스템을 캐나다·프랑스·영국·쿠바 등 다른 나라들의 의료보장 시스템과 비교하면 그 위선적이고 허구적인 면이 더 노골적으로 드러난다. 다리나 손가락을 다친 사람도, 우왕좌왕하다가 딸을 잃은 사람도, 다른 나라들에서였다면 무료로 신속하게 치료를 받았을 테니 말이다.

이렇게 〈식코〉는 공공성의 원리 위에 구축돼야 할 의료 시스템이 '민영화'하거나 '사영화私營化'할 때 과연 어떤 부작용이 발생할지 미국의 실제 사례를 통해 잘 보여준다. 영화 끝부분에 이르면 잘못된 의료 제도의 피해자들이 마이클 무어 감독 주도하에 관타나모 비밀 수용소를 거쳐 쿠바로 단체 의료 여행을 떠난다. 관타나모 수용소는 미국 내에서 유일하게 무료치료가 가능한 곳이지만 무어 감독과 환자 일행은 그 근처에 접근조차 못 한다. 마침내 그들은 과감하게 쿠바로 향하고, 그곳에서 '인간다운' 대우를 받고 감격스러워한다. 미국에서 120달러나 되는 약도 이곳에서는 단 5센트밖에 들지 않는다. 자칫 피해자로만 머물 수 있었던 이들이 단순한 희생자에 그치지 않고 일종의 '조직된 행위자'로 적극 나섰던 것이다. 이를 통해 〈식코〉는 미국의 위선적 면을 드러내는 동시에 쿠바 의료 시스템의 인간적 면모도 보여준다.

시대적 배경

오늘날 미국에는 약 3억 인구가 사는데 그중 약 4000만 명은 의료보험 혜택을 전혀 받지 못하고, 또 다른 4000만 명은 아주 기본적인 서비스를 제외하고는 심각한 질병을 치료하는 과정에서 보험 혜택을 받지 못한다. 전체 인구의 3분의 1 가까이 의료보험 사각지대에 놓인 셈이다. 그 이유는 미국의 의료기관 대부분을 사설기관이 소유하고 운영하기 때문이다. 의료보험 제도도 마찬가지여서, 노인 의료보험이나 국민 의료 보조, 소아 의료보험과 노병 건강관리국을 제외한 대부분의 의료보험을 사설기관이 제공한다.

예컨대 〈식코〉에는 미국 뉴욕 쌍둥이빌딩이 무너졌던 2001년 9·11 참사 때 자발적으로 나서서 활약한, 그리하여 당시 영웅으로 불렸던 소방대원들 이야기도 나오는데, 놀랍게도 이들은 호흡기 질환에 대한 의료보험 혜택을 받지 못했다. 정부 당국에 호소해보아도 소용이 없었다. 이들에게 돌아온 건 "우리는 아무 책임이 없다. 우리가 그들을 고용한 적이 없기 때문이다"라는 대답뿐이었다. 상황이 이렇다 보니, 미국은 그 어떤 나라보다도 의료비 부담이 높은 수준이다.

원래 마이클 무어 감독은 1999년에 자신의 TV쇼 〈끔찍한 진실The Awful Truth〉을 진행할 때 다뤘던 크리스 도나휴Chris Donahue 이야기를 계기로 〈식코〉를 구상했다. 도나휴라는 환자는 7년 동안 성실히 보험료를 냈음에도 (목숨을 살려줄) 췌장 이식수술을 받지 못해 보험회사와 처절하게 싸워야 했다. 무어 감독은 〈식코〉가 의료보험에 대한 영화인 동시에 의료보험에 관한 영화가 아니라고 했다. 의료보험 제도를 넘어 미국이라는 나라의 민주주의에 대한 실상을 다루기 때문이다.

영화 〈식코〉가 나온 2008년도 연방재단Commonwealth Fund의 보고에 따르면 미국 의료 제도의 수준은 비교된 열아홉 국가들의 가장 마지막에 위치한 것으로 나타났다. 국가 과학기관의 의학부는, 미국은 오로지 부유하고 산업화된 나라일 뿐, 모든 국민이 받을 수 있는 보장 제도는 갖고 있지 않다고 실토했다. 의학계의 한 보고서는 부족한 의료보험 제도가 미국에서 매년 1만 8000명의 불필요한 사망을 야기한다고 강조한 바 있다. 나아가 하버드대학이 《미국 공공보건 저널American Journal of Public Health》에 발표한 한 연구 또한, 미국의 부족한 의료보험 제도가 매년 4만 명 이상의 사망을 야기한다고 말한다. 이처럼 국민의 건강조차 제대로 돌보지 않는 국가가 과연 민주주의를 말할 수 있을까?

특히 미국의 유아 사망과 수명에 관한 정책은 다른 선진국들보다 두 배 정도 뒤처지는 것이 사실이다. 미국은 최근 대부분의 다른 선진국들보다 높은 유아사망률을 보이며, 미국인의 수명은 세계 42위로 낙후한 상태다. 이는 G5국인 일본·프랑스·독일·영국·미국 가운데 맨 마지막이며, 35위인 칠레와 37위인 쿠바보다도 뒷순위다. 세계보건기구WHO는 2000년 미국 의료 제도가 가장 비싼 비용을 요구하고, 전체적 수행 능력은 37위, 연구에 포함된 191개국 중 의료 제도의 전반적 수준은 72위라고 평가한 바 있다.

이런 식으로 공공 의료보험 제도의 결핍으로 말미암아 의료의 '빈익빈 부익부'가 심화하는데 치과치료 하나에 예사로 몇십만 원에서 몇백만 원까지 내야 하는 현실 때문에 '의료 채무'가 심각한 사회문제로 대두하기도 한다. 즉 ('오바마케어ObamaCare'로 알려진 '국민건강보험'이 불완전하게나마 실시되기 이전의 미국에서) 의료 채무로 인해 파산하는 개인들이 많이 발생하던 시점에 〈식코〉가 발표된 것이다. '오바마케어'는 버락 오바마 대통령(2009~2016) 때 비싼 민간 의료보험을 고쳐 공공성을 증진하고자 했고, 힘겹게 2014년 1월부터 시행되었다. 원래 명칭은 '환자보호및부담적정보험법(PPACA)'이다. 불행히도 2017년 초에 (오바마에 이어) 취임한 도널드 트럼프Donald Trump가 오바마케어를 폐기함으로써 〈식코〉의 시사성이 한층 더 유효해졌다.

의료민영화의
실상

"이윤보다 생명!"은 대체로 의료민영화 반대, 즉 의료 공공성을 외치는 사람들이 내거는 구호다. 물론 이 구호는 의료 분야만이 아니라 우리 삶의 모든 영역에 적용될 수 있다. 왜냐하면 오늘날 자본의 이윤 논리는 공장, 사무실 등 전통적 직장 공간만이 아니라 가정·출산·육아·교육·병원·노후 등 일상생활 전반에 침투해 있기 때문이다. 따라서 정치·행정·언론·대학·종교·문화·예술 등 제반 삶의 영역들이 이윤의 원리에 압도당하는 경향이 있다.

수많은 의료 피해자들이 영화 〈식코〉 제작 과정에 참여했다. 무어 감독은 영화 제작을 위해 자신의 홈페이지에 "미국의 끔찍한 의료보험

▌ 영화 〈식코〉는 돈이 없으면 죽어야 하는 세상을 고발한다. 특히 미국의 의료 시스템을 캐나다 · 프랑스 · 영국 · 쿠바 등 다른 나라들의 의료보장 시스템과 비교하면서 미국 의료 시스템의 위선과 허구를 노골적으로 드러낸다.

에 얽힌 사례를 보내달라"고 공지했는데, 일주일 만에 무려 2만 5000개나 되는 답신을 받았다. 이때 보낸 이메일로 영화 속에 소개된 도나 스미스Donna Smith는 "법대로 살아왔고 제때 보험료를 냈지만 파산하고 만 우리 이야기를 누군가 들어주지 않을까 기대했다"고 말한다. 법을 충실히 지키며 성실히 의료보험료를 냈지만 막상 큰 질병에 걸린 뒤에는 보험 혜택을 보지 못해 개인 파산까지 신청해야 하는 것이 곧 의료민영화의 실상이자 겉모습만 민주주의인 자유민주주의의 실상이다. 실제로, 자유민주주의에서 자유란, 삶의 자유가 아니라 돈벌이를 할 자유에 불과하다.

〈식코〉에는 흥미롭게도 '의료 개혁', 즉 의료 공공성 강화에 반대하는 국회의원들이 무슨 회의 같은 곳에 참석하는 장면이 나온다. 이들이 의료업계로부터 적게는 몇만 달러, 많게는 몇십만 달러씩 로비자금을 받았음이 폭로되는 것이다. 이로써 알 수 있듯이 의료민영화는 결코 우연한 제도나 정책이 아니라 돈벌이에 눈이 먼 기득권층이 강력한 부패 네트워크를 형성함으로써 나온 결과다.

요컨대 의료민영화는 사람의 건강을 인질 삼아 돈벌이를 하는 과정에 지나지 않는다. 병원이나 제약회사만이 아니라 보험회사 역시 그 과정에서 막대한 혜택을 본다. 이는 국가나 사회가 민주주의를 내팽개치고 오로지 돈벌이에만 몰입함을 의미한다. 이런 현실에서 의료 공공성의 구축은 건강사회와 행복사회를 위한 출발점의 하나요, 민주주의의 시금석이라고도 할 수 있다.

공공성과 효율성의
균형 문제

건강하게 살고 싶은 소망은 인간의 보편적 욕구다. 따라서 건강을 위한 예방이나 치료는 결코 개인의 문제가 아니라 사회적 문제라고 볼 수 있다. 농업·주거·교통·육아·교육·노후 문제 등과 마찬가지로 의료 역시 사회 공공성 관점에서 바라보아야 한다.

사회 공공성 관점이란 소유와 경영이 공공의 이익, 즉 공익에 이바지하는 방향으로 이뤄져야 함을 뜻한다. 예를 들면 병원 등 의료기관은 공공 조직에 속하는 것이 바람직하며 특히 수익성보다 공익성을 기준으로 운영되어야 한다. 심지어 민간병원이나 클리닉에서조차 예방이나 치료 등의 서비스 활동은 철저히 공공의 이익 관점에서 이뤄지는 것이 바람직하다.

물론 공익을 강조한다고 해서 효율성을 등한시해도 좋다는 이야기는 아니다. 공익성과 효율성을 동시에 추구해야 하는데 문제는 그 방법론이다.

건강 증진이라는 공적 서비스를 해야 할 병원 조직이 공익성의 관점을 지켜나가되 효율성도 함께 높이는 방법은 무엇일까? 과연 〈식코〉에 나오는 병원이나 보험회사처럼 비싼 병원비를 받고도 되도록이면 보험 적용을 해주지 않으려 애쓰거나 심지어 긴요한 수술까지 거부해서 환자가 생명을 잃도록 놓아두는 것이 효율성일까?

의료 공공성과 효율성의 조화를 위한 첫 번째 방법은 동네마다 '주치의 제도'를 두는 것이다. 외국에서는 이를 '홈닥터'라 부르기도 한다. 즉 작은 사고나 질병은 동네에서 해결하고, 주치의의 소견서에 따라 큰 병원을 추천받는 시스템을 구축하면 된다. 이때 제약회사 등의 로비는 철저히 금지해야 한다.

둘째, 의사의 보수를 적정 수준으로 조정할 필요가 있다. 물론 한 명의 의사가 탄생하기까지 수많은 돈과 시간, 노력이 들어간다. 그러나 의료 공공성을 생각하면 의사를 단순히 보수가 높은 직업으로 보기보다는 사회적으로 의미 있는 소명으로 보는 것이 옳다. 그런 의미에서 지금처럼 천문학적 보수를 책정하기보다는 사회적 토론을 통해 적정 수준의 보수를 설정할 필요가 있다.

셋째, 병원이나 클리닉끼리의 과당 경쟁을 제한함으로써 (환자를 끌어들이기 위해) 불필요한 고가의 의료장비를 쓰지 않고, 기술 시스템보다는 환자의 '전인 건강'에 더 집중하는 것이 공공성과 효율성을 동시에 증진하는 데 유리하다. 고가의 의료장비로 상징되는 기술 시스템은 비용 압박 때문에 불가피하게 굳이 환자들에게 필요하지도 않은 각종 검사를 권장하고 과잉진료까지 유도하는 경향이 있다.

이처럼 〈식코〉는 의료보험이 있느냐 없느냐, 얼마나 보장을 해주느냐 등 의료보험 문제에 국한해 다루지 않고, 궁극적으로 우리가 의료 제도의 민주화를 이룰 것인가, 아니면 지금처럼 의료 시스템의 자본화를 가속화할 것인가 하는 문제를 제기한다. 결국 의료 민주화를 위해 우리는 의료 제도 전반, 나아가 의료보험 제도의 공공성과 효율성 문제를 널리 토론해나갈 필요가 있다.

병원경영과
적정 치료비

적정 치료비 문제를 보기 전에 2000년에 있었던 한국의 의료 파업을 회고할 필요가 있다. 의사도 과연 파업을 할까? 실제로 했다. 2000년에 있었던 '의약분업' 사태가 그 계기가 되었다. 그 이전까지 병원들은 내부에 약국을 운영했다. 즉 의사가 진료 후에 약을 처방하면 환자는 곧장 병원 안에 있는 약국에서 약을 타갔다. 그러한 상황에서 병원과 약국을 분리하는 '의약분업' 제도의 도입이 시도되었다. 약을 처방할 때 오·남용을 예방하려는 목적이었다. 결국 의약분업은 시행되었고 의사들은 권리 침해를 내세워 파업에 나섰다. 당시 파업 중이던 의사들은 "의사들의 월수입이 최소한 1000만 원은 돼야 한다"고 말하기도 했다. 2000년 당시 한국의 최저임금은 시급 2000원도 안 되고(월급으로 50만 원 미만), 농업을 제외한 전 산업에서 노동자들 임금 수준이 월 170만 원 정도였다. 그런 상황에서 의사들은 '최소' 수입이 1000만 원은 되어야 한다고 생각했다. 한마디로 의사들은 대통령 수준의 월수입을 최소 수준이라 보았다. 그렇다면 의사들의 월평균 수입이 일반 노동자들의 월평균 수입보다 열 배 이상 될 것이란 추정이 가능하다.

물론 의사의 월급은 병원의 직접 수입과 건강보험에서 받는 간접 수입에 의해 결정될 것이다(제약회사 등의 로비는 제외). 그렇다면 그 수입의 원천은 무엇인가? 바로 환자들이 직접 내는 분담금과 평소 건강보험공단에 낸 의료보험료일 것이다. 결국 환자나 전체 시민이 내는 돈이 병원과 의사에게 돌아간다. 이럴 경우에도 의사들의 평균 수입은 (그 수입의 원천이 되는) 시민들 수입의 열 배 이상이 되는 수준이다.

그런데 이는 한국의 경우일 뿐 영화 〈식코〉에 나오는 미국 사회는 좀 다르다. 미국에서는 국민건강보험공단이라는 공공 조직이 아니라

▌ 미국에서는 국민건강보험공단이라는 공공 조직이 아니라 민간 건강보험 회사들이 의료보험을 담당한다. 그러니 당연히 환자의 부담은 훨씬 더 높아지고 그에 비례해 민간 보험회사나 병원과 의사들의 수입 또한 높아진다.

민간 건강보험 회사들이 의료보험을 담당한다. 그러니 당연히 환자의 부담은 훨씬 더 높아지고, 그에 비례해 민간 보험회사나 병원과 의사들의 수입 또한 높아진다.

바로 이 지점에서 한 가지 의문이 든다. 과연 의료 시스템은 왜 이토록 높은 비용을 요구하는가? 나아가 의사들의 소득은 왜 그토록 높아야만 하는가? 이 문제에 반면교사가 되는 사례가 있다.

페터 슈피겔Peter Spiegel의《더 나은 세상을 여는 대안 경영Eine bessere Welt unternehmen》을 보면 인도 아라빈드 클리닉Aravind Clinic의 혁신 사례가 나온다. 인도 마두라이 출신 안과의사 벤카타스와미G. Venkataswamy는 국경없는의사회Doctors Without Borders 같은 조직에서 자기 시간을 내서 봉사하는 것을 뛰어넘어 뭔가 뜻깊은 일로 사회적 기여를 하고 싶었다. 그래서 그는 자기 역량의 한계 내에서 예전보다 더 효과적으로 백내장수술 등을 할 수 없을지 스스로 물었다. 다시 말해 수술 과정이 더 간단하면서도 비용이 덜 드는 혁신적 방법이 없는지 궁리한 것이다. 그렇게 고민한 결과 벤카타스와미는 인도에서 약 1500만 명이 제때 백내장수술을 받지 못해 실명하는 일을 막을 수 있었다. 그는 가난한 오지마을로 들어가 사람들을 만나면서 백내장 진단과 수술 준비, 수술 과정과 사후 처치법을 세밀히 체크하는 동시에 렌즈, 안경테처럼 각 단계에 필요한 물품을 철저히 구비했다. 그러면서도 각 단계마다 혁신이나 변화를 시도했다. 그 결과 세계 최초의 클리닉이 탄생했는데 그것이 바로 아라빈드 클리닉이다. 이 아라빈드 클리닉은 저렴한 비용으로 비교적 간단한 백내장수술을 해낼 수 있었다. 특히 매우 가난한 사람들에게는 무료시술을 했다. 상대적으로 형편이 나은 사람들에게 실비를 받는 것이 그 비결이었다. 전반적 수술비용을 현격히 낮추다 보니 일반인에게 저렴한 비용만 요구하되 가난한 사람들에게는 무료시술까지 할 수 있었다.

결과적으로, 병원이나 보험사는 물론 의사들도 의료 공공성에 입각해 다른 직업 분야와의 소득격차를 줄여나가면서 환자나 시민들에게 봉사하겠다는 자세를 갖출 필요가 있다. 사람의 건강을 돌보는 의료는 돈벌이가 아니라 삶의 일부이자 기초복지에 속하기 때문이다.

의료의
사회적 책임

이러한 측면에서 의료의 사회적 책임을 생각할 필요가 있다. 영화〈식
코〉에는 내과의사 린다 피노^{Linda Pino}가 공개적으로 참회를 하는 장면이
나온다. 린다에 따르면 의사인 자신은 어느 응급환자를 살리는 수술을
'거부한' 덕에 승진할 수 있었고, 동시에 보험회사는 50만 달러를 벌 수
있었다.

"(저는 사실상) 그를 죽음에 이르게 했습니다. 누구도 그의 죽음에 대
한 책임을 저에게 묻지 않았습니다."

모름지기 전문가에겐 윤리의식과 책임의식이 있어야 한다. 앞서 인
도의 벤카타스와미를 언급했지만 미국에도 린다 피노나 (웃음으로 마음
까지 치료해준) 패치 아담스^{Patch Adams}처럼 양심적 의사들이 있다. 다큐영화
〈울지 마, 톤즈^{Don't Cry for Me Sudan}〉에 나오는 한국의 이태석 신부도 아프리카
수단의 톤즈에서 의사로 봉사했다. 이러한 의사들은 모두 윤리성과 책
임감을 가진 사람들로, 이들이야말로 곧 '철학 있는 전문가'다. 이처럼
철학 있는 전문가들이 많아야 온 세상이 맑아지고 행복해진다. 돈벌이
에 눈이 먼 의사들이 판을 치고, 돈벌이에 정신 팔린 정치가들이 나라
를 다스리며, 권력 지향적인 학자나 종교인들이 온 사회에 우글거린다

면 과연 정치경제, 사회문화, 교육과 종교 등에서 우리 삶이 어떻게 될지 생각해보라. 어느 나라건 윤리 의식이 실종된 사회에서는 철학과 소신을 가지고 제 역할을 해야 할 전문가들이 돈이나 권력 앞에 쉽게 굴복하고 사회적 책임을 방기한 사실이 드러난다. 2016년 말의 '박근혜-최순실 게이트'가 이를 너무나 자세히 보여주지 않았던가.

앞서 2000년 의사 파업에서 보았듯이 특권이나 기득권을 지키기 위해 파업까지 불사한 일부 의사들은 사회적 책임감을 상실한 모습이었다. 2016년 12월 9일 박근혜 대통령 탄핵 소추, 2017년 3월 10일 탄핵 결정, 3월 31일 박근혜 구속 등의 배경에서도 윤리성과 책임감을 상실한 일부 의사들의 모습을 볼 수 있었다. 일례로 박근혜와 최순실이 드나들던 차병원 계열의 차움병원 의사들은 확실히 검증되지 않은 의약품이나 주사약물을 함부로 과다 투여하는 등 의료 전문가로서의 원래 모습을 상실했다. 급기야 2014년 4월 16일, 304명의 생명이 차가운 바닷물에 사라져갈 때조차 대통령은 머리 손질에 시간을 허비하거나 약물치료를 받고 있었다는 이야기까지 나왔다. 이 모든 일은 분야를 막론하고 전문가나 지도급 인사들이 윤리성과 책임감을 상실한 데서 비롯되었다.

그러므로 의료의 사회적 책임성을 드높이려면 무엇보다 의사로 상징되는 의료 전문가들이 의료 공공성에 대한 인식을 확고히 해야 하며, 나아가 의료 공공성을 구현할 수 있는 공적 의료 시스템을 구축해야 한다. 미국의 오바마케어가 한국의 국민건강보험 제도를 미국에 도입하려는 시도라 해서 한국이 미국보다 낫다는 인식이 있기는 해도, 한국의 건강보험 제도가 완벽한 것은 아니다. 건강보험 혜택을 보지 못하는 사람들이 여전히 많고, 공적 보험이 적용되지 않는 경우도 많다. 게다가 의료 경쟁이 치열해지면서 고가의 의료기계들을 도입하다 보니 불필요한 검사나 진료가 많이 행해진다. 이런 문제들을 포괄적으로 고쳐나가는 새로운 시스템, 즉 '모든' 시민을 위한 공공 의료 시스템의 구축은 여전한 사회적 과제다.

피해자로서의 환자와 행위자로서의 환자

〈식코〉는 잘못된 현실에서 우리가 단순히 피해자로 머물면 곤란하다고 말한다. 현실 자본주의에서는 흔히 '선택의 자유'가 강조된다. "뭐든 하나 고르라"는 구호는 얼핏 우리가 자유롭게 선택할 수 있다고 착각하게 한다. 그러나 자본주의에서 선택의 자유와 권리는 돈이 있는 사람들에게만 해당되는 얘기다. 물론, 돈이 있다고 모든 걸 사지는 못한다. 그럼에도 사람들은 "돈이면 무엇이든 살 수 있다"고 착각하기 쉽다. 그러다 누군가 빚쟁이가 된다면? 나아가 공공 의료의 부재로 말미암아 질병을 치료하다 빚더미에 앉거나 파산한다면?

앨버트 허시먼Albert O. Hirschman 교수는 1970년《떠날 것인가, 남을 것인가Exit, Voice, and Loyalty》란 책을 펴냈다. "기업이나 조직, 나아가 국가에 불만이 고조될 때, 사람들은 과연 어떤 식으로 행동하는가" 하는 질문에 답을 제시한 책이다. 그렇게 불만족이 높을 때 사람들은 '남거나, 아니면 떠나거나' 중 하나를 택할 것이다. 떠나는 것은 이탈^{eixt}로 표시된다. 그대로 남는 경우는 항의^{voice}를 하거나 충성^{loyalty}하는 것으로 나타난다. 이를 'EVL-모형'이라고 한다. 그런데 세상에는 그 어떤 일이 일어나도 아무 반응도 보이지 않는 이들이 있다. 무관심 내지 무시^{neglect}로 일관하는 이들이다. 그래서 이를 'EVLN-모형'이라 부르기도 한다.

〈식코〉에는 "빚을 진 사람은 희망을 잃고, 절망한 사람들은 투표하지 않는다"는 대사가 나온다. 자유민주주의의 표본 같은 국가로 통하는 영국이나 미국에서도 가난한 사람들 모두가 들고 일어나 빈부격차나 사회 불평등에 대해 자기네 입장을 대변하는 후보들에게 표를 던지거나 대안적 사회를 요구하진 않는다. 오히려 수많은 이들은 단순한 피해자로 머물면서 단지 안줏거리 정도의 불평불만만 쏟아낸다.

그러나 〈식코〉에는 그저 단순한 피해자로 머물기를 거부하고 마이클 무어 감독과 더불어 적극적 행위자로 나서는 이들이 나온다. 이들은 미국 내에서 유일하게 무료치료가 가능한 관타나모 비밀 수용소로 몰려간다. 물론 무시무시한 감시 시스템이 작동하는 관타나모는 이들의 접근을 허락하지 않는다. 결국 이들은 쿠바로 의료 여행을 떠났고 그곳에서 환대와 더불어 '인간다운' 치료까지 받는다. 이를 통해 이들은 미국 의료 시스템은 물론 미국 민주주의의 위선적 면을 적극 드러내는 고발자로 전면에 등장했다. 나아가 이들은 미국 사회가 어떤 방향으로 가야 할지 조심스럽게 대안을 모색하는 과정에서 작은 길잡이를 제시하는 선구자 역할을 했다.

좀 더 깊이 생각해볼 주제들

1. 오바마케어와 트럼프케어를 비교하면?

2. 의사의 월수입은 어느 정도가 적정한 수준일까?

3. 의료 공공성과 효율성을 동시에 높이는 방법은 무엇일까?

4. 질병이나 안전사고 위험을 줄여 의료비용을 원천적으로 줄이는 방법은?

5. 의료민영화와 의료 공공성의 대립과 모순을 해소할 수 있는 길은?

6. '철학 있는 전문가'로서 의사가 가져야 할 윤리성이나 책임감에는 어떤 것이 있을까?

Chapter 8

또 하나의 약속
산업재해와 산업안전

Another Family | 김태윤 감독 | 한국 | 2014

산재왕국으로 악명이 높은 한국에서도 기업살인법 제정이 시급하다는 목소리가 드높다. 한국이 산재왕국이라는 말은 과장이 아니다. 한 해에만 일하다 사고로 숨지는 노동자 수가 2000명에 이른다. 인구 10만 명당 산재 사망자가 열여덟 명으로 세계 최고 수준이다.

개요와 줄거리

영화 〈또 하나의 약속〉은 김태윤 감독의 2014년 작품으로, 영화 제목은 삼성재벌의 '또 하나의 가족'이라는 캠페인을 패러디한 것이다. 삼성재벌은 회사 광고에서 삼성의 기업들이 '또 하나의 가족'이라 외친다. 직원들에겐 자신의 본래 가족 외에 회사가 또 다른 가족이라는 것이다. 그래서 "가화만사성家和萬事成"이요, "수신제가치국평천하修身齊家治國平天下"다. 삼성의 가족들도 가정의 화목을 위해 최선을 다해야 한다. 그래야 온 세상을 평정할 수 있으리라!

2014년 개봉한 임순례 감독의 〈제보자〉가 황우석 박사팀의 줄기세포 관련 사기극을 다루었다면, 김태윤 감독의 〈또 하나의 약속〉은 삼성전자에서 백혈병으로 목숨을 잃은 황유미 씨의 삶을 다룬 것으로, 두 영화 모두 실제 사건을 주제로 삼았다는 공통점이 있다.

영화 〈또 하나의 약속〉에서 황유미 씨의 아버지 황상기 씨를 모델로 한 택시기사 상구(박철민 분)는 단란한 가정을 꾸려가는 평범한 아버지다. 상구는 딸 윤미(박희정 분)가 대기업에 취직한 것이 너무나 자랑스러우면서도 넉넉지 못한 형편 탓에 남들처럼 대학을 못 보내준 것이 늘 미안하기만 하다. 하지만 기특한 딸 윤미는 빨리 월급을 타서 아빠 차도 바꿔드리고 동생 공부까지 시키겠다며 밝게 웃는다.

그렇게 부푼 꿈을 안고 입사한 지 채 2년도 되지 않아 윤미는 병에 걸려 집으로 돌아온다. 병명은 반도체 공장에서 흔히 발생하는 백혈병으로, 혈액암이라고도 했다. 어린 나이에 가족 품을 떠났던 딸이 이렇게 큰 병에 걸려 돌아오자 상구는 가슴이 미어진다.

"왜 아프다고 말 안 했나?"

"좋은 회사 다닌다고 자랑한 게 누군데! 내 그만두면 아빠는 뭐가 되나!"

자랑스러워하던 회사에 들어간 윤미가 제대로 치료마저 받을 수 없는 현실에 부딪치고 보니 힘없고 못난 아빠 상구는 상식이 통하지 않는 이 세상이 믿기지 않고 막막할 뿐이다. 윤미는 끝내 회복되지 못한다. 아직 피어보지도 못한 채 영원한 이별을 한 셈이다. 아빠 상구는 차갑게 식은 딸 윤미의 손을 잡고 굳게 약속한다. "아무것도 모르고 떠난 내 딸, 윤미의 이야기를 세상에 알리겠다"는 약속이었다.

"아빠가…… 꼭 약속 지킬게."

그래서 영화 제목이 '또 하나의 약속'이다.

시대적 배경

이 영화는 한창 나이인 스물셋에 재벌 기업 반도체 공장에서 백혈병을 직업병으로 얻어 생을 마감한 한 젊은 여성 노동자를 다룬다. 실제 인물은 황유미 씨로, 20대 초반에 불과한 2007년 3월, 삶을 마감했다. 전자 산업이나 반도체, LCD 산업에서 종종 발견되는 백혈병 또는 뇌종양이 황유미 씨를 죽음으로 몰고 간 주범이다.

따지고 보면 한국의 전자 산업은 1970년대의 수출자유지역(예: 마산)으로 거슬러 올라간다. 당시, 미국이나 일본의 전기·전자 관련 제품을 생산하는 공장들이 대거 유입되었다. 이른바 '해외직접투자[FDI]'로, 대부분 노동인권 침해 기업 또는 환경오염 주범 기업들의 공장이었다. 이들은 자국에서 노동운동이나 시민운동, 환경운동이 거세짐에 따라 노동권이나 환경·생태계에 대한 의식이 상대적으로 미약한 한국으로 진출했다.

일례로 일본 도야마 현 진즈강 하류에서 발생한 카드뮴에 의한 공해병 '이타이이타이병'(뼈가 물러져서 조금만 움직여도 골절이 일어나 환자가 계속 '아프다'고 호소하는 병)이나 1956년 일본 구마모토 현 미나마타 시에서 (인근 화학 공장에서 나온) 메틸수은이 포함된 조개와 어류를 먹은 주민들에게 집단 발생하면서 사회적으로 큰 문제가 된 '미나마타병' 등의 문제가 한국에도 나타났다. 이와 관련, 이시무레 미치코石牟禮 道子의 《신들의 마을神神の村》은 사람과 자연이 더불어 사는 공동체를 잘 보여준다.

그 뒤 2000년대 이후 한국의 재벌들도 전자 산업이나 반도체 산업, 즉 첨단기술 분야에 박차를 가하며, 삼성전자나 LG전자, SK하이닉스 반도체 등이 대표적으로 부상했다. 이런 완제품을 생산하는 재벌 대기업 아래 부품을 납품하는 1차 하청, 2차 하청, 3차 하청 등이 계열화되어 있다. 전자 산업이나 반도체 산업에만도 노동자 몇만 명이 종사한다. 그런데 이러한 반도체 분야에서는 작업 공정상 먼지 등 불순물이 들어가선 안 되기 때문에 유기용제 같은 화학물질(벤젠·포름알데히드·포스핀·디보란 등)을 많이 사용한다. 작업자들이 코나 입을 통해 화학물질을 만성적으로 흡입하면 신체상 또는 신경생리상 문제를 일으키기 쉽다. 반도체 산업에서 종종 발생하는 백혈병 등의 치명적인 직업병은 바로 이런 이유로 생긴다.

민주노총에 따르면 황씨처럼 반도체, 디스플레이 산업에서 백혈병 등의 이유로 사망했다고 알려진 노동자 수는 2016년 기준, 100여 명에 이른다.[1]

_____ 〈또 하나의 약속〉과 기업경영

회사생활과 직업병,
산업재해

사람들이 취업을 하고 노동을 하는 이유는 행복하게 살기 위해서다. 행복한 삶을 위해선 기본 생계$^{basic\ livelihood}$도 해결해야 하고 삶의 질$^{quality\ of\ life}$도 드높일 필요가 있다. 특히 기본 생계, 즉 식·의·주 문제를 해결하려면 돈이 필요하므로 돈벌이를 위한 노동을 하는 것이다. 기본 생계가 해결되면 사람들은 좀 더 고차원적인 삶, 즉 '삶의 질'을 생각한다. 다음과 같은 네 가지 차원의 내용을 포함시켜 질적으로 '좋은 삶'이 무엇인지 정리해보자.

첫째, 개인적 차원에서는 건강과 여유, 둘째, 관계적 차원에서는 존중과 평등, 셋째, 사회적 차원에서는 인정스러운 공동체, 넷째, 생태적 차원에서는 조화로운 생태계 등이 바로 그것이다. 여기서, 기본 생계를 위해서는 말할 것도 없고 삶의 질을 위해서도 돈이 필요한 건 당연하다. 결국 어느 정도 돈벌이는 행복한 삶을 위한 필요조건이다. 바로 그러한 돈벌이를 위해 사람들은 회사에 출근하고 노동을 수행한다.

그런데 회사생활을 하다 보면 삶의 질을 위한 기본요소 가운데 하나인 건강을 잃는 경우가 발생한다. 가장 대표적인 경우가 추락, 교통사고, 기계 오작동으로 인한 안전사고나 직업병이다. 직업병은 열악한 환경에서 힘든 작업을 오랫동안 수행하는 가운데 근골격계 질환이나 폐병 등 각종 질병을 앓게 되는 경우, 또는 유해한 화학물질이나 전자파 등에 만성적으로 노출됨으로 말미암아 치명적인 질병을 갖게 되는 경우에 발생한다.

이처럼 노동 과정에서 사람들이 건강을 잃는 것을 법적으로 산업재해라고 한다. 산업재해는 4일 이상의 치료나 요양을 요하는 (업무상 사유로 인한) 질병 또는 사망사고로, 산업재해보상보험법에 의거, 노동부 산하 근로복지공단이 관리한다. 한편 3일 이하의 치료나 요양을 요하는 (업무상) 부상은 공상公傷이라 하는데, 이 경우는 대개 사용자나 기업주가 치료비와 위로금을 제공하는 것으로 종결된다.

여기서 중요한 점은, 사고나 질병을 예방하기 위해서는 사용자에게 안전 조치 의무가 있다는 것이다. 직원에 대한 안전교육이나 훈련뿐만 아니라 안전하고 건강한 노동을 위한 노동조건(노동시간·노동강도·안전장치·인격적 대우·스트레스 감소 등)의 개선이 중요한 까닭이다. 업무상 재해가 발생한 경우라면 사용자는 이를 은폐, 부정하거나 (당사자를) 질

▌노동자들은 노동자 권익 옹호를 위해 노력하는 공인노무사를 잘 찾아보아야 한다. 이 영화에 나오는 노무사 유난주 같은 사람이 바로 그 예다.

책할 것이 아니라, 신속하고도 정직하게 후속 조치를 해야 하며 이후 요양비, 휴업 수당, 장해 보상, 사망 시 유족 보상과 장례비 등의 보상을 책임져야 한다. 물론 업무상 사고나 질병이 정식으로 산업재해로 인정되면 근로복지공단이 보상 문제를 총괄 담당한다.

그렇다면 산업재해 인정 절차는 어떨까? 산재 발생 후 해당 노동자는 노동부 산하 근로복지공단에 관련 서류를 갖추어 산재 인정 신청을 한다. 모범 기업이라면 그 과정을 적극 돕기도 하지만 대체로 기업경영 측은 산재 인정 절차를 달가워하지 않는다. 산재 처리보다는 공상 처리가 기업에 유리하다고 보기 때문이다. 그러므로 노동자들은 노동자의 권익 옹호를 위해 노력하는 공인노무사를 잘 찾아보아야 한다. 이 영화에 나오는 노무사 유난주(김규리 분) 같은 사람이 바로 그 예다. 노동부 산하 근로복지공단에서 산재 인정이 거부되면 서류 보완을 통해 재심 신청을 한다. 영화에서는 매우 불성실한 노동부 직원이 상징적으로 나온다. 재심에서도 다시 거부당하면 행정심판을 청구하고 그것도 안 되면 행정소송을 제기한다. 행정소송에서 1심과 2심까지 패소하고 불복 시 최고 심급인 대법원까지 가기도 한다.

영화에서는 윤미로 상징되는 현장 노동자들의 직업병이 문제가 되지만, 나중에는 경영관리자인 김교익(이경영 분)조차 심신이 망가지는 장면이 나온다. 산업재해에 노사가 따로 없다는 말이다. 노사 모두는 행복한 삶을 위해 일한다. 산재로 말미암아 심신의 건강을 잃으면 직장이나 돈이 무슨 소용인가? 따라서 올바른 경영자라면 노사 불문하고 모든 직원이 심신의 건강을 유지하도록 최선을 다해야 한다.

산재에 대한
경영진의 대응 방식

산업재해가 발생하면 재해 피해자를 (필요 시 응급 처치 후) 신속히 병원으로 이송해야 한다. 그러고는 의사 등 전문가의 지시와 안내를 받아 적절한 조치를 해야 한다. 달리 말하면 산재사고 자체를 부정하거나 은폐해서는 안 된다.

영화는 윤미의 산재에 대한 회사(진성반도체) 측 대응을 다양하게 보여줌으로써, 일반적으로 기업들이 산재 문제에 어떤 식으로 대응하는지 잘 그려낸다. 산재사고에 대한 회사 측 대응은 대체로 'D-I-S-C 전략', 즉 부인denial과 은폐, 개별화individualization와 개별 보상, 낙인stigmatization과 배제, 매수corruption와 회유 등으로 나타난다.

부인이란 산재사고 자체를 인정하지 않으려는 태도다. 일례로, 윤미의 건강 상태가 예사롭지 않음을 감지한 회사 측 인사과 이 실장(김영재 분)이 윤미네 집에 찾아와 이렇게 말한다.

"갑자기 찾아와 이런 이야기를 꺼내서 정말 죄송합니다만, 아무래도 윤미 씨가 사표를 쓰셔야겠어요."

윤미 본인의 관리 부실로 건강이 나빠졌고, 더는 회사에 노동력을 제공할 수 없으니 퇴사하라는 것이다. 즉 윤미의 건강 악화가 업무상 관련성이 없는, 산재가 아닌 개인 질병 탓이라는 뜻이다. 이 실장은 이렇게 말하기도 한다.

"지 아픈 걸 왜 남(회사) 탓으로 돌려……?"

백혈병으로 죽어가는 노동자들이 여기저기 생기자 회사는 기자회견을 열고 다음과 같은 말로 언론과 여론을 잠재우려 한다.

"저희는 세계 최고의 안전 사업장으로 기네스북에 오르기까지 한 기업입니다. 일부 시민단체의 주장과는 달리 백혈병과는 전혀 무관합니다. 역학 조사 결과 발암물질은 발견되지 않았고, (우리 회사) 백혈병의 발병률은 일반인의 경우보다 높지 않습니다."

특히 윤미가 일하던 작업장에 대한 역학 조사에 들어가기 직전, 회사는 모든 공정을 자동화하는 등 기존 작업 공정을 제거해버린다. 역학 조사 자체를 무효화하려는 것이다. 또 '회사기밀'이라는 명분으로 과학적 검증에 필요한 유해물질 관련 자료를 제대로 제공하지도 않는다. 이런 식으로 기업이 직원의 건강에 전혀 책임감 없이 대응하는 방식 가운데 하나가 부인이나 은폐다.

회사 측은 동시에, 사태의 공론화와 여론 악화를 우려해 미리 개별화 과정을 통해 입막음을 하려 한다. 조건부 개별 보상이 그것이다. 인사과 이 실장은 처음으로 윤미네 집을 찾아갔을 때 회사 직원들의 성금 봉투를 내밀며, 윤미 씨가 사직하면 4000만 원을 더 주겠다고 제안한다. 동시에 그는 "조건이 하나 있는데 산재보험 신청 같은 것은 하지 마라"고 덧붙인다. 실은 황씨 가족은 산재 신청이 무엇인지, 어떻게 하는 건지도 전혀 알지 못했다. 그런데 막상 윤미가 사직서를 제출한 뒤, 병원을 찾아온 이 실장은 4000만 원이 아니라 500만 원을 내민다.

반올림 등 시민단체가 진성반도체의 백혈병 문제를 공론화하고 피해자 가족과 시민들 움직임이 언론에도 대대적으로 보도되자, 회사 측은 친기업적 언론을 동원해 흑색선전을 하며 낙인을 찍는다. 전통적으로 보수적 생각을 가진 평범한 사람들이나 회사 간부들은 "진성반도체 같은 수출 대기업이 한국을 먹여 살린다", "대기업의 경쟁력이 떨어지면 한국경제가 파탄이 난다"고 여기고, 백혈병 문제가 여기저기 불거지자 김교익 팀장은 "쓸데없는 괴담에 신경 쓰지 말고 일이나 열심히 하라"고 일축한다. 회사에 도움이 되지 않는 이야기는 이렇게 모두 한낱 '괴담'으로 치부된다.

윤미 엄마가 부업으로 일하던 소규모 작업장에서는 일꾼들끼리 이렇게 속삭인다.

"(아이고, 그 사람) 빨갱이에 물들었대……."

윤미 아빠가 서울로 올라가 백혈병 피해자 가족으로서 '반올림' 등 시민단체와 함께 대기업을 상대로 힘겹게 싸우는 모습을 보며 그렇게 쑥덕댄 것이다. 사회적 문제의식을 가진 활동가나 운동가들은 이런 식으로 고립되고 배제되기 일쑤다.

동시에 회사 측은 피해자 가족이나 친인척을 통해 전방위적 매수와 회유, 압박을 가한다. 상구 씨를 비롯해 백혈병 피해자 가족들의 공론화운동을 잠재우기 위한 적극적 조치다. 예를 들면 최고급 자동차 람보르기니를 사는 게 꿈인 윤미의 동생 윤석(유세형 분)은 편의점에서 알바를 하는데, 끼니를 제대로 챙길 시간이 없어 유효 기간이 지난 음식물을 허겁지겁 먹을 정도다. (지속적 미행과 감시 끝에) 이런 모습을 알게 된 인사과 직원들은 진성반도체 유관회사에 윤석을 취업시켜 매수하려 든다. 진성반도체 하청회사를 운영하는 상구 씨의 손윗동서도 여러모로 압박을 받아 자칫 부도 직전 상황에 몰린다. 그는 상구 씨 집을 찾아가 자신의 처지를 토로하며 "크게 문제 삼지 말고 그저 보상금이나 잘 챙겨 받고 조용히 끝내라"고 강권한다.

일중독에 빠진
노동자와 경영자

일중독이란 마치 일이 마약 같은 역할을 하는 상태다. 사람이 일을 하는 게 아니라 일이 사람을 끌고 간다. 성실성과 충성심은 일중독을 지속시키는 심리적 장치다. 회사는 일중독을 조장하고 장려할 뿐 아니라 강요하기까지 한다. 이 실장은 부하직원에게 말한다.

"회사보다 인간관계가 더 중요한가?"

회사 측에서는 백혈병 증세로 입원한 김교익 팀장을 면회하지 말라고 했지만, 김 팀장과 함께 오랫동안 일한 박정혁(박혁권 분)은 인간적 차원에서 병원 면회를 한다. 이에 이 실장이 그렇게 말했다. 인간적 교류보다 충성스럽게 일하는 것이 중요하다는 뜻이다. 같은 반도체 공장에서 일했던 또 다른 피해자가 말한다.

"기본급은 80만 원이고 나머지는 성과급이다. 물량을 많이 잡는 만큼 더 번다. 생산성이 핵심이야. 이 생산성 때문에 안전장치도 풀고 작업하지."

성과주의 인사 제도 자체가 노동자들의 일중독을 체계적으로 조장하는 제도적 장치다.

그렇게 회사 직원들은 지위 고하를 막론하고 자기도 모르게 일중독에 빠진다. 영화에서는 진성반도체 생산 공정에 대한 현장 조사를 위해 피해자 가족과 기자들이 공장을 방문한다. 윤미의 아빠 상구 씨는 윤미 같은 노동자들이 질병으로 죽어가는데도 공장에서 사람들이 마치 아무 일 없었다는 듯이 묵묵히 일하는 모습을 보고 기가 막힐 정도다.

"직장동료가 죽었는데 이게 뭐 하는 거여?"

이에 한 관리 직원이 답한다.

"우리는 최대한 보상을 해드렸고 최선을 다했습니다."

일중독이 팽배한 공장이나 회사에서는 산업재해를 당하는 것이 개인의 운에 달린 지극히 예외적인 일로 인식된다. 윤미가 진성반도체 입사 면접에서 대답한 것처럼 "(돈 많이 벌어) 아빠 차도 바꿔드리고, 엄마 용돈도 드리고, 동생 학비를 대주기 위해" 성실히 일하다 마침내 일중독에 빠지는 것은 오히려 정상적인 일이라며 당연시된다. 불행히도 일중독을 그치게 만드는 것은 윤미나 교익이 인생 말미에 보여주는 것처럼 질병이나 죽음으로, 더는 노동력의 작동이 제대로 이뤄지지 않을 때다. 이처럼 일중독에는 노사 구분이 없다.

공장 내 팀장 김교익을 보자. 그는 백혈병 전조 증세 중 하나인 감기와 기침 증상을 무시한 채, 퇴근 직전 "오랜만에 옛날 생각나게 현장 작업 한번 들어가자"고 말하며 가스 교체 작업에 들어갔다가 결국 쓰러지고 만다. "집에 일찍 가봐야 뭐하나, 할 일도 없는데"라고 하던 그였다. 교익은 마침내 백혈병 판정을 받고 병원에 입원한 상태에서도 "어서 일어나 일하러 가야지" 하며 일에 대한 왕성한 의욕을 내비친다. 또 노무사 난주와 상구가 백혈병 '증인'이 필요해 찾아왔을 때에도, "내가 미국에서 처음 반도체 기술을 배울 때 말이에요. 회장님이 비행기 하나당 엔지니어 한 명만 태웠어요. 비행기 사고 나서 다 죽으면 큰일 나니까……. 그때가 좋았어요"라고 회상한다.

"(백혈병에 걸리긴 했지만) 회사가 해준 게 더 많아요."

회사에 평생을 바쳐 충성한 것을 자랑스럽게 여기는 것이다. 그 결과 큰 병에 걸려 미래가 보이지 않는데도 그는, "나도 병에 안 집니다. 일어나서 회사 갈 거예요"라며 의지를 불태운다.

한편 인사과 이 실장은 "아이고, 우리 아들, 미안해요. 오늘도 집에 들어가긴 글렀네"라며 아들과 통화하자마자 상사의 전화를 받고는 "지시한 대로 업무수행을 하겠습니다"고 말한다. 그는 윤미 동생 윤석을 회유하라는 임무를 받고 윤석의 알바 종료시간에 맞춰 작업을 개시한다.

일중독에 빠지면 자신이 하는 일의 분량이나 속도, 강도는 물론이고 내용과 방향에 의문을 품지 못한다. 그 일로 인간관계가 깨지고, 때로는 사회적 폐해도 커진다. 만성적 과로와 질병, 그리고 사망이 최후 종결자가 되는 것은 결코 우연이 아니다.

산재 인정과
보상 문제

산재 보상 제도는 노동자가 노동 중에 업무상 이유로 부상을 입거나 질병에 걸리거나 사망할 경우, 재해로 인한 손실을 보상하거나 보호하기 위해 마련된 제도다. 일반적으로 노동법은 민법에 비해 특별법적 성격을 지니는데, 산재보상보험법은 이 같은 맥락에서 민법의 과실 책임주의를 수정해 '무과실 책임주의'를 원칙으로 한다. 즉 사용자가 고의나

▌ "망t 황윤미의 사망은 업무상 재해에 해당된다." 얼핏 윤미의 백혈병에 대한 산재를 인정한 것으로 보이지만, 실은 '과로사'를 인정한 데 불과하며, 반도체 작업장에서의 유해 화학물질과 백혈병의 인과관계를 인정한 판결은 아니다.

과실로 인해 노동자에게 직접 상해를 입히지 않았다 하더라도 자기 사업장이나 자신의 지휘 아래 노동을 수행하다가 상해를 당한 경우에는 사업주 책임으로 보상을 해야 한다.

이런 원칙 때문에, 산재보험 가입 의무는 (노사가 반반 부담하는 다른 사회보험, 즉 고용보험·의료보험·국민연금과는 달리) 사용자에게만 있다. 따라서 설사 사용자가 산재보험에 가입하지 않았다 하더라도 산재사고가

나면 해당 노동자에게 보상을 해야 한다. 이를 강제 사회보험의 원칙이라 한다. 예컨대 "우리 회사는 산재보험에 가입하지 않았기 때문에 산재 보상을 해줄 수 없다"고 말한다면 거짓이다.

그리고 산재 보상 시에는 노동자의 평균임금을 기초로 획일적으로 보상한다.[2] 이를 정률 보상의 원칙이라 한다. (하루) 평균임금이란 산재 발생 시점 이전 3개월간 받은 모든 임금 총액을 90일 내외로 나눈 금액이다. 정확히는 일일 평균임금이다. 이 금액에 보상 일수를 곱하면 산재 보상액이 나온다.

영화 〈또 하나의 약속〉에서 산재 인정 여부 문제는 근로복지공단에서 행정심판으로, 다시 행정법원으로까지 달려간다. 상당히 오랜 시일이 걸리는 일이다. 몇 년이 흐른 뒤, 최종 선고공판에서 판사(정진영 분)가 판결한다.

"망 황윤미의 경우, 각종 유해 화학물질과 방사선에 지속적으로 노출되었고, 3교대 근무를 하면서 수시로 생체리듬을 깨는 야간근무, 초과근무 등을 하여 업무상 과로와 스트레스를 받은바, 망 황윤미의 사망은 업무상 재해에 해당된다."

그런데 이는 얼핏 윤미의 백혈병에 대한 산재를 인정한 것으로 보이지만, 실은 '과로사'를 인정한 데 불과하며, 반도체 작업장에서의 유해 화학물질과 백혈병의 인과관계를 인정한 판결은 아니다.

삼성전자 백혈병과 반올림
─기업과 시민사회

삼성전자 백혈병 문제는 2007년 3월 황유미 씨가 급성백혈병으로 사망하면서 사회적 의제로 등장했다. 부친 황상기 씨는 그해 6월 산업재해 유족급여를 신청했다. 11월엔 '반올림'(반도체 노동자의 건강과 인권 지킴이)이 발족했고, 백혈병 피해자들의 산업재해 신청과 행정소송 등이 잇따랐다.

반올림에 따르면, 지금까지 백혈병·림프종·다발성 경화증 등으로 삼성반도체와 LCD 사업부에서 76명의 노동자들이 숨졌고, 200명 이상이 중증을 앓고 있다.[3] 2016년 8월 3일에는 삼성 등에 반도체나 디스플레이 제조용 화학물질을 공급하는 업체인 한솔케미칼 (완주 공장) 노동자 이창언 씨(32세)가 백혈병으로 숨졌다.[4] 그는 부인과 세 살 된 딸, 돌도 안 된 아들을 두고 있었다. 이씨는 4년 가까이 공장에서 전극보호제와 세정제 등을 생산하는 업무를 해왔고 2015년 10월, 잦은 감기 증상 끝에 병원을 찾았다가 백혈병 판정을 받았다.

삼성전자는 2013년 12월, 처음으로 본 협상을 시작했다. 특히 2014년 2월, 황유미 씨의 실화를 소재로 한 영화 〈또 하나의 약속〉이 상영되면서 사회적 관심이 드높아졌다.

삼성전자는 2016년 1월 12일, 마침내 백혈병 등 재해 발병 분쟁 재발 방지 대책 마련 등을 담은 합의안을 조정위원회 및 피해자 가족들과 함께 체결했다.[5] 삼성전자와 백혈병 등 질환 발병과 관련한 문제 해결을 위한 조정위원회(조정위), 피해자 가족대책위원회(가대위) 및 반올림 등이 서울 서대문 소재 법무법인 지평 사무실에서 '재해 예방 대책에 대한 조정 합의 조항'에 최종 합의한 것이다. 이로써 2007년 3월, 황유미 씨의 (급성백혈병)으로 인한 죽음 이후 8년여 계속돼온 삼성전자 반도체 사업장의 백혈병 등 재해 발병 분쟁이 일단락을 맺었다.

하지만 일부 피해자 가족과 시민단체 등은 반도체 작업 공정과 백혈병 간의 명확한 인과관계 미인정, 공익법인 설립 제외 등 조정 합의 내용의 한계를 지적하며 투쟁을 계속할 것이라고 밝혔다. 반올림 측은, "이번 합의는 세 가지 의제(실효성 있는 보상, 진정성 있는 사과, 재발 방지 대책) 중 하나(재발 방지 대책)에만 합의한 것"에 불과하다는 입장을 밝혔다.

한편 이날의 '재발 방지 최종 합의'조차, 쟁점이 되는 반도체 사업장 근무와 백혈병 발병의 인과관계를 삼성전자가 인정한 것은 아니어서 논란의 소지가 있다. 실제로 가대위와 반올림 등은 최종 합의 다음 날인 2016년 1월 13일 오전 11시, 서울 삼성전자 서초사옥 인근 서울 지하철 2호선 강남역 8번 출구 앞에서 기자회견을 열고, 이번 합의에 대한 공식 입장을 밝혔다. 이들은 해당 장소에서 2015년 10월 이후 지속적으로 노숙농성을 벌여왔다. 반올림은, 삼성전자 측이 피해자 보상과 관련한 모든 절차를 공개적으로 하지 않고 비밀리에 진행할 뿐 아니라, 보상액도 일방적으로 정한다며 비판했다.[6]

이 영화 〈또 하나의 약속〉은 이러한 문제에 대한 시민연대의 필요성을 제기한다. 윤미의 죽음과 산재에 관한 인정투쟁을 하는 농성 시위장에 난주가 찾아온다. 윤미 아빠 상구가 "힘든데 왜 또 왔냐?"고 묻자

▐ "가족이잖아요! 이렇게 저 사람들이 '또 하나의 가족'을 만들어주네요." 그렇다. 남의 일이 아니
라 바로 내 가족의 일, 내 일이라는 인식이 건강한 시민연대를 가능하게 한다.

난주는 이렇게 답한다.

"가족이잖아요! 이렇게 저 사람들이 '또 하나의 가족'을 만들어주
네요."

그렇다. 남의 일이 아니라 바로 내 가족의 일, 나의 일이라는 인식
이 건강한 시민연대를 가능하게 한다. 이에 상구가 말한다.

"대가족이네요!"

힘겨운 투쟁 현장에서도 유머와 위트가 웃음을 선사하고 참여자

모두에게 새로운 에너지를 주는 장면이다.

산업재해와
'기업살인법'

이 영화의 배경이 된 2007년 3월 황유미 씨의 죽음 이후 2007년 11월에 '반올림'이 설립되어 전자 및 반도체 산업 노동자와 피해자, 가족을 위한 문제 제기가 거세졌다. 2010년 1월 황유미 씨의 아버지 황상기 씨는 삼성전자 반도체 공장에서 일하다가 백혈병 등 희귀병에 걸린 네 명과 함께 근로복지공단을 상대로 산재 인정 취지의 행정소송을 제기했다.[7] 삼성전자는 '피고 보조 참가인'으로 대형 로펌 변호사 여섯 명을 동원해 소송에 관여했다. 마침내 2011년 6월 23일 서울행정법원은 고 황유미, 이숙영 씨의 백혈병 사망을 산재로 인정했다. 근로복지공단은 항소했다. (2014년 8월 21일, 서울고등법원의 항소심 판결도 산업재해를 인정했다.)

논란이 커지자 2011년 7월 삼성전자는 미국 '인바이런Environ'이라는 산업안전 컨설팅 전문 업체에 의뢰한 자체 작업환경 측정 연구결과를 발표했다. 인바이런은 "근무자의 발암물질 노출과 백혈병 발병은 상관이 없다"고 밝혔다. 삼성전자는 "객관성과 투명성이 보장된 조사"라고 강조했으나 이를 뒷받침할 데이터는 공개하지 않았다.

그 뒤 2012년 2월 6일, 고용노동부 산하 산업안전보건연구원은 2009년부터 3년간의 조사를 바탕으로 '반도체 제조 사업장 정밀 환경

평가 연구' 결과를 발표했다. 이 조사에서 연구원은 "백혈병 유발 발암 물질인 벤젠, 포름알데히드, 전리방사선 등이 극미량 제2부산물로 발생하고, 폐암 유발 인자로 알려진 비소도 노출 기준을 초과해 발생한다"고 발표했다. 이 발표는 "노출 규제 기준에 미치지 않는다"는 단서를 달기는 했으나 반도체 생산 과정에서 백혈병 유발물질이 발생한다는 것을 확인하는 근거가 됐다.

주요 노동법 중 하나인 산업재해보상보험법 시행규칙에는 업무상 질병 또는 업무상 질병으로 인한 사망에 대한 업무상 재해 인정 기준이 제시되어 있다. 예컨대 뇌혈관 질환 또는 심장 질환(통상적으로 '과로사'의 의학적 원인) 등을 들 수 있다. 소음성 난청, 근골격계 장해, 경견완증후군, 화학물질로 인한 중독, 벤젠으로 인한 중독 또는 그 속발증, 석면으로 인한 질병도 예로 들 수 있다.

이렇게 인체 유해물질에 장기간 노출되는 경우 호흡기·피부·혈액 등에 장애가 나타나 급기야는 림프종·빈혈·백혈병·백혈구 감소증·혈소판 감소증·피부염·피부암·골수형성이상증후군·다발성 골수종 등의 치명적 질환이 생기기 쉽다.

〈또 하나의 약속〉에는 진성반도체의 한 직원이, 반도체 산업 작업 공정에서 디보란이나 포스핀 등 화학물질이 고온의 증기가스와 결합하면서 나오는 부산물을 '흄^{fume}'이라고 부르는 장면이 나온다. 포스핀은 나치하 강제노동 수용소에서 노동력이 없는 사람들을 제거할 때 쓴 독가스라고 한다. 작업자들이 원래는 특수 마스크 등 보호장구를 착용해야 하는데, 그런 보호장구를 정상 착용하면 불편할 뿐 아니라 작업 속도가 훨씬 느려지고 생산 물량이 적어지기 때문에 착용하지 않는 경우가 많다. 즉 생산성 문제 때문에 작업자들이 알면서도 건강 보호장치를 제대로 쓰지 못한다는 것이다.

영화 속 한 여성은, 자신이 일하던 반도체 공장은 기본급이 80만 원밖에 되지 않고 나머지는 성과급으로 덧붙여지는데, 바로 이 성과급을 올리기 위해 작업자들이 생산성에 목을 맨다고 한다. 달리 말해 기업경영진이 절대로 "보호장구를 착용하지 마라"고 말하지는 않지만, 생산성을 높여 성과급을 더 많이 받아가기 위해선 현장 노동자들이 알아서 하라는 식으로 내버려둔다는 것이다.

이제는 산재 사망과 관련된 '기업살인법'에 대해 살펴보자. 원래 기업살인법은 2007년 영국에서 제정되어 2008년 4월부터 시행된 법으로, 정확히는 '기업과실치사 및 기업살인법Corporate Manslaughter and Corporate Homicide Act'이다. 이는 기업이 가진 사회적 책임 중 특히 기업이 고용한 노동자에 대한 법적 책임을 엄격히 규정한 법이다. 영국에서 시행 중인 이 법은, 업무와 관련된 모든 노동자 및 공중에 안전 조치를 하지 않아 사망사고가 발생할 경우 기업에 범죄 책임을 부과하는 것이다.

영국에서 이 법률이 적용되는 위법행위의 대상은 기업과 정부기관이다. 법 위반 기업이나 정부기관은 통상 연간 매출액의 2.5~10퍼센트 범위에서 산업재해 벌금을 내야 하지만, 심각하게 위반했을 경우에는 상한선 없는 '징벌적 벌금 부과'가 가능하다. 또 벌금 외에 유죄가 확정된 사업주 이름과 기업의 범죄 사실을 지역 또는 국가의 언론 등에 공표해야 하는 공시 제도도 시행한다. 이 법률은 영국에서 활동하는 모든 기업과 법인이 국적에 상관없이 적용받는다.

산재왕국으로 악명이 높은 한국에서도 '기업살인법' 제정이 시급하다는 목소리가 높다. 한국이 산재왕국이라는 말은 과장이 아니다. 2012년 한 해에만 일하다 사고로 숨진 노동자 수가 2165명에 이른다. 정부 공식 통계에 따르면 2014년 1850명, 2015년 1815명, 2016년 1777명이다. 사망자 숫자가 준 것은 일부 안전관리 개선 효과 덕이기도 하지만 산재 인정을 엄격화하거나 산재 아닌 공상 처리를 하는 등 사실상의 은폐 효과 덕도 있다. 한국의 인구 10만 명당 산재 사망자는 열여덟 명으로 세계 최고 수준이다.[8] 따라서 기업살인법과 더불어 산재 예방을 위한 실질적 조치들이 필요하다는 얘기가 무수하다.

앞서 언급했듯이 한솔케미칼 노동자 이창언 씨는 3년 10개월간 반도체 공장에 납품되는 전극보호제 및 세정제 생산 업무 등을 해오다 백혈병에 걸렸고, 2016년 8월 3일 숨졌다. 그는 투병 중이던 2016년 4월, 민주노총 전북본부 등과 함께 근로복지공단에 산업재해 요양급여를 신청했으나 근로복지공단의 늑장 조사로 처리가 지연되면서 병세가 악화됐다.

반도체 노동자의 건강과 인권지킴이 반올림, 삼성노동인권지킴이, 삼성바로잡기운동본부 등은 2016년 8월 6일 공동 성명을 내고 "이씨는 삼성 등 구매처의 납품 요구에 맞추기 위해 월 100시간 이상 잔업과 밤샘 노동 등 장시간 노동에 노출되었고 백혈구 수치에 이상이 있다는 소견서를 회사에 갖고 간 날에도 회사는 이씨에게 밤샘 근무를 시켰다"고 비판했다. 이어 "근로복지공단도 산재 절차를 조속히 진행하여 피해자의 고통을 덜어줄 책무를 외면했다"고 비판했다.[9] 이씨는 자신이 사용하는 물질이 어떤 물질인지, 무슨 위험성을 갖고 있는지도 모른 채 작업했으며, 이들 물질을 혼합하는 과정에서 눈과 피부에 화학용액이 튀고 호흡기를 통해 분진을 흡입했던 것으로 알려졌다.

이런 문제들을 볼 때, 산재와 관련한 기업이나 정부의 대응에는 다음과 같은 개선이 필요하다.

첫째, 산재 예방과 안전교육을 더욱 철저히 하는 동시에 영국의 '기업살인법'에 버금가는 법적 조치를 강구해야 한다. 노동자가 경영자를 죽이면 엄벌을 받지만 기업이 노동자를 죽이면 별 처벌을 받지 못하는 현실은, 한국이 설사 세계 15대 경제대국으로 성장했다 하더라도 인권의 관점에서는 후진국임을 증명한다.

둘째, 산재 처리 절차나 제도를 개선하여 산재 노동자가 지체 없이 적절한 치료나 요양을 받을 수 있게 해야 한다. 대체로 산재 신청과 인정에는 오랜 시간이 걸리고 또 인정 자체가 대단히 어렵게 되어 있다. 이런 이유로 많은 피해자들은 산재 신청 자체를 기피하고 간단한 공상처리만으로 끝내는 경우가 많다. 이는 산재를 줄이기는커녕 오히려 산재의 반복, 유지, 증대에 기여한다. 한국이 오래전부터 산재왕국의 자리를 지키고 있는 원인이다.

셋째, 산재사고들은 대체로 하청 기업들에서 많이 일어나는데, 산재사고에 대해선 원청과 하청의 동반 책임을 명시하고 이를 더욱 철저히 물어야 한다. 처벌 시에도 현장 실무 담당 관리자만이 아니라 최고 경영자와 동반 책임을 물어야 한다. 이런 것이 잘 안 되기 때문에 대체로 사후 '꼬리 자르기' 식으로 끝나며 또다시 산재가 반복된다.

넷째, 산재 인정에 관한 판단 기준을 2014년 11월 서울행정법원의 (이상덕 판사) 고 황유미 판례처럼 하는 것이 옳다. 즉 "발병의 원인과 기제가 의학적·자연과학적으로 명백히 밝혀지지 않았다고 하더라도, 근무하는 동안 유해 화학물질, 극저주파 자기장, 주야간 교대근무 등 작업환경상의 유해요소들에 일정 기간 지속적·복합적으로 노출된 후 뇌종양이 발생했다면, 질병의 발병과 업무 사이에 상당한 인과관계가 있다고 볼 수 있다"는 논리다. 특히 "특정 화학물질과 질병의 관련성이 아직 연구되지 않은 상태라는 점을, 관련성이 없다 또는 낮다는 판단의 근거로 삼아서는 아니 된다"는 논리가 대단히 중요하다. 이것이 인간(생명)을 위한 법리이다.

인간다운 노동을 위한 국제연대

벨기에 브뤼셀에 본부를 둔 국제노동조합총연맹(이하 ITUC)도 삼성 백혈병 문제에 지대한 관심을 갖고 국제연대를 촉구하고 나섰다.[10] ITUC는 2006년 1월 설립된 세계 최대 노조연합체로, 162개국 328개 노조단체의 조합원 1억 7600만 명이 회원으로 가입되어 있다.

이 ITUC 샤란 버로우Sharan Burrow 사무총장은 2016년 8월, 한국 정부가 (삼성전자의 요청으로) 반도체 노동자들에게 산업재해를 일으킨 화학물질에 대한 정보 공개를 거부한 사실을 날카롭게 비판했다. 그는 이날 미국의 온라인매체 《허핑턴포스트The Huffington Post》에 기고한 글에서 삼성의 노동환경을 "현대적 기술 뒤에 숨은 중세적 상황"이라 규정했다.

그 이전에 AP통신은 탐사보도를 통해 한국 정부와 사법 당국이 "영업비밀"이라는 삼성 측 요청으로 반도체 노동자들의 산재를 유발한 "화학물질 정보 공개를 하지 않기로 결정했다"고 보도했다. 이런 결정은 적어도 산재 사망 노동자들 열 명 중 여섯 명에 해당되는 것으로 드러났다.

버로우 총장은 "한국 정부관리들이 '국민의 생명과 신체적 안전, 건강을 보호하기 위해' 필요한 기업정보 (영업비밀이라는 이유로) 요구가 금지된다는 사실이 충격으로 받아들여지지 않는다면, 그리고 그들이 '기업의 뜻에 반하는 자료 공유로 소송당할 것을 두려워한다'면, 기업의 탐욕이 통제 불가능 상태"라고 비판했다. 또한 지금까지 백혈병, 림프종, 다발성 경화증 등으로 삼성반도체와 LCD 노동자 76명이 숨졌고, 200명 이상이 중증을 앓고 있다는 (반도체 노동자의 건강과 인권 지킴이) 반올림의 자료를 인용하기도 했다.

버로우 총장이 인용한 ITUC의 연구에 따르면 삼성에 부품을 공급하는 하청 노동자들의 94퍼센트가 빈곤선 이하의 임금으로 기업이윤을 위해 안전하지 않은 여건에서 작업하는 "보이지 않는 노동력"이다. 그는 "한국 정부가 자국 노동자들을 돌보지 않고 계속해서 기본권을 부정한다면 주요 20개국G20 정상회의에 속한 미국의 버락 오바마 대통령, 독일의 앙겔라 메르켈Angela Merkel 총리, 영국의 테레사 메이Theresa May 총리가 적절한 행동을 취해야 한다"고 촉구했다.

그러면서 버로우 총장은 "삼성의 하청 공급구조는 착취와 인권유린에 기초한, 도덕의 잣대를 잃어버린 사업 모델"이라며 "기업의 탐욕과 기업의 괴롭히기는 용인될 수 없다. 사람들이 존엄하게 살고 안전한 환경에서 노동할 수 있도록 세계적인 법의 지배가 공정무역, 권리, 최저임금을 보장해야 할 때"라고 주장했다.

그러므로 전 세계 모든 기업에 대한 세계시민적 감시와 연대가 절실히 필요하다. 글로벌 시대에 글로벌 기업들은 온 세상을 하나의 이윤 공간으로 재편한다. 그 과정에서 인권 침해, 부정부패, 노동권 억압, 자연 파괴, 차별과 불평등 심화, 환경오염 등 온갖 사회적·생태적 문제들을 유발한다. 세계시민의 연대가 일국에서 출발하여 글로벌 수준으로 확장될 때 비로소 글로벌 자본의 횡포는 제압될 수 있을 것이다.

좀 더 깊이 생각해볼 주제들

1. 삼성재벌 등 한국의 30대 재벌은 어떻게 성장했을까?
2. '반올림' 같은 시민단체[NGO]에 참여하고 후원하는 방법은 무엇일까?
3. 산재 예방을 위한 노동조합의 역할과 과제는 무엇일까?
4. '기업살인법' 제정은 과연 필요할까?
5. 일중독에서 벗어나는 방법은 무엇일까?
6. 세계 어디서건 안전하고 건강한 일터를 만드는 방법은 무엇일까?

인 디 에어

일중독과 첨단 기술

Up In the Air | 제이슨 라이트먼 감독 | 미국 | 2009

과연 기업경영을 하면서 해고는 불가피한가? 특정 기업이 영원한 승자라면 모를까, 그렇지 않다면 기업의 운명에 따라 사람들은 얼마든지 해고될 가능성이 있다. 그런데 해고는 노동자 당사자와 가족의 생계를 위협하기 때문에 노동법에서는 해고의 절차나 조건을 엄격히 규제한다.

개요와 줄거리

주인공 라이언 빙햄(조지 클루니 분)은 한 해에 지구에서 달(약 38만 킬로미터)보다 더 먼 거리(54만 킬로미터)를 날아다니며 1년 322일 동안 미국 전역을 여행하는 최고의 '해고 전문가'다. 그를 해고 전문가라고 부르는 이유는? 우선 경영자로서 내키지 않는 해고 통보를 너무나 자연스럽게 해낸다는 점 때문이기도 하고, 두려움과 분노에 치를 떠는 해고 대상자들에게 절망이 아니라 희망의 길을 제시함으로써 기꺼이 해고를 수용하게 만든다는 점에서 그렇기도 하다.

　사람을 잘라야 하는 회사는 어디든 곧잘 라이언 빙햄에게 의뢰한다. 물론 라이언 자신도 회사 소속이다. 그의 꿈은 무엇인가? 돈도 아니고, 승진도 아니며, 세상을 바꾸는 것은 더더욱 아니다. 굳이 꿈이 있다면 1000만 마일리지를 모아 항공사로부터 '플래티넘 카드'를 얻는 것이다. 텁텁한 기내 공기와 싸구려 기내식 서비스에 평온함을 느끼고, 모두가 싫어하는 비행기 출장생활을 집에 있는 것보다 훨씬 편하게 느낀다. 게다가 해고 전문가로서 미국 전역에서 인기를 누리지 않는가? 그는 미래의 꿈보다 현재의 자유로움을 즐긴다. 그래서 해고 관련 특강을 할 때도 '홀가분한 배낭'을 강조한다.

그런데 1000만 마일리지 달성을 앞둔 어느 날, '온라인' 해고 시스템을 개발한, 이른바 '스펙' 좋은 신입사원 나탈리 키너(안나 켄드릭 분)가 등장한다. 만일 이 시스템이 회사에 도입된다면 해고 대상자를 만나기 위해 굳이 전국을 여행할 필요가 없다. 하지만 라이언은 베테랑 해고 전문가로서 절망에 빠진 사람들에게 온라인 화상 채팅으로 해고를 통보하는 일은 도저히 받아들일 수 없다. 게다가 그 시스템은 곧 자기 자신(라이언 빙햄)의 해고로 이어질 것이다. 결국 라이언은 톡톡 튀는 신입사원에게 '품위 있는' 해고 노하우를 전수하고자 난생처음 동반출장을 떠난다.

그런데 그가 이렇게 '자유롭게' 떠돌 수 있는 것은 '가족'이 없기 때문이다. 즉 그는 목적지 없이 떠도는 인생을 산다. 비행기 타고 이동하는 일을 밥 먹듯 하기 때문에 비행기 여행의 베테랑이기도 하다. 표 구입부터 짐 꾸리기, 체크인, 보안검사, 출국수속 등이 일사천리로 진행된다. 공항에서조차 그를 모르는 사람이 없을 정도다. 어느 줄에 서야 진도가 빠른지도 귀신처럼 잘 안다. 시간의 경제학을 아는 자다. 반면 신입사원 나탈리는 남자친구 브라이언에게 실연당한다. 그녀가 늘 비행기를 타야 했기에 친밀한 관계의 지속이 어려웠기 때문이다. 그래서 라이언 빙햄도 처음부터 가족의 구속을 피하려 했을까?

그가 이렇게 미래의 꿈보다 현재의 자유를 즐기게 된 배경은 무엇일까? 사실 그는 열두 살 때 양로원에 들어가는 할머니를 보면서 '사람은 혼자 죽는다'는 사실을 너무 일찍 깨달아버렸다. '가족'이 무슨 소용인가? 연애하고, 결혼하고, 출산하고, 평생 가족이라는 무거운 짐을 지고 다니다 결국 혼자 죽을 텐데, 부부니 자식이니 하는 게 무슨 소용인가? 친누나마저 인생을 간섭하는 장애물로 느껴질 뿐이다. 그에게 인생은 단순히 여행가방 내지 배낭일 뿐이다. 자유롭고 홀가분하게 떠날 수 있는 배낭……. 그러한 주제로 강연도 곧잘 하곤 하는 해고 전문가가 바로 라이언 빙햄이다.

　　그러나 회사 직원들에게 해고를 통보하고 그 사실을 수용하게 만드는 이 새로운 권력자 라이언 자신도 때로는 외로움과 쓸쓸함을 느끼는 '사람'인 것만은 어쩔 수 없다. 라이언은 출장 도중 우연히 호텔 라운지에서 자기와 비슷한 성향의 한 여인을 만나는데, 바로 알렉스 고란(베라 파미가 분)이다. 알렉스도 자기처럼 마일리지 카드에 흥분하고, 쿨-하게 자유로운 연애를 추구한다. 그전까지 "사람의 눈을 볼 때 상대가 내 영혼을 보듯 고요해지는 느낌"을 단 한 번도 가져본 적이 없었던 라이언 빙햄조차 알렉스를 만나면서 평생 처음으로 진실한 관계에 대해 고민한다. 그러나 알렉스는, 연애는 연애일 뿐 원래의 단란한 가족을 저버릴 수 없다며 라이언을 뿌리친다.

시대적 배경

이 영화의 직접적 배경은 2008년 미국 최대 투자은행 중 하나였던 리먼 브라더스의 파산과 더불어 진행된 세계 금융위기다. 그 여파로 금융권만이 아니라 GM자동차 같은 제조업 등 사회 전반이 파산과 실업, 스트레스와 우울증으로 몸살을 앓는다. 당시 미국의 장기 실직자 수는 1929년 경제대공황 이후 최악이었다. 〈인 디 에어〉도 바로 그 시점을 배경으로 한 영화다. 영화는 해고 대상자의 감정과 생각을 언뜻언뜻 보여주면서도, 더욱 집중적으로는 해고 전문가의 잔혹한 여정을 쫓아가며 그 삶을 세밀히 들여다본다.

따지고 보면 세계경제에는 호황기도 있지만 주기적으로 불황이 돌아온다. 특히 과잉 축적, 과잉 생산의 이면에는 이윤율 하락, 구매력 저하, 불평등 증대 등 구조적 문제들이 도사린다. 급기야 경제위기가 도래하면 자본은 생존을 위해 규모를 줄이고 사람을 자른다. 정리해고가 약방의 감초처럼 등장한다. 특히 미국에서는 유럽과 달리 정리해고가 보편적이자 합리적인 방법으로 널리 수용되고 있다.

리먼 브라더스 파산 이후 금융업과 제조업 기업들이 숱하게 사라지는 운명을 맞았으나 미국 정부는 천문학적 공적자금을 투입해서 금융권을 구제했다. "경제가 위기에 빠지면 나라 전체가 위기"라는 논리였다. 평소에는 시장 논리가 그렇게 중요하다고 하던 미국조차 국가 주도로 구제금융을 투입한 것이다. 그리하여 은행권 부채는 국가 부채로 전이되고, 국가 부채는 결국 국민 부채로 전환된다. 세금으로 국민 호주머니를 털어 사적 자본을 도와준 꼴이다. 반면 기업들은 '상시적' 구조조정에 들어가고 기업 재무 상황이 좋건 나쁘건 늘 번뜩이는 정리해고의 칼날을 버린다.

바로 그 정리해고의 칼날 뒤에서 어떤 사람들이 어떤 생각으로 움직이는지를 비교적 솔직하게 보여주는 것이 바로 이 영화 〈인 디 에어〉다. 자본주의 기업경영 방식을 당연시하는 우리가 영화 제목처럼 마치 '허공에 헛발질하는' 꼴로 살아가는 건 아닌지 자문하게 하는 영화다.

〈인 디 에어〉와 기업경영

기업경영과
해고

최고의 해고 전문가가 기업의 구조조정 과정에 참여한다. 그는 해고 대
상자를 하나씩 부른 뒤 면전에서 말한다.

"당신은 오늘 해고되었습니다."

당황한 노동자들은 보통 다음과 같이 반응한다.

"왜 하필 저죠? 이제 전 어쩌면 좋아요?"

"전 지금 잘릴 형편이 아니에요."

"도대체 기준이 뭔가요?"

"이 나이에 해고라니, 어떻게 먹고살란 말인가요?"

"평생을 바친 회사인데, 정말 이렇게 배신할 수가 있나요?"

노련한 해고 전문가는 이렇게 답한다.

"기업을 바꾸고 세상을 개척해 성공한 사람들도 한때 이런 해고의 시련을 겪었어요."

시련을 딛고 일어서면 뭔가 또 다른 성공의 가능성이 있다는 얘기다. 해고의 두려움을 가능성의 희망으로 살짝 옮겨놓는 기술이 이 해고 전문가의 특기다. 사실 해고는 가족의 사망과 비슷한 스트레스 정도를 유발한다고 하지 않던가? 그러나 그는 종종 한 걸음 더 나간다.

"여태껏 당신은 먹고살기 위해, 또는 가족을 위해 하고 싶지도 않은 일을 억지로 해왔을지 몰라요. 이제부터는 정말 자신이 하고 싶은 일을 할 기회가 왔어요. 새로운 삶의 기회죠."

"……."

머뭇거리는 노동자를 보며 해고 전문가는 두툼한 봉투를 내민다.

"6개월치 의료보험과 3개월치 월급이 그 안에 들어 있어요. 천천히 새로운 길을 찾아보세요. 틀림없이 좋은 길이 나타날 겁니다."

과연 기업경영을 하면서 해고는 불가피한가? 특정 기업이 영원한 승자라면 모를까, 그렇지 않다면 기업의 운명에 따라 사람들은 얼마든지 해고될 가능성이 있다.

'생산성'을 높이기 위해 기업은 인건비를 아껴야 한다. 게다가 무한 경쟁은 부단한 비용 절감을 강제한다. 해고하거나, 비정규직을 쓰거나, 임금을 동결 내지 감축하기도 한다. 대규모 구조조정기엔 대량의 정리해고라는 광풍이 몰아친다. 제법 잘나가는 기업도 언젠가는 추락할 때가 온다. 따라서 추락을 예방하기 위한 상시적 구조조정으로 저성과자를 해고하려는 경우도 있다. 최근의 노동법 개정 시도 중 일반해고 내지 저성과자 해고를 위한 취업규칙 변경 건이 의제가 되었던 것도 동일 선상에 있다.

요컨대 경쟁과 이윤을 추구하는 자본주의 기업에서는 해고를 피하기 어렵다. 그런데 해고는 노동자 당사자와 가족의 생계를 위협하기 때문에 노동법에서는 해고의 절차나 조건을 엄격히 규제한다.

해고노동자의
심리상태

"딱히 큰 희망을 품진 않아요. 과연 나아질지도 잘 모르겠고. 실직자가 한둘이 아니잖아요. 언제쯤이면 터널이 끝나고 빛이 보일지 도무지 모르겠어요."

대체로 해고는 노동자들에게 자아 정체성의 상실을 의미한다. 하는 일, 소속된 회사, 직책 등이 모두 한 개인의 정체성을 형성한다. 따라서 해고되는 순간 대부분의 사람들은 자아가 없어지는 듯한 느낌을 받는다. 월급의 상실보다 정체성의 상실을 더 심각하게 받아들이는 사람도 많다. 앞서도 말했듯이 해고로 인한 스트레스는 가족을 상실한 스트레스만큼이나 강하다고 한다. 그리고 오늘날 만성적 스트레스는 암 같은 치명적 질병의 원인이 되기도 한다.

"가족은 아침에 일어나게 하고, 밖으로 나가게 하고, 뭐가 됐든 찾게 해주죠. 그러니까 내 목적은 아이들이고 가족이에요."

"돈이 전부는 아니지만 돈이 있으면 따뜻하게 지낼 수 있죠. 난방비도 낼 수 있고 담요를 살 수도 있으니까. 하지만 그래봐야…… 남편이 안아줄 때만큼 따뜻하진 않아요."

"별로 할 말이 없어요. 자부심 얘기를 하자면…… 아이들이 자랑스러워요."

모두들 가족과 사랑의 중요성을 말한다. 가족은 일을 하게 만드는 원동력이요, 노동의 힘겨움을 이기게 해주는 에너지원이기도 하다. 사랑하는 사람은 난방장치나 담요보다 더 따사로움을 느끼게 해준다. 또한 가족이나 친구는 해고된 자들이 무너지지 않고 바로 서게 해주는 버팀목이기도 하다.

"혼자서 이겨내야 했다면 훨씬 더 힘들었을 겁니다."

"곰곰이 생각해보니 친구와 가족이 없었더라면 견뎌내지 못했을 듯해요."

"아침에 눈을 뜨고 아내 모습을 바라보면 목표의식이 생겨요."

그렇다. 삶의 의미와 목적을 놓치지 않는다면 그 어떤 고난도 무난히 극복할 수 있다. 사실 가족, 친구, 사랑 등의 가치야말로 우리가 공부를 하고 일을 하는 목적이 아닌가. 그러니 당장 일자리를 잃었다고 지나치게 절망하거나 좌절할 필요는 없다. 해고의 부당함에 항의하고 저항해야 하며, 이럴 경우 특히 강력한 집단행위를 조직할 수 있다. 반면, 일자리 자체에 대한 지나친 집착은 심신을 피폐하게 만들기 쉽다. 그러므로 일(일자리)과 나 사이의 '적정한 거리'를 유지하는 것은 삶의 질을 드높이는 데 대단히 중요하다.

또 다른 해고자는 자신이 회사 조직에 더는 쓸모가 없는 사람이라는 느낌 때문에 은연중에 분노를 느끼는 자신을 발견한다고 털어놓았다.

"내 생각에 분노는 내가 더는 필요하지 않다는 데서 생겨요."

그렇다. 어쩌면 우리는 호네트가 말하는 '인정투쟁'을 위해 공부하고 취업했는지도 모른다. 해고를 당하면 자신이 더는 인정받지 못하게 되었음을 직감한다. 그리고 바로 그 순간 분노가 치밀어오른다. 그간의 노력들이 물거품이 되는 순간이기 때문이다. 이제 더는 자신이 조직이나 사회의 인정을 받을 수 없는 존재가 되어버렸다는 사실을 견디기 어려운 것이다.

사실 분노해야 할 일에 분노하고 증오해야 할 상대를 증오하는 것은 지극히 인간적 행위다. 하지만 분노나 증오는 사태를 바로잡기보다 사태의 본질을 엉뚱한 데로 돌리는 역할을 하기 쉽다. 분노나 증오를 넘어서야만 비로소 건강한 해결책을 찾을 수 있고 대안도 열린다.

이렇게 해고된 당사자가 패배와 탈락의 쓴맛을 극복하고 분노나 증오의 포로로 사로잡히는 데서 벗어나 새로운 출발을 결심한다면, 그에겐 인생을 완전히 다른 각도로 볼 여지가 생길지 모른다. 특히 해고된 노동자가 홀로 투쟁하는 것이 아니라 다수의 해고자들이 서로 마음을 열고 하나로 뭉친다면 과거와 전혀 다른 삶의 경로를 개척할 수도 있을 것이다.

경영자의
삶과 일

"인생의 배낭에 정말 가치 있는 것만 넣어보세요."

해고 전문가이자 경영 관련 인기 강사이기도 한 라이언은 청중들에게 이렇게 권한다. 인생을 여행가방으로 생각하고 그 가방에 반드시 짊어지고 다녀야 하는 것만 넣어보란 얘기다. 과연 우리는 무엇을 넣을 것인가?

"배낭을 멨다고 생각해보세요. 도대체 얼마나 넣어야 만족할까요?"

강연을 하던 중 바로 그런 생각을 하다가, 라이언은 "미안하다"는 말만 남기고 갑자기 강연장을 떠난다. 우연히 만났던 여인 알렉스를 만나기 위해 시카고로 날아가는 것이다. 그러나 자신을 찾아온 라이언에게 알렉스는 "아마도 길 잃은 남자인가 봐"라며 외면한다. 라이언은 찬물을 덮어쓴 것만 같다.

흔히 '가정과 직장의 균형'이니 '일과 삶의 균형'을 이야기한다. 이는 경영학에서도 매우 중요하게 다루는 주제다. 물론 균형과 조화는 대단히 중요하며, 또 그렇게 하기 위해 노력할 필요가 있다.

하지만 어떤 면에서 이것은 거의 도달 불가능한 목표인지 모른다. 자본주의 기업경영은 세계시장을 상대로 무한 경쟁을 해야 한다. 이러한 환경에서 '가정과 직장의 균형'과 '일과 삶의 균형'을 달성한다는 것은 '미션 임파서블'일 가능성이 높다. 직장의 일은 갈수록 많은 시간을 요구하고 점차 가정과 직장의 구분을 없애 나간다. 속도나 강도가 높아

▌ "인생의 배낭에 정말 가치 있는 것만 넣어보세요." 해고 전문가이자 경영 관련 인기 연사이기도 한 라이언의 말이다. 인생을 여행가방으로 생각하고 그 가방에 꼭 필요한 것만 넣어보란 얘기다. 과연 우리는 무엇을 넣을 것인가?

지는 건 물론이다. 이에 따라 가정이나 자신의 삶을 위해 시간적 여유나 마음의 여유를 가지기 힘들어지고, 갈수록 시간 부족에 시달리게 된다. 요컨대 대부분의 사람들은 '타임 푸어^{time poor}'가 된다.

　　노동시간 단축과 일자리 나누기 전략 등을 지속적으로 일관성 있게 추진하면 비교적 많은 사람들이 '일과 삶의 균형'을 찾게 될 것이다. 이와 더불어 일의 의미나 가치를 부단히 성찰할 필요가 있다. 돈을 많이 버는 일이 좋은 일이 아니라, '좋은 일'을 해야 돈을 벌어도 보람이 있다. 여기서 좋은 일이란 개인적으로나 사회적으로 보람과 의미를 찾을 수 있게 해주는 일, 그러면서도 노동시간이 그리 길지 않은 일을 말한다.

그런데 라이언의 경우 처음엔 마일리지, 즉 1000만 마일 달성이 자기 삶의 목표였다. 1000만 마일만 달성하면 특급카드가 나오고 비행기를 타거나 고급 레스토랑에 다닐 때마다 온갖 혜택을 받을 수 있다. 해고 전문가로서 일중독자가 되어버린 라이언은 마일리지 중독자이기도 한 셈이다. 그러면서도 그는 그런 삶을 사랑한다. 그에게는 일과 삶의 구분이 없다. 오히려 그에게 '집'은 낯설고 쓸쓸하며 지루한 곳이다.

물론, 이런 모습의 경영자들은 대부분 자신이 평범한 사람과 다르다는 느낌을 받을지 모른다. 하지만 오늘날 일반적 경영자들이 '가정과 직장의 균형'이나 '일과 삶의 균형'을 제대로 찾지 못하는 건 사실이다. 이 경우 역설적이게도 "인생의 배낭에 정말 가치 있는 것만 넣어보라"는 라이언의 제안을 심사숙고하는 것이 하나의 돌파구가 될지도 모른다.

첨단기술과 기업경영

컴퓨터와 인터넷, 모바일폰, 그리고 인공지능^{AI}으로 상징되는 오늘날의 첨단기술 시스템은 사회-문화적 시스템이 따라가기 힘들 정도로 급속히 발전하고 또 변화한다. 이 영화에서는 당돌한 신입사원이 창의적으로(?) 개발한 '화상 해고 시스템'을 선보인다. 이는 경영 측 대리인인 해고 통보자와 노동자인 해고 대상자가 직접 얼굴을 맞대지 않고도 서로 다른 공간에서 실시간 대화를 하게 돕는 시스템이다. 양 당사자가 직접 대면하지 않으니 해고위기에 처한 노동자로서는 증오심이나 반발심을 표출할 곳이 마땅찮다.

영화 속 또 다른 장면에서는 직접 대면하면서 해고를 통보하는 장면도 나온다. 해고당한 노동자는 분노가 극에 달해 코앞에 있는 해고 전문가에게 욕을 하거나 책상 위 물품들을 뒤엎어 난장판으로 만들기도 하고, 심하면 멱살을 잡고 따지기도 한다. 이렇게 양 당사자는 서로 얼굴을 붉히며 갈등을 겪고 심하게 감정이 상한다. 그러나 화상 해고 시스템에서는 해고 통보를 받는 노동자가 경영 측 대리인을 화면에서만 볼 뿐 직접 만날 수 없다. 경영 측 대리인이 어디에 있는지 모르니 화면에 나오는 이미지를 보고 화를 낼 수도 없고, 멱살을 잡기도 어렵다.

〈모던 타임스〉에도 화장실에서 담배를 피우던 노동자 채플린이 CCTV와 연결된 모니터로 생산 과정을 모니터링하는 사장에게 발각되는 장면이 나온다. 그 영화의 제작연도는 1936년이다. 그 뒤 약 80여 년이 흐른 지금, CCTV나 모니터는 너무나 당연한 것으로 여겨지며 널리 퍼져 있다. 이제는 '화상 해고 시스템'까지 고안될 정도다.

따지고 보면 정보통신 기술의 발전으로 말미암아 채용 시에도 원격 화상통신 시스템(카톡이나 페북의 무료통화 기능 등)을 활용해 회사 측과 노동자가 영상 인터뷰를 할 수 있다. 채용 후의 일상 노동생활, 즉 근

영화에 나오는 화상 해고 시스템에서는 해고 통보를 받는 노동자가 경영 측 대리인을 화면에서만 볼 뿐 직접 만날 수 없다. 경영 측 대리인이 어디에 있는지 아무도 모르니 화면에 나오는 이미지를 보고 화를 낼 수도 없고, 멱살을 잡기도 어렵다.

태관리에도 첨단기술이 십분 활용되는데, 일례로 카드키나 전자신분증이라 불리는 무선 인식^{Radio-Frequency IDentification}(RFID) 기술이 바로 그것이다. 버스 탈 때 사용하는 교통카드 역시 그 응용이다.

이제 직원이 화장실을 가건, 휴게실에서 쉬건, 다른 부서에 들르건, 그 어디에서도 출입구에 붙은 전자 감지장치가 출입시간과 휴식시간을 정확히 기록한다. 이처럼 정확한 기록이 모두에게 좋을 것 같지만 실은 그렇게 수치로 기록된 내용들이 경영진의 노동 통제 목적으로 사용되면 노동자들에게는 무서운 무기로 다가올 수 있다. "당신은 ○월 ○일 ○시에 휴게실에서 ○○○를 만났습니다. 그날 무슨 얘기를 그렇게 오랫동안 나눴나요?"라는 질문을 받을 수 있는 것이다.

그런 식의 첨단기술로 관리되다가 느닷없이 해고 대상자에 올라 이제는 '화상 해고 시스템'을 통해 해고 절차를 밟게 된다. 화면 속 해고 전문가는 말한다.

"그간 실적이 좋지 않아 당신은 해고되었습니다."

"뭐라고요? 어떻게 이럴 수가?"

해고 대상자는 말문이 막힌다. 화가 치밀어오르지만 컴퓨터 화면 앞에서 무얼 할 수 있겠는가?

흥미롭게도 그런 시스템을 개발한 나탈리 역시 남자친구에게 문자 메시지로 "더는 사귈 수 없다"는 통보를 받는다. 이에 직장선배 라이언은 나탈리에게 말한다.

"인터넷으로 사람을 해고하는 식이군. It's kind of like firing someone over the Internet."

아마도 바로 그 순간 나탈리는 자신이 개발한 첨단 해고 시스템이 해고 당사자에게 얼마나 비정한 것인지 느꼈을지도 모른다.

이처럼 첨단기술이 경영관리 과정에 사용되면 인간적 교류나 원활한 감정소통 대신 기계적 교류나 정보의 소통만 이뤄진다. 지식이나 정보 외에도 감정이나 느낌이 풍성하게 흐를 때 인간적인 조직이 형서되며 또 조직 분위기도 좋아져, 결과적으로 효율이나 성취도가 지속적으로 높아질 수 있다. 이런 면에서 볼 때 인간을 배제하는 첨단기술의 표면적 효율성 이면에는 심층적 위험성 역시 강하게 도사린다고 할 수 있다.

가족의 가치와
기업경영

"내 고향은 바로 여기 비행기 안이오. I'm from here."

　주인공 라이언 빙햄은 비행기 출장 중 자기 인생의 목표인 '1000만 마일리지 달성'에 성공한다. 기내 승무원들이 '플래티넘 고객'이 된 것을 축하해주고 기장이 특별 인사까지 하며 "어디 출신이냐?"고 묻자 라이언이 답한 말이다.

　그에겐 가정도, 고향도 따로 없다. 바로 비행기가 가정이요, 고향인 셈이다. 하기야 1년 322일을 공중에서 날아다니니 그럴 만도 하다. 그는 "공항 라운지의 싸구려 스시를 보면서 집에 온 듯한 편안함을 느낀다"고 자연스럽게 말할 정도다. 반면 혼자 사는 자기 집에 머무는 1년 중 43일은 '집'이 오히려 낯설게 느껴질 정도다. 한국식으로 말하면 역마살이 낀 사람이다.

　그렇다고 그가 다른 사람들과의 관계를 싫어하는 '반사회적' 인물은 아니다. 그렇게 해고 전문가로 전국을 누비면서도 여동생의 남편이 될 스티브 짐(대니 맥브라이드 분)에게는 이렇게 충고한다.

　"인생은 둘이 더 나아. ……누구에게나 부조종사가 필요하거든. 함께라면 삶이 더 즐겁지."

라이언은 알렉스에게 "실은 외롭다"고 고백하기도 했다. 물론 이 말이 반드시 결혼하자는 뜻은 아니다. 결혼해서 가정을 이루고, 자식을 낳고, 평생 책임감으로 살아가는 일은 라이언의 자유 방정식에는 없는 변수이기 때문이다.

그가 늘 하는 말, "당신의 인생 배낭엔 무엇인 들어 있나요?"를 상기하면 구속보다 자유를 선호하는 그의 소신이 확실히 드러난다. 게다가 (직장후배 나탈리에게 던지는) "착각하지 마. 사람은 죽을 때 혼자야"라는 라이언의 철학적 멘트는 어릴 적 기억과 상처가 평생 무의식으로 따라다니는 것을 잘 보여준다. 그러니 결혼이나 가족에 얽매이지 말고 자유롭게 살아야 한다는 것이다. 물론 결혼이나 가족이 반드시 구속을 의미하는가는 또 다른 쟁점이 될 만하다.

라이언의 마지막 멘트는 일견 슬프면서도 멋있게 들린다.

"낮에 숨어 있던 별들이 밖으로 나와서 가족이 있는 그들의 머리 위에 빛나겠지. 그러나 난 그 별들을 가르고 좀 더 밝은 빛을 내며 하늘을 날 거야."

어떻게 보면 라이언은, 가족을 초월해서 대우주 공간을 자유롭게 날아다니는 삶, 물같이 바람같이 흐르는 삶을 지향하는 도인道人이나 유목민(노마드) 같기도 하다.

반면, 알렉스는 라이언처럼 비행기를 많이 타고 다니는 직장인이긴 하지만 가족의 가치를 저버리진 않는다. 라이언이 갑작스럽게 자기 집에 찾아왔을 때 알렉스는 남편에게 들키지 않기 위해 모른 체한다. 아마도 라이언은 로맨틱한 환상에서 냉정한 현실로 돌아가는 기분을 느껐을 것이다. 알렉스에겐 가족과 직장의 균형을 잃지 않는 것이 중요했다. 직장생활 과정에서 우연히 만난 라이언과의 관계가 가족 관계를 깨도 좋을 정도는 아니었다. 그건 그저 서로가 여유로운 시간에 잠시 즐기는 일이었을 뿐, 기존 가정과 직장의 관계에 흠집을 내선 안 된다.

그런데 가족의 가치는 절대화하는 것도, 금기시하는 것도 금물이다. 가족은 대부분의 사람들에게 최초의 공동체 공간이자 우주宇宙다. 가족 없이 우리 자신이 존재할 수 있을까? 그러나 그렇다고 해서 부모나 가족을 절대화할 필요도 없다. 부모 위치에서도 자녀들에게 가족의 가치나 부모의 가치를 강요하면 곤란하다. 부모와 자녀의 올바른 관계는 '같이 또 따로' 그리고 '따로 또 같이'라고 할 수 있다. 부모는 자녀를 하늘의 선물로 보고 자녀가 자신만의 인생을 살도록 격려하고 후원하면 된다. 자녀는 부모의 은혜를 잊지 않되, 자신만의 인생을 설계하고 누가 뭐래도 자기 갈 길을 꿋꿋이 가는 것이 바람직하다.

기업이나 경영자들도 직원들이 가진 꿈이나 가족관계를 존중할 필요가 있다. 일례로 독일 등 여러 나라에서는 퇴근 이후 직원들에게 업무 관련 전화를 하지 못하게 되어 있다. 사생활 침해 금지 때문이다.

이런 내용은 마이클 무어가 감독한 〈다음 침공은 어디?Where to Invade Next〉(2015)라는 영화에도 나온다. 직원들 입장에서 최악은, 평소에는 '우리는 한 가족'이라며 가족의 가치를 기업에 적용하던 기업이, 경제위기가 닥치면 언제 그랬냐는 듯이 '정리해고의 필요성'을 역설하는 경우다. 진정 가족으로 생각한다면 아무리 위기가 와도 자르지 않고 지켜주는 것이 옳다. 그러나 〈인 디 에어〉에도 나오듯 오늘날 기업에는 늘상 '해고 '전문가'가 필요하다. 한국도 예외가 아니다. 영화 〈또 하나의 약속〉은 가족의 가치가 기업경영의 맥락에서 오·남용되는 실제 사례를 보여준다.

결론적으로, 기업경영 측은 직원들에게 '한 가족'이라고 억지를 쓸 필요가 없으며, 그렇다고 해서 남남 사이라며 서로 무관심해서도 곤란하다. 기업경영은 목적의식으로 뭉친 사회 조직에서 이루어지기 때문에, 그러한 목표 달성을 위해 각자의 과업이나 임무에 충실하면서도 서로 지킬 것은 확실히 지켜주는 '쿨-'한 관계가 필요하다. 물론, 경쟁과 이윤을 원리로 하는 자본주의 시스템 안에서 조직과 개인이 '쿨-'한 관계를 형성한다는 건 대단히 제한된 범위에서만 가능할 것이다.

좀 더 깊이 생각해볼 주제들

1. 어떻게 사는 것이 진정 자유로운 삶일까?
2. '해고 없는 세상'은 가능할까? 어떻게 해야 그런 세상을 만들 수 있을까?
3. 내가 해고를 당하게 된다면 과연 어떻게 대처해야 할까?
4. 기업이 대량해고를 할 때 노동조합 등 노동자의 이해를 대변하는 조직은 어떻게 움직이는가?
5. 일과 삶, 직장과 가정의 균형을 달성하려면 어떤 사회적 조건들이 필요할까?

빵과 장미
이주노동자와 비정규직

Bread and Roses | 켄 로치 감독 | 영국 · 스페인 · 독일 | 2000

노동의 유연화가 강조되는 신자유주의 시대에는 기업들이 핵심 인력을 제외한 주변 인력들을 비정규직으로 채우거나 영화에서처럼 아예 외주화 또는 하청을 통해 해결한다. 이로써 직접적 인건비가 절감될 뿐 아니라 그들에 대한 관리, 감시, 통제와 특히 노동조합 결성 등의 골치 아픈 문제들로부터 자유로워진다.

개요와 줄거리

〈빵과 장미〉의 켄 로치Ken Loach 감독은 〈불쌍한 암소Poor Cow〉(1968)로 데뷔한 이래, 일관되게 일하는 사람들 처지에서 그들의 삶을 비춰주는 영화를 찍어온 영국의 대표적인 진보 영화감독이다. 〈빵과 장미〉 말고도 대표작으로 〈랜드 앤 프리덤Land and Freedom〉 〈레이닝 스톤Raining Stones〉 〈자유로운 세계It's a Free World〉, 〈나, 다니엘 블레이크I, Daniel Blake〉 등의 작품이 있다.

〈빵과 장미〉의 배경은 멕시코와 미국이며, 멕시코에서 미국 로스엔젤레스(이하 LA)로 이주해서 노동을 하는 사람들에 관한 이야기다. 나아가 이주노동자들을 노동조합으로 조직하고, 단체교섭이나 단체행동을 통해 일정한 노동조건을 획득하는 과정을 보여주기도 한다.

멕시코에서 미국 국경을 넘어오며 아찔한 입국 신고식을 치른 마야(필라르 파딜라 분). 그녀는 LA에 먼저 건너온 친언니 로사(엘피디아 카릴로 분)의 '도움' 덕에, 청소 용역회사 엔젤 클리닝 컴퍼니에 미화원(청소부)으로 취직한다. 말이 좋아 도움이지, 실제로는 동생의 일자리를 구해주려고 감독관에게 몸까지 허락한 극도의 희생이었다. 일자리에 대한 대가로 일종의 성 상납을 했던 셈이다. 이것도 모르는 마야는 청소엔 별 관심이 없고 층마다 엘리베이터 버튼을 누르면서 빌딩 직원들을 골탕 먹이는 장난을 치며 재미있어 한다. 비록 고단하고 힘든 일상이지만 그녀는 삶 자체를 즐길 줄 아는 사람이었다.

그러던 어느 날 마야는 경비원에게 쫓기던 샘(에드리언 브로디 분)을 얼떨결에 쓰레기통에 숨겨준다. 알고 보니 샘은 노동조합 활동가로 미조직 노동자들의 조직화 사업을 주도하고 있었다.

마야는 첫 달 월급을 고스란히 감독관에게 상납해야 했고, 의료보험과 휴가 등 복지 혜택은 꿈도 꿀 수 없었다. 같이 일하던 동료가 단 한 번 지각했다는 이유만으로 해고되자, 마야는 샘에게 노조 차원에서 도와줄 것을 요청한다. 도움이라기보다는 연대의 외침이었다. 그리하여 샘과 마야는 동료 청소부들과 더불어 감독관이 눈치채지 못하게 그들만의 작전을 준비한다. 그 빌딩에는 연예인, 변호사, 펀드매니저 들이 입주해 있는데 빌딩 사무실에 근무하는 변호사들의 성대한 파티장을 진공청소기와 황금 칠면조로 보기 좋게 망쳐놓는 식이다. 그곳에서 화려한 파티가 열리던 날, 뒤치다꺼리를 하던 동료 청소부가 마야에게 말한다.

"우리가 유니폼을 입는 건 다른 사람들에게 보이지 않기 위해서야."

이제 마야와 동료들은 더는 '그림자 인간'으로 존재하기를 거부한다. 직접 행동을 조직하고 나선 것이다.

이렇게 마야는 단순한 노동력으로 존재하기를 거부하고 살아 움직이는 인간의 모습을 보여준다. 즉 마야는 자신이 소중히 여기는 일상의 삶이 깨어질 위기에 처하자 서슴없이 행동하며, 드디어 그동안 자신이 잊었던 것을 얻어내고 작은 승리를 거둔다. 그러나 현실은 그렇게 녹록하지 않다. 마야와 동료들의 작은 승리조차 결코 쉽게 이뤄지지 않았지만, 마침내 모든 것이 잘 해결되는 듯 보이던 시점에 안타깝게도 마야는 미국을 떠나야 한다. 불법체류자 신분이 들통나는 바람에 원래 살던 멕시코로 강제 추방당하는 것이다.

시대적 배경

이 영화는 영국의 대표적 진보 성향 감독인 켄 로치의 2000년 작품으로, 1990년대 미국 LA에서 실제로 있었던 환경미화원 노조 결성에 대한 이야기를 배경으로 한다. 유럽 사회의 밑바닥에 과거 식민지 출신 흑인들이나 터키인, 아시아인, 동유럽인 들이 존재하듯이 미국 사회의 밑바닥에도 흑인, 히스패닉, 아시아계 이민자 들이 존재한다. 이주노동자들은 어느 사회에서나 노동시장 최하층에 속한다. 이들은 낮은 임금과 긴 노동시간을 감수해야 하며 이들에게 주어지는 휴가나 복지 등의 혜택은 보잘것없다. 관료주의나 경제주의에 빠진 기존 노조들은 이주노동자나 비정규직 등 미조직 노동자들을 진정한 동지로 바라보지 않는다. 특히 1994년 북미자유무역협정NAFTA이 공식 발효되고 캐나다, 미국, 멕시코가 하나의 경제 공간이 되면서 자본과 상품과 기술은 자유롭게 이동하게 되었으나 인간의 노동은 자유를 얻지 못했다. 이것이 '자유무역'의 양면성이다.

그런데 왜 영화 제목이 '빵과 장미'일까? 1911년 3월 25일, 뉴욕 트라이앵글 방직공장 화재로 여성 123명을 포함해 노동자 146명이 사망했다. 이듬해 로즈 슈나이더만^{Rose Schneiderman}이라는 여성 노동운동가의 연설 중에 나온 다음과 같은 표현이 이 말의 기원이 되었다.

"우리 여성 노동자들은 단순한 생존만이 아니라 생활도 원한다. 인간다운 삶에 대한 권리, 햇살과 음악과 예술을 즐길 권리도 필요하다. 요컨대 노동자들에겐 빵이 필요하고, 장미 또한 꼭 필요하다."

여기서 빵은 생존권을 상징하고, 장미는 최소한의 품위를 유지하며 살 권리를 말한다. 빵은 밥이요, 장미는 사랑이다. 빵이 기본 생계라면 장미는 삶의 질이다.

이는 그 몇 해 전인 1908년 3월 8일, 미국 뉴욕 럿거스 광장에 모인 여성 노동자 1만 5000명이 외친 구호와도 통한다. 이들은 (하루 열 시간으로) 노동시간을 단축할 것과 임금인상, 투표권(여성 참정권)을 요구했다. 이 구호의 실질적 의미는, "빵과 장미를 동시에 달라!"는 것이었다. 그 후 매년 3월 8일은 '세계 여성의 날^{International Women's Day, IWD}'로 기념된다.

여성 노동운동가 로즈 슈나이더만의 연설에 이어 제임스 오펜하임^{James Oppenheim}의 시에도 '빵과 장미'가 나온다. 2006년에는 미국 청소년 문학 작가인 캐서린 패터슨^{Katherine Paterson}이 미국 매사추세츠 주 로렌스 방직공장 지역에서 1912년에 실제 발생한 파업을 배경으로 한 소설을 펴냈는데 그 제목 역시 '빵과 장미^{Bread and Roses, Too}'였다. 방직업에 종사했던 대부분의 여성 노동자들이 원한 것 역시 빵과 장미, 생존과 생활, 즉 인간다운 삶이었다.

이제 이 영화의 직접적 배경으로 들어가보자. LA는 미국에서 부의 상징적 도시지만, 그 고층빌딩에서 일하는 이들 대부분은 중남미에서 건너온 밀입국자들이다. 겉보기에 휘황찬란한 건물들을 유지하려면 이들이 꼭 있어야 하는 존재지만, 밖으로 절대 드러나선 안 되는 '그림자 인간'이기도 하다. 또한 수명을 다하면 싼 가격에 대체될 수 있는 일회용품 같은 존재이기도 하다.

그러나 노동자는 단순한 노동력과는 다르다. 그것은 노동력이란 상품이 노동자라는 인격체와 분리되어 존재하는 것이 아니기 때문이다. 다시 말해 인격체로서의 노동자에겐 노동력이라는 측면만 있는 것이 아니다. 그들은 나름대로 느낌과 생각, 소망과 의견을 가지며, 주체적으로 행위하는 존재다. 물론 주체적 행위자로서의 인간은 소극적일 수도 있고 적극적일 수도 있다. 또 인간은 목소리를 내면서 저항할 수도 있지만, 위력적 힘과 권위 앞에 복종하고 순종하며 자신을 '강자와 동일시'할 수도 있다. 이러한 인격체가 구체적으로 어떤 방식으로 행위하는가 하는 문제는 개인의 자율성(혹은 두려움 내지 트라우마)이나 그가 맺는 사회적 관계(상황·처지·맥락·조건·상호작용 등)에 따라 상이하다.

요컨대 이 영화의 시대적 배경은 남미 출신 이민자들이 미국 전역에 걸쳐 도시를 재구성함에 따라 노동계급의 구성 또한 재편되던 1990년대다.[1] 실제로 LA 같은 미국 주요 도시들은 다양한 인종의 도시 노동계급에게 새로운 고향이 되었다. 그들은 주로 흑인, 남미인(히스패닉), 그리고 아시아 출신 미국인들이었다. 이 새로운 도시 노동계급의 여러 분

파들은 1980년대 중반 무렵부터 신자유주의 물결에 정면으로 맞서 왕성한 조직 활동을 벌여왔다. 예컨대 이 영화에 나오는 '미화원을 위한 정의Justice for Janitors' 캠페인은 1995년까지 LA 빌딩 청소 노동자 90퍼센트를 노동조합으로 조직해냈다. 캠페인이 시작되던 8년 전 1987년의 조직률 10퍼센트에 견주면 괄목상대할 만한 변화다.

이 활기찬 캠페인이 시작된 계기는 기존의 기업 노조주의가 거의 어용 수준에 가까운 미지근한 전술만 구사했기 때문이다. 그래서 새로운 운동은 이들과 정면으로 대립하면서 일종의 풀뿌리운동에 가까운 '사회운동적 노조주의'를 표방하고 나섰다. 이들은 연좌농성이나 보이콧, 파업 등을 활발히 조직해내고, 나아가 참된 노동계급의 힘을 엮어내기 위해 지역 공동체 조직들과 다인종적 연대를 형성했다. 물론 이 모든 행위는 기존의 관료적 중앙노조 간부들을 격노하게 만들었다. 이렇게 '미화원을 위한 정의' 캠페인은 노동계급 조직화의 물결을 한 걸음씩 진전시키면서 캘리포니아의 유색인종 노동자들을 두루 이끌어냈고, 그 과정에서 마침내 캘리포니아 노동운동을 재구축할 수 있었다.

〈빵과 장미〉와 기업경영

비용 절감을 위한
외주화 또는 하청

영화에는 화려한 대도시 고층빌딩에서 일하는 고급 인력들과 그 빌딩의 사무실, 화장실, 유리창을 쓸고 닦고, 쓰레기를 치우면서 깨끗하게 관리하는 하급 인력들이 극명히 대조되는 모습으로 나온다. 빌딩 전체를 관리하는 업체는 이 환경미화 업무, 즉 청소 업무를 직접 수행하지 않고 외주화outsourcing한다. 일종의 하청subcontracting인 셈이다.

본디 경영학에서 외주화란, 기업 업무의 일부 프로세스를 경영 통제와 효율 극대화를 위해 제3자에게 위탁 처리하는 것이다. 오늘날 기업경영에서 가장 대표적인 외주화 대상은 청소나 경비 분야에서 찾을 수 있다. 물론 일반 생산라인도 외주화 대상이 될 수 있다. 일례로, 라인

242

▌ 영화에서는 청소 업무와 관련해 감독관이 나오고 그 아래 많은 남미 출신 미국인들(히스패닉)
이 나온다. 이들은 그 빌딩에서 일하는 전문직들을 위해 '그림자 인간'처럼 뒤치다꺼리를 한다.

별로 외주화된 자동차 공장에서는 같은 공장 안에서도 각기 다른 회사
작업복을 입은 노동자들이 일하는 모습을 볼 수 있다. 이 경우, 하청 소
속 노동자들이 원청 감독자의 지휘와 통제를 받으면서 일하면 '불법 도
급' 논란의 대상이 되기도 한다. 외주나 하청은 법적으로 그 대상 업무
전반을 믿고 맡기는 것으로, 구체적 노동 과정에 대한 관리와 감독은
외주 내지 하청회사 책임이기 때문이다.

이러한 외주화는 1980년대 후반 미국 기업이 제조업 분야에서 활

용하기 시작한 후 여타 분야로, 나아가 전 세계 기업들로 급격히 확대되었다. 기술 진보가 가속화하고 경쟁이 심화하면서 기업 내부 조직을 통한 경제 활동(인소싱) 비용보다 아웃소싱을 통한 거래비용(인건비, 관리비, 감시비용 등)이 훨씬 적게 들게 되었기 때문이다.

영화에는 청소 업무와 관련해 감독관이 나오고 그 아래 많은 남미 출신 미국인들(히스패닉)이 나온다. 이들은 그 빌딩에서 일하는 전문직들을 위해 '그림자 인간'처럼 뒤치다꺼리를 한다. 이들이 청소 업무를 철저히 하지 못하면 감독관을 비롯한 청소회사가 외주계약에서 밀려나므로 감독관은 청소 노동자들을 엄격히 관리하고 통제해야 한다. 이에 비례해 노동자들은 많은 감시와 통제를 당한다. 감독관에게 잘못 보이면 쉽게 해고당하는 노동자들은 감독관의 전횡에 노출되어 있기도 하다. 첫 월급을 깡그리 감독관에게 갖다 바치거나 의료보험이나 휴가 혜택을 누리지 못하는 현실, 나아가 동생 일자리를 얻기 위해 성 상납까지 하는 현실은 이들 하청 노동자들이 얼마나 열악한 상태에 놓였는지 적나라하게 보여준다.

정규직 직원과 비정규직 직원

영화 속에 나오는 고층빌딩 내 고급 인력들과 그 빌딩을 구석구석 청소하는 인력들은 신분 차이가 크다. 바로 정규직과 비정규직 차이다. 정규직은 대체로 나인 투 파이브, 즉 오전 9시에 출근해 여덟 시간 일하고 오후 5시에 퇴근하는 풀타임 노동자들이며, 자신이 일하는 회사에 소속되어 정년을 보장받는다. 이들은 휴가나 4대 사회보험(의료·산재·실업·연금보험) 등의 혜택도 받는다. 하지만 비정규직들은 주로 파트타이머나 일용·임시·계약직, 하청 소속, 파견 직원인 경우가 많다. 휴가나 사회보험 등의 혜택도 누리기 어려운 편이다.

노동의 유연화가 강조되는 신자유주의 시대에는 기업들이 핵심 인력을 제외한 주변 인력들을 비정규직으로 채우거나 영화에서처럼 아예 외주화 또는 하청을 통해 해결한다. 이로써 직접적 인건비가 절감될 뿐 아니라 그들에 대한 관리, 감시, 통제와 특히 노동조합 결성 등의 골치 아픈 문제들에 신경을 안 써도 된다. 즉 기업경영의 관점에서는 노동비용 절감은 물론, 노동 통제의 효율성을 드높일 수 있다.

여기서 잠시 비정규직 사용을 통한 노동 통제의 효율성 제고 문제에 대해 조금 생각해보자. 이는 달리 말하면 경영 측이 노동에 대한 지배력을 강화하는 것이다. 어떻게 이것이 가능할까?

결론적으로 말하면, 정규직과 비정규직 노동 간 분열과 경쟁이라는 구도 자체가 경영과 자본의 지배력을 키운다. 정규직은 비정규직에 비해 우월한 지위를 점하며 나름 기득권 의식을 갖기 쉽고, 계속 우월한 대우를 받고자 경영 조직에 충성심을 보이려 노력하는 경향이 있다. 반면 비정규직은 관리자나 감독자들에게 성실성과 능력을 인정받아 정규직으로 상승하기 위해 충성 경쟁을 하는 경향이 있다. 결국, 경영이나 자본의 관점에서는 정규직과 비정규직 사이에 격차를 두고 대우하 는 것이야말로 각 집단 내부에서는 물론 집단 사이의 충성심 경쟁을 유도하는 물적 토대가 된다.

노사관계와
노동3권

세계 각국의 헌법이나 노동법에서 보장하는 노동3권은 단결권, 단체교섭권, 단체행동권이다. 단결권은 노동자가 자주적으로 단결해서 노동조합을 만들 권리를 말하며, 단체교섭권은 노동조합이 경영 측과 대등한 지위에서 신의와 성실에 기초해 교섭·협상·타협·합의를 할 권리, 단체행동권은 노사 간 주장의 불일치로 더는 협상에 진전이 없을 때 일정한 절차를 거쳐 파업 등 집단행동을 할 권리를 말한다. 노동3권을 법으로 보장하는 이유는, 개별 노동자가 자본과 정보를 가진 경영(자본) 측에 비해 사회경제적 약자이기 때문이다. 이런 의미에서 노동3권 보장은 산업민주주의 또는 경제민주주의를 위한 가장 기초적 조건에 속한다.

마야와 그 동료들은 노동조합 활동가인 샘의 적극적 노력에 힘입어 노조원이 되고, 나아가 직접 행동과 단체교섭을 통해 일정한 노동조건 향상을 쟁취한다. 즉 노동자의 단결과 연대야말로 노동자의 교섭력을 증대하는 근본 바탕이 된다.

여기서 알 수 있듯이, 경영 내지 자본 진영의 노사관계 전략이 차이와 차별, 경쟁과 분열이라면, 노동 진영의 노사관계 전략은 자유와 평

▌ 마야와 그 동료들은 노동조합 활동가인 샘의 적극적 노력에 힘입어 노조원이 되고, 나아가 직접 행동과 단체교섭을 통해 일정한 노동조건 향상을 쟁취한다. 즉 노동자의 단결과 연대야말로 노동자의 교섭력을 증대하는 근본 바탕이 된다.

등, 단결과 연대다. 따라서 노사관계를 논할 때 노동자들의 자주적 단결체인 노동조합을 빼놓고는 생각할 수 없다. 영화의 배경이 된 '환경미화원을 위한 정의' 캠페인은 환경미화원 노조(일반노조)의 핵심 활동 가운데 하나였다.

물론 노사관계는 협력과 갈등, 타협과 투쟁이 혼합된 복합적 성격을 띤다. 일반적으로 노사는 생산에서는 협력하고 분배에서는 갈등을 일으키는 것으로 이해되는 편이다. 하지만 생산에서조차 노사 간 이해가 대립하기도 하고, 분배에서는 갈등을 하다가도 의외로 타협이 이뤄지기도 한다.

근본적으로 생각하면, 노사 모두는 무엇을 얼마나 어떻게 생산하고, 또 그 생산물을 어떻게 분배하고 사용할 것인가 등의 문제와 관련해 상호신뢰의 바탕 위에서 공동 논의와 공동 결정을 할 필요가 있다. 이때 제반 의사결정에 있어 바람직한 기준은, 효율성, 인간성, 생태성 사이의 균형과 조화일 것이다.

국제 이주노동과 경영의 세계화

경영의 세계화는 크게 두 가지 얼굴을 갖는다. 하나는 기업들이 해외로 진출하여 현지 노동력을 고용해 돈벌이를 하는 것이고, 다른 하나는 국내에서 활동하는 기업들이 해외의 노동력을 수입해서 경영하는 것이다. 전자의 경우, 국내 기업 소속 직원들은 해외에 가서 일을 하기 때문에 '밖으로 나가는^{outbound}' 이주노동자가 된다. 후자의 경우, 해외에서 들어온 노동자들은 '안으로 들어오는^{inbound}' 이주노동자가 된다. 미국 LA 고층빌딩 청소회사의 관점에서 보면, 마야와 그 언니 등 청소 노동자들은 후자에 속한다. 어느 경우건 다양한 문화를 가진 노동자들이 함께 어울려 지내야 하기에 다양성·공감^{empathy}·역지사지·관용·배려·조화 등의 문화가 중요하다. 그러나 영화에서 잘 표현되듯이 다양성에 대한 이해를 넓히고 배려와 관용의 조직문화를 형성하기란 그리 쉬운 일이 아니다.

한편, 경영의 세계화와 관련된 흥미로운 사실을 발견할 수 있다. 바로 자본의 흐름과 노동의 흐름이 반대 방향으로 이뤄진다는 사실이다. 자본은 이윤이 낮은 곳에서 높은 곳으로, 인건비가 높은 곳에서 낮은 곳으로 이동하려는 경향이 있다. 하지만 노동은 자신의 몸값, 즉 임금이 낮은 곳에서 높은 곳으로, 소득이 적은 곳에서 많은 곳으로 이동하려는 경향이 있다. 만일 자본의 이동성과 노동의 이동성이 동일하다면(서로 완전히 반대 방향으로, 그것도 동일한 속도나 강도로 움직인다면) 자본은 이윤을 획득하기 쉽지 않을 것이다. 자본으로서는 동일한 조건이라면 값싼 노동력을 고용해야 수지 타산이 맞다. 바로 이런 이유 때문에 세계 각국 정부 또는 세계무역기구^WTO 같은 국제기구는 자본의 이동은 자유롭게 개방하거나 탈규제하되, 노동의 이동은 자본과 국가의 필요에 걸맞게 '통제'하려는 경향을 보인다. 자본의 '세계화'와 노동의 '국지화'가 동시에 진행되는 배경이다.

영화 끝부분에서 마야가 불법체류 노동자, 즉 미등록 노동자였음이 발각되어 모국 멕시코로 강제 출국되는 것도 바로 이 노동의 국지화, 즉 노동자는 국경을 자유롭게 넘지 못하며 국내외에서 엄격한 통제를 받고 있음을 잘 보여준다. 이런 면에서 볼 때 오늘날의 세계화는 노동과 자본(경영) 사이에 '불평등한 세계화'의 형태로 이뤄진다고 할 수 있다.

좀 더 깊이 생각해볼 주제들

1. 정규직과 비정규직이 상호연대하기 위한 근거나 방법은 무엇일까?

2. (이주노동자) 노동조합은 사회적으로 꼭 필요할까?

3. 오늘날 노동의 유연화는 어떤 형태로 이뤄지고 있을까?

4. 노동의 유연화에는 어떤 장단점이 있을까?

5. 기업별 노조 외에 어떤 노동조합들이 존재하는가?

6. 불평등한 세계화가 전개되는 까닭은 무엇일까?

7. '강자 동일시' 개념은 기업경영 세계와 일반 사회에서 어떤 경우에 적용될 수 있을까?

Chapter 11

내부자들
자본주의 경영과 부패 네트워크

Inside Men | 우민호 감독 | 한국 | 2015

2016년 9월, 세계경제포럼WEF은 해마다 발행하는 세계경쟁력보고서를 통해 국가별 부패지수를 공개했다. 이에 따르면, 한국은 경제협력개발기구OECD 국가 중 가장 부패 정도가 심한 국가 11개국에 포함되며, 그중 9위를 기록했다.

개요와 줄거리

영화 〈내부자들〉은 원래 《미생》이나 《이끼》 등으로 유명한 윤태호 작가의 웹툰에 기초한다. 웹툰 연재 3개월 만에 중단했던 내용을 우민호 감독이 영화로 완성한 것으로, 한국 사회의 부정부패 네트워크 문제를 돌직구 수준으로 다룬 영화다. 그 부패 네트워크에 나오는 5대 '공공의 적'은 재벌·정치·언론·검찰·조폭 등으로 압축된다.

"미래자동차 회장 오현수(김홍파 분)가 한결은행에서 3000억 원의 불법 대출을 받아 그중 300억 원을 신정당 대권후보 장필우(이경영 분) 의원에게 정치자금으로 제공했다. 그리고 오현수 회장의 별장에서 장의원과 이강희(백윤식 분) 조국일보 논설주간이 참여한 성 접대 파티도 있었다"는 뉴스가 온 사회를 떠들썩하게 장식한다. 이 사실을 폭로한 이는 (여태껏 그들의 충신으로 일해온) 정치깡패 안상구(이병헌 분)로, 공식적으로는 연예기획사 대표다. 그는 기자회견장에서 자신은 몇 년 전 정치 비자금 관련 비밀문건 때문에(실은 이 문건을 미끼로 은밀한 거래를 통해 더 큰 성공을 노리다가 '배신자'로 낙인찍혀) 오른쪽 손목을 잃고 만 희생자라고 공개한다. 이 뉴스를 물끄러미 지켜보는 이강희 조국일보 논설주간은 마음속으로 "드디어 올 것이 왔다"고 말하는 듯하다.

이 비자금 스캔들, 즉 정치경제적 뒷거래의 판을 짜고 배후조정 역할을 한 이는, 사실상 시민사회의 여론을 움직이는 유명 언론사 논설주간 이강희다. 그런데 사태가 이렇게 커지기 전에 정경유착과 부정부패 스캔들을 미리 알고 수사하던 검사가 있었다. 바로 사회정의와 조직적 출세에 대한 열망을 동시에 가진 경찰 출신 우장훈(조승우 분) 검사다. 하지만 그는 비자금 파일을 입수하려던 과정에서 조폭 두목 안상구 일당에게 당하고 (청와대와 연결된) 검찰 수뇌부의 방해로 좌절감을 느낀다. 이런 식으로 공공의 5적, 즉 재벌·정치·언론·검찰·조폭 등이 거대한 부패 네크워크로 연결되어 있다는 사실, 이들이 사실상 온 사회를 지배하는 '내부자들'이라는 점이 영화에서 가감 없이 묘사된다.

흥미로운 점은, 손목을 잃어 복수심에 불타는 정치깡패 안상구와 사회정의에 불타는 무족보 검사 우장훈의 아슬아슬한 연대관계다. 안상구는 비자금 파일을 우장훈에게 넘기고, 우장훈은 안상구가 실패한 복수극을 대신하려고 '내부자'로 변신, 성 접대 현장을 비밀스럽게 녹취함으로써 증거자료를 확보해 결정타를 날린다.

여기서 무족보 검사란 다른 검사들과 달리 출신학교가 변변찮다는 이야기다. 그간 전력투구해 서울지검까지 올라온 그는 내심 대검찰청 검사로 승진하기를 원한다. 하지만 학벌이 시원찮아 선배 득을 보기 어렵다. 게다가 (경찰대 아닌 지방대를 졸업한) 경찰 출신으로 경찰의 한계를 느낀 뒤 검사가 됐으니만큼, 나름 사회정의에 대해 높은 열망이 있다. 그러나 지방대 출신에다 정의감에 불타는 자는 웬만해서는 검찰 조직 내부의 사다리를 순조롭게 오르기 어렵다. 부패의 네트워크가 이를 용납하지 않기 때문이다.

안상구는 오 회장의 지시로 미래자동차의 비자금 문서를 회수하는 과정에서 복사본을 빼돌리고, 오 회장의 심복 조 상무(조우진 분)에게 "이제 똥 닦는 일은 당신이 직접 좀 하라"고 했다가 납치당해 손목이 잘린다. 안상구는 "복수극으로 가자고, 화끈하게"라는 대사를 통해, 그동안 정치경제적 기득권층을 위해 헌신했지만 손목이 잘리는 배신을 당한 뒤 얼마나 큰 원한에 싸였는지 드러낸다. 그에게 "넌 복수를 원하고, 난 정의를 원한다. 그럼 좋잖아?"라고 말하는 우장훈 검사는 정의감과 더불어 나름의 출세욕을 드러내 보인다.

일견 정경유착과 부정부패를 폭로하는 영화지만 곰곰 생각해보면 이 영화는, 한국 사회에서 왜 민주주의가 제대로 구현되기 힘든지, 그 핵심 문제가 어디에 있는지를 잘 드러낸다. 특히 기업경영의 관점에서는 왜 합리적 경영이나 선진적 경영이 거의 불가능에 가까운지 그 뿌리를 해명해주는 영화라 할 수 있다. 실제로 2016년에 불거진 '박근혜-최순실 게이트'를 보면, 영화 〈내부자들〉이 사실무근인 허무맹랑한 이야기가 아님을 알 수 있다.

시대적 배경

이 영화는 1980년대 이후의 한국 사회를 다룬다. 일례로 정치깡패 안상구는 1988년부터 신정당 선거운동에 동원되었고, 경제적으로 독립한 뒤 20여 년간 엄청난 거물로 성장해 정·재계와 깊숙이 연결된 최고의 조폭 두목으로 성장한다. 산하에 건설사와 대부 업체를 비롯해 나이트클럽, 룸살롱, 연예기획사 등을 문어발식으로 운영해서 '안 회장님' 소리를 들을 정도다. 표면적으로는 회장이지만 뒤로는 정·재계의 온갖 지저분한 일들을 처리한다.

1980년대 중반부터 1990년대 중반까지는 대한민국 경제의 절정기라 할 수 있다. 특히 1980년대 말 저유가, 저달러, 저금리라는 '3저 호황'은 유리한 환경을 조성했다. 이는 1987년부터 급성장한 민주노조운동을 물질적 양보를 통해 포섭해내는 물적 토대의 배경이었다. 또한 정치와 재벌이 은밀한 곳에서 막대한 돈 잔치, 심지어 성 접대 파티까지 벌일 수 있었던 토대가 되어주기도 했다. 물론 화려한 외양 뒤에는 늘 어두운 면이 도사린다. 정치깡패로 상징되는 조직폭력배가 그 한 축이라면, 부패의 네크워크와 연결된 검찰과 경찰이라는 공권력이 또 다른 한 축이다. 그리고 이 어두운 무대를 총괄 지휘하는 보수언론사들이 있다.

1960년대 이후 한국의 경제성장 과정에서 국가는 재벌을 키워주면서 '국가-재벌 복합체'로 성장했다. 그사이 재벌은 생산이나 수출 등 규모 면에서는 물론, 실제로 정치와 언론, 교육과 문화까지 장악해 질적 측면에서도 급성장을 했다. 1990년대 이후, 특히 IMF 외환위기 이후로는 재벌이 사실상 국가보다 우위를 점하게 된다. 재벌이 비자금을 조성해 정치가들을 광범위하게 배후 조종할 뿐 아니라 막강한 정보력이나 정책력을 바탕으로 실제로는 국가 정책까지 지휘하고 통제해왔기 때문이다. 그리하여 이러한 '재벌-국가 복합체'가 갈수록 '헬조선'을 만들어냈다. 이 영화의 시대적 배경은 이러한 상황에서 차기 대통령 선거를 앞두고 있는 때로 나온다.

기업의 자금 조달과
불법 대출

3000억 원에 이르는 한결은행 불법 대출은 유력 정치인의 외압이 없다면 불가능했을 것이다. 원래 기업이 자금을 조달하는 방법에는 크게 두 가지가 있다. 하나는 수많은 주주들에게 자본금 출자를 받는 것이고, 다른 하나는 은행이나 사채업자들에게 돈을 빌리는 대출이다. 즉 출자와 대출이 일반적으로 기업자금을 조달하는 경로다. 이 영화에서는 은행 대출이 배경으로 나온다. 문제는 이것이 정상적인 절차를 거친 것이 아니라 '불법'이라는 데 있다.

한결은행 전 은행장 석명관(권혁풍 분)은 유력 정치인 장필우에게 외압을 받고 3000억 원이라는 거액을 미래자동차에 불법 대출해준다.

▌ 정치깡패 안상구와 사회정의에 불타는 무족보 검사 우장훈의 아슬아슬한 연대관계가 흥미롭다. 안상구는 비자금 파일을 우장훈에게 넘기고, 우장훈은 안상구가 실패한 복수극을 대신하려고 '내부자'로 변신한다.

미래자동차는 그 보답으로 대출금 10퍼센트에 해당하는 300억 원을 장필우에게 정치후원금(비자금)으로 제공한다. 영화에서는 석 은행장이 비자금 제공 사실을 알고 있었는지가 명확하지 않으나, 외압을 받고 불법 대출을 해준 것으로 미뤄보아 짐작은 하고 있었을 걸로 추정된다.

은행이 기업에 거액을 대출할 때는 기업의 재무 상태나 상환 능력 등을 냉철히 검토하고 공식적인 내부 의사결정 절차를 거쳐 일정한 조건 아래 시행하는 것이 정석이다. 하지만 이 영화의 사례에서처럼 의사결정 과정이 투명하지 않은 경우가 많으며, 특히 정치적 외압 때문에 아무런 타당성 검토도 없이 거액이 대출되기도 한다. 최소한의 경제적 합리성마저 억압된 채 경제 외적 강제 또는 부패 네트워크에 의해 의사결정이 이뤄지는 것이다.

그 결과 석 은행장은 검찰 수사망에 걸려 해외 도피 도중 국내로 강제 송환되고, 대선을 앞둔 장필우 진영은 위기에 몰린다. 부패 네트워크라는 그물망에 갇힌 석 은행장은 (자의인지 타의인지 불명확하나) 검찰 조사를 받던 도중 추락사하고 만다.

재벌과 정치의
유착관계

〈내부자들〉에서 오현수는 미래자동차 회장이자 정치가 장필우의 스폰서로 나온다. 그는 장필우에게 정치자금을 주려고 회사 명의로 한결은행에서 불법 대출을 받고 그 대출금 10퍼센트를 장필우에게 준다. 물론 그러한 불법 대출은 유력 정치인 장필우가 석명관 한결은행장에게 외압을 행사했기 때문에 가능했다. 오 회장은 단순한 재벌 회장 수준을 넘어 사실상 여당을 뒤흔드는 큰손으로, 여야를 막론하고 정계 전반을 휘젓고 다닌다. 재력이 곧 권력이고, 또 그 권력이 기업과 금융의 의사결정을 좌우한다. 이는 오늘날 한국 사회를 (그 이전의 '국가-재벌 복합체'

가 진화한 다른) '재벌-국가 복합체'로 볼 수 있는 근거이기도 하다.

이런 식으로 정치와 경제를 하나의 덩어리로 만드는 데는 돈 외에 성 문화도 접착제 역할을 한다. 우선, 돈은 비자금이나 뇌물로 오간다. 돈이 있어야 정치가 가능하고 사람도 살 수 있다. 정계나 경제계 고위 층들이 자기 마음대로 세상을 움직이는 데는 돈과 사람이 필요하다. 물론 사람도 돈으로 살 수 있다. 심지어 돈으로 사람을 사서 살인 청부를 하기도 한다. 그러려면 부패한 내부자들 사이의 유대감을 강화하는 것과 더불어 공동 족쇄를 채우는 일이 필요하다. 그것이 바로 별장에서 이뤄지는 섹스파티다. '내부자들'은 비밀리에 모여 인기 연예인 여성들을 향락 대상으로 삼아 공동으로 즐긴다. 그리고 결국은 서로가 서로에게 그 탐욕과 부패의 현장에 대한 증인(또는 인질)이 되어 어떤 일이 일어나도 서로를 배신하기 어렵게 만든다.

2016년 9월, 세계경제포럼World Economic Forum, WEF은 해마다 발행하는 세계경쟁력보고서를 통해 국가별 부패지수를 공개했다.[1] 이에 따르면, 한국은 경제협력개발기구OECD 국가 중 가장 부패 정도가 심한 11개국에 포함되며, 그중 9위를 기록했다. 이를 순서대로 보면 멕시코·슬로바키아·이탈리아·헝가리·그리스·체코·스페인·라트비아·한국·폴란드·슬로베니아 등이다.

영화에는 미래자동차와 한결은행 간의 불법 대출과 그 과정에서의 유력 정치인의 외압, 그에 대한 보답인 비자금 제공 등이 나온다. 그런데 2016년 8~9월에는 영화가 아닌 현실에서 이런 일이 자행되었음이 드러났다. 이미 1년 전 청와대의 압력으로 재벌 기업들이 미르재단과

K스포츠재단에 (전경련을 통해) 약 800억 원 이상의 정치후원금을 냈다는 뉴스가 온 사회를 장식했다. 일례로 국가 브랜드 이미지 제고 활동을 위해 설립되었다는 미르재단을 위해 삼성 그룹 125억, SK 그룹 68억, 현대자동차 그룹 68억, LG 그룹 48억, 포스코 30억, 롯데 그룹 28억, CJ 그룹이 8억 등의 후원금을 울며 겨자 먹기로 냈다고 한다.[2]

법인세도 법인세지만 준조세가 너무 많아 투자할 돈이 없다는 것이 재벌들의 평소 항변이다. 하지만 그들 금고 속의 700조 이상의 사내 유보금에 대해선 침묵한다(사실은 세계경제가 침체 국면이기에 투자해도 이윤 획득이 어려워 투자를 못하는 상황이다). 게다가 준조세 부담을 완화하기 위해서라도 이명박 정부가 내린 법인세를 더 내려야 한다고 주장하기도 한다.

그러나 재벌들이 해마다 막대한 돈 잔치를 벌일 수 있었던 것은 입법, 사법, 행정을 막론하고 전 국가기관들이 재벌들의 돈벌이 여건을 조성해준 덕이 아니었던가? 일례로 이명박 정부 이후 22조가 투입된 4대강 사업에서 재벌 건설사들은 담합을 통해 1조 원 이상의 수익을 추가로 얻었다.[3] 또한 재벌 회장들의 배임·횡령·주가조작·탈세 등 각종 비리에 대해 국가는 대체로 관용적 태도를 취해 최소한의 처벌만 하고 병보석 신청에도 긍정적으로 화답했다. 예컨대 최태원 SK 그룹 회장은 2015년 광복절에 특사로 풀려났고, 2016년 광복절 특사에서는 이재현 CJ 그룹 회장이 풀려났다.[4]

그나마 깨어 있는 언론이나 시민사회의 여론이 그 정도 처벌이라도 이끌어낸 면이 있다. 만일 그런 사회적 압력마저 없었다면 아마 검찰 수사조차 용두사미로 끝났을지 모른다. 또 하나 흥미로운 점은, 롯데 그룹 내부 비리를 수사하던 와중에 김천 인근 (성주) 롯데골프장을 사드 배치의 새로운 대안으로 확정 지었다는 것이다.[5]

바로 이런 모습들이 모두 정경유착의 구체적 증거들이다.

조직폭력과 기업경영

조직폭력과 기업경영은 크게 두 가지 방향에서 접근할 수 있다. 하나는 조직폭력 집단도 기업을 경영한다는 사실, 다른 하나는 일반적 기업경 영에서 조직폭력배들이 안전요원(경호원) 역할을 할 때가 있다는 사실 이다.

최고의 조폭 두목으로 업계에서 '안 회장'으로 통할 정도인 안상구 가 조직을 경영하는 철학은 다음과 같이 요약된다.

"명령에 복종하지 않는 자는 철저히 제거하되, 확실하게 일을 잘하 는 자는 세심하게 챙겨준다."

이렇게 해서 조직원들은 철저한 명령 복종과 임무 완수를 위해 신 상필벌의 원칙 아래 훈련한다.

그런데 이런 식의 경영은 즐거움과 의미에 기초한 것이 아니라 두 려움과 불안에 기반한 경영이다. 구성원 중 누군가는 비인간적 조직 분 위기에 반기를 들 수도 있고, 조직의 활동 방식이나 과정에 회의를 느껴 언제든 조직을 이탈하려 하거나 배신의 소지가 큰 조직원도 생길 수 있다. 이렇게 되면 결코 지속 가능한 경영이 될 수 없다.

다음으로, 조직폭력 집단은 (정치적 선거운동에 개입하는 것은 물론) 일반적 기업경영에서도 철저히 '뒤를 봐주는' 역할을 한다. 가장 대표적 예가 일반 기업에서 민주노조 주도로 파업이 벌어질 때 '불법성'을 미끼 삼아 용역깡패를 동원하는 것이다. 대표적인 예로 쌍용자동차 파업, 유성기업, 상신브레이크, 갑을오토텍 파업 등 수많은 노동 현장을 들 수 있다.[6]

심지어 조직폭력배 출신을 아예 주요 직책에 임명하는 기업들도 있다. 〈내부자들〉에도 이런 장면이 나온다. 오 회장의 성 접대 파티를 위해 여성 연예인들을 제공하는 과정에서 안상구가 도발적인 말을 하자 조 상무는 이에 격분해 안상구를 돌멩이로 내리쳐 기절시킨다. 나아가 비자금 파일을 빼돌린 것에 대한 보복으로 안상구의 오른쪽 손목을 가차 없이 자르고 만다. 이는 조 상무 역시 조폭 출신이라는 점을 암시한다.

언론 기업과
정치경제

"민중은 개돼지" 논란이 2016년 여름을 달구었다. 그것도 교육부 고위 인사가 기자들 앞에서 한 말 때문이었다. 그보다 앞선 2015년 가을, 〈내부자들〉의 조국일보 논설위원 이강희는 정치 비자금 스캔들 때문에 궁

▌ "어차피 대중들은 개돼지입니다. 뭐하러 개돼지한테 신경을 쓰고 그러십니까. 적당히 짖어대다
알아서 조용해질 겁니다."

지에 몰린 미래자동차 오현수 회장을 다음과 같은 말로 안심시킨다.

"어차피 대중들은 개돼지입니다. 뭐하러 개돼지한테 신경을 쓰고
그러십니까. 적당히 짖어대다 알아서 조용해질 겁니다."

이것이 그 출발점이었다.

이강희는 유력 언론인이며 그의 절친한 친구인 국회의원 장필우는
유력 대선후보다. 오 회장은 검사 출신 정치가 장필우를 비자금으로 지
원한다. 이런 식으로 판을 짠 이는 두뇌회전이 빠른 이강희다. 이렇게,

언론-정치-경제가 서로 연결되어 있다. 기득권층 지식인 이강희의 시각에서는 이미 "민중은 개돼지"다. 그는 글이나 말이 권력이라는 사실을 잘 안다. 민중은 배불리 먹으면 조용해지고, 심하게 짖다가도 시간이 지나면 저절로 조용해지는 존재라는 것이 기득권층의 시각이다. 그러니 아무리 큰 비자금 스캔들이나 섹스 스캔들이 터져도 걱정할 필요가 없다.

따지고 보면 언론은 광고로 먹고산다. 광고를 통해 오가는 거액은 단순한 마케팅(광고, 선전, 홍보) 비용이 아니라 사실상의 뇌물이자 불법 거래에 가깝다. 미래자동차로 상징되는 재벌 기업은 거액의 광고비를 매개로 언론사를 먹여 살리고, 그 언론은 사설이나 기사, 방송을 통해 '개돼지'에 불과한 대중은 말 잘 듣는 '노예처럼' 일하는 것이 옳다는 어조로 말한다. 진보적 가치를 존중하고 생명의 존엄성을 지키자고 주장하는 사람들을 무조건 '종북 빨갱이'로 몰아간다. 대중을 개돼지로 보는 자들이 인간 존중이나 생태계 보호 등의 가치를 결코 진지하게 생각할 턱이 없다. 이들이 온갖 미사여구를 써서 대중을 호도하는 말들은 실은 거짓이나 위선에 불과할 때가 많다.

이런 식의 사고는 의외로 온 사회에 공고히 뿌리내리고 있다. 처음엔 반박하던 이들도 '현실' 앞에 좌절하고 절망하면서 자신도 모르게 '민중은 개돼지에 불과하다'며 수용·체념한다. 제법 많은 민중이 살아가는 모습이나 생각 수준은 그 정도에 머무를 때가 많다.

지배층으로 갈수록 이들은 더욱 노골적으로 경멸하는 태도로 민중을 대한다. 대중이 개돼지라는 이들의 '확신'은 공고하기 그지없다. 앞서 말했듯이 2016년 7월, 교육부의 한 고위인사가 실제로, 그것도 나름 일관성 있게 '민중을 개돼지'로 보는 발언을 했고, 결국은 들끓는 여론 앞에 파면되는 사태까지 발생했다.[7] 그러나 민중은 개돼지가 아니라 엄연한 사람으로서, 비록 어리석은 행위를 할 때가 있다 해도 얼마든지 자각하고 깨어날 수 있는 존재다.

(2015년 11월, 서울 민중총궐기대회에서 경찰이 쏜 물대포를 맞고 머리를 크게 다쳐 의식불명이 되었던) 백남기 선생이 2016년 9월 말 마침내 별세하자 권력층은 (공권력이 아닌) "병으로 인한 사망"이라고 진단서에 기록하도록 지시했다. 보수, 우익, 언론은 그것이 사실이라 보도했다. 그러자 수많은 젊은 의사와 시민은 이에 항의하며 "경찰 물대포에 의한 사망", "강제 부검 반대" 등을 주장했고, 2016년 10월 1일 서울 대학로 등 곳곳에서 대규모 추모시위를 벌였다.[8]

이처럼 언론은 입법, 사법, 행정에 이어 명실상부한 '제4의 권력'으로 군림한다. 언론이 커다란 권력을 휘두를 수 있는 까닭은 이 언론이 여론이나 시민의식, 가치관을 좌우하기 때문이다. 언론의 향방에 따라 민중은 개돼지처럼 배만 부르면 만족하는 존재가 될 수도 있고, 눈과 귀를 크게 열고 집단행위의 주체로서 사회정의와 진실을 위해 행동하는 양심이 될 수도 있다. 물론 언론의 힘과 무관하게 민중 스스로가 경험하고 학습하면서 깨어날 수도 있지만, 교육이나 언론의 역할 또한 무시할 수 없다.

교육의 역할이 그러하듯이 언론은 진실을 보도하고, 역사 발전이라는 관점에서 대중이 현명한 판단을 하도록 도와야 한다. 또 정치경제적 기득권 세력이 부패하거나 타락하지 않도록 감시와 견제, 비판을 하면서도 창조적 대안을 제시함으로써 사회적 공론의 장이 될 필요가 있다. 이런 면에서 볼 때 조국일보식 '공공의 적'은 하루빨리 사라지는 것이 마땅하다.

참고로, 조선일보·중앙일보·동아일보·문화일보, 그리고 각종 경제신문과 종편 TV(손석희의 'JTBC 뉴스룸' 제외) 등이 한국의 보수 진영을 대표하는 언론이라면, 한겨레·경향신문·오마이뉴스·프레시안·레디앙·참세상·매일노동뉴스·미디어오늘·딴지일보·뉴스타파 등이 진보 진영에 있는 언론이다. 보수 진영이 대체로 재산권·기업의 자유·기술력·경쟁력·수익성·애국심 등을 중시한다면, 진보 진영은 인간의 존엄성·양심의 자유와 평등·민주주의·사회정의·탈핵과 평화·세계시민 연대 등을 중시한다.

검찰 조직과 연고주의

〈내부자들〉에서 보수여당인 신정당 국회의원이자 유력 대선후보 장필우는 조국일보 논설주간 이강희와 고교동창이다. 아마도 명문고교 출신일 것이다. 장필우는 원래 검사 출신으로, 젊은 시절에는 거대한 권력형 비리 사건을 맡아 자신의 상사를 구속시키기도 했다. 그랬던 그가 오늘날엔 '공공의 5적'으로, 내부자들 가운데 한 핵심이 되었다.

정치인 장필우와 언론인 이강희는 기득권층의 한 축을 담당하며 이러한 연고 때문에 사석에서 대단히 가까운 친구 사이로 평생을 변함없이 동고동락할 것처럼 지낸다. 때때로 오현수 미래자동차 회장의 별장에서 열리는 섹스파티에도 함께 참여한다. 고교동창이라는 끈은 서로 무한 신뢰하도록 이 둘을 단단히 묶어놓았다.

그런데 여기서도 언론의 힘은 정치보다 막강하다. 즉 장필우를 정계와 연결한 것도, 그가 대권을 잡을 수 있도록 큰판을 짠 것도 이강희였다.

한편 청와대 민정수석 오명환(김병옥 분)은 서울지검 특수부 부장검사 최충식(정만식 분)의 직장상사였다. 오 수석은 대검찰청 검사로 있다가 청와대 민정수석으로 발탁되었다. 그가 대검에서 일할 당시 같은 대검 소속이던 장필우와 사이가 좋지 않았기에 장필우의 대선 라이벌인 김석우(박상규 분)를 밀어주려 한다. 김석우는 오 수석의 친한 대학선배이기도 하다. 장필우가 대통령에 당선되어 자신에게 불똥이 튈까봐 내심 두렵다. 결국 오 수석은 예전 직장부하인 최 부장검사에게 장필우를 조사하라고 명령한다. 대학선배라는 연고와 인간관계상의 거리 때문에 표적 수사 대상이 달라지는 것도 참 이상한 일이다.

또 이 영화에서 핵심 인물은 아니지만 깐깐한 야당의원으로 나오는 손 의원(박진영 분)은 지방대 교수 출신으로 우장훈의 스승이다. 이런 연고로 우장훈은 옛 스승을 만나 개인적 부탁을 한다. 안상구가 비자금 폭로 기자회견을 열 수 있도록 도와달라는 것이다.

이런 식으로 우리 사회는 학연, 지연, 혈연 등 각종 연고로 얽히고

설켜 있다. 물론 그런 연고가 개인적 차원에서 자연스런 인간적 유대를 형성하는 데 그치면 아무 문제가 없다. 오히려 인간적 정을 더 두텁게 하는 효과가 있을 것이다. 하지만 이것이 공적 영역까지 침투해 합리적 의사결정이나 사회정의를 왜곡하는 데 쓰인다면 사회적 해악이 되고 만다. 특히 법과 정의를 올곧게 세워야 할 검찰 조직이 이러한 연고주의에 휘둘린다면, 그리하여 정치경제적 부정부패의 그물을 더욱 단단히 하거나 이를 척결하지 못하도록 가로막는 역할을 한다면, 윤리적 퇴행을 불러오는 것은 물론 역사적 퇴보를 초래하고 말 것이다.

좀 더 깊이 생각해볼 주제들

1. 정경유착이나 연고주의의 폐해를 근본적으로 없애는 방법은 무엇일까?
2. 대기업이나 기업 집단(콘체른)의 필요성을 인정한다면 그 부정부패를 막을 수 있는 방법은 없을까?
3. 한국의 기업경영에서 합리적이고 투명한 의사결정은 어떤 방법을 통해 가능할까?
4. 독일이나 스웨덴처럼 공동 결정 제도가 시행되어 노동자 대표가 전략적 의사결정에 참여하게 되면 과연 부패의 네트워크가 사라질 수 있을까?
5. 일반 직원이 상사의 지휘와 명령에 따라 업무를 수행했지만 좋지 않은 결과가 나왔다면 과연 그 책임은 누구에게 있을까?

쉰들러 리스트
전쟁, 인종주의와 비즈니스

Schindler's List | 스티븐 스필버그 감독 | 미국 | 1993

자본이 전쟁을 필요로 하는 데는 몇 가지 배경이
있다. 우선, 파산위기에 몰린 자본은 위기 탈출의
돌파구로 전쟁을 원한다. 아니면 이미 돈벌이가 잘
되고 있어도 갈수록 수익성이 떨어지기 때문에 더
많은 이윤을 얻어 '대박'의 기회를 잡으려고 전쟁
을 한다. 나아가 사회가 분열되고 이념 갈등이 치
열해지면서 자본이 위협받을 때 전쟁을 일으켜 시
스템을 안정화한다.

개요와 줄거리

〈쉰들러 리스트〉는 1993년에 미국의 스티븐 스필버그^{Steven Spielberg} 감독이 만든 전쟁 관련 휴먼 드라마다. 원작은 오스트레일리아 작가 토머스 케닐리^{Thomas Keneally}가 쓴 소설 《쉰들러의 방주^{Schindler's Ark}》다. 제목 '쉰들러 리스트'는 주인공 오스카 쉰들러^{Oskar Schindler}(1908~1974)가 2차 세계대전 때 유대인들을 안전한 곳으로 피신시키기 위해 작성했다는 아홉 가지 명단을 뜻한다.

1939년 9월, 독일은 침공 2주 만에 폴란드군을 대파하고 크라쿠프를 점령한다. 유대인들은 가족 번호를 등록해야 했고 매일 만 명 이상 지방에서 크라쿠프로 이송되었다. 체코 브룬리츠 출신 독일 사업가 오스카 쉰들러(리암 니슨 분)는 돈 벌 기회가 왔다며 크라쿠프로 이주한다. 폴란드계 유대인이 경영하던 그릇 공장을 손쉽게 인수할 목적으로 쉰들러는 나치당원이 되어 SS(특무대) 요원들에게 돈과 술, 여자, 담배 등을 뇌물로 바친다. 나치와의 결탁에 성공하면서 쉰들러는 임금을 한 푼도 줄 필요가 없는 유대인 350명을 게토 근처 냄비 공장D.E.F.의 노동력으로 활용한다.

그러던 쉰들러는 유대인 회계사 이차크 스턴(벤 킹슬리 분)과 가까워지면서 그의 영향을 받아 양심의 꿈틀거림을 느낀다. 눈앞에서 죽어가는 수용소 유대인들의 비참한 모습을 목격하는 동시에 살인마 나치의 비호 아래 돈벌이에 눈이 먼 자본가로서의 자신을 정직하게 대면한 셈이다.

마침내 '먹고살 만큼' 충분한 돈을 번 쉰들러는 유대인 포로들을 고향의 포탄 공장에 취업시켜 구할 계획을 세운다. 문제는 이들 '쉰들러 리스트의 유대인들'을 구할 방법이다. 쉰들러는 수용소 내 사령관에게 뇌물을 주고 유대인들을 빼내기로 한다. 이들을 다시금 크라쿠프에서 탈출시켜 마침내 자신의 고향인 체코 브룬리츠 공장으로 피신시킨다는 것이다. 쉰들러는 스턴과 함께 '쉰들러 리스트', 즉 유대인 '생명부'를 만든다. 이 모든 계획을 힘겹게 실행한 끝에 마침내 1100명을 구출할 수 있었다.

드디어 1945년, 악몽의 전쟁이 끝나고 러시아 군대가 동유럽을 해방하자 쉰들러는 방향을 잃는다. 이제는 (전쟁 중 나치 덕에 돈벌이를 한 죄 때문에) 연합군에게 잡히지 않는 것이 중요하다. 공장을 감독하던 나치 군인들은 "남은 유대인을 죽이라"는 명령을 받지만 쉰들러의 만류로 모두 살려준다. 유대인들은 쉰들러가 자신들을 구해주었다는 내용의 편지와 연명부를 주면서 감사 표시로 금니 도금을 모아 만든 반지와 줄무늬가 있는 유대인 죄수복을 선사한다. 쉰들러는 떠나기 직전, 수많은 생존자들 앞에서 자책한다. 자신이 살아남았다는 안도감보다 잘못된 상황에서 제대로 못 했다는 죄책감이 컸기 때문이다. 자신의 자동차를 팔았더라면 열 명을 더 구하고, 금으로 된 나치 배지를 팔았다면 두 명, 아니 한 명이라도 더 구했을 것이라며 쉰들러는 참회의 눈물을 흘린다.

"왜 나는 한 명이라도 더 구하지 못했는가?"

유대인 회계사 스턴은 탈무드의 명구를 상기한다.

"한 사람을 구함은 세상을 구함이다."

원래 이 영화는 실화를 바탕으로 만들어진 역사 영화다. 하지만 홀로코스트(대량학살) 전문 역사학자인 데이비드 크로우는 2004년의 책에서, "오스카 쉰들러는 (실존인물이긴 하지만) 그 유대인 구출 명단과는 거의 관련이 없다"고 주장했다.[1] 그런데 에바 래비Eva Lavi라는 이스라엘의 한 여성이 2016년 9월, 자신과 어머니가 그 리스트의 201번과 202번이었으며, 쉰들러 덕분에 살아남았다고 증언했다.[2]

시대적 배경

이 영화는 독일 히틀러 중심의 나치 시대(1933~1945), 더 직접적으로는 (8·23 독·소 불가침조약 직후인) 1939년 9월 1일에 시작된 독일의 폴란드 침공 이후를 배경으로 한다. 독일의 침공 개시 직후 영국과 프랑스가 대독 선전포고를 함으로써 2차 세계대전이 벌어진다(아시아에서는 1937년 7월에 일본이 중국을 침공하고, 1941년 12월에는 미국 진주만까지 공습했다). 즉 1939년부터 1945년까지 유럽·아시아·북아프리카·태평양 등지에서 독일·이탈리아·일본 중심의 파시즘 세력인 추축국^{Axis Powers} 진영과 영국·프랑스·미국·소련 등 자유주의연합국^{Allied Powers} 사이에 벌어진 세계전쟁이 2차 세계대전이고, 이것이 영화의 거시적 배경이 된다.

독일 나치즘의 특징 중 하나는 독일 아리아족의 순혈성을 기반으로 한 반유대주의다. 폴란드 침공 직후 독일군들은 유대인에게 가족 번호를 붙이고, 이들을 강제노동 수용소로 몰아 군수물자 생산 등을 위한 강제노동을 시켰다. 한마디로 개돼지 취급을 한 것이다.

강제노동 수용소에는 유대인만이 아니라 나치즘에 반대하는 민주운동가, 유랑민인 집시 등도 갇혔다. 나치하 독일이나 유럽에서 목숨을 잃은 유대인만도 600만 명에 이른다. 2차 대전을 통틀어 군인 전사자는 약 2500만 명, 민간인 희생자는 3000만 명 정도로, 모두 5000만 명 이상의 목숨이 희생되었다.

1933년, 히틀러가 선거를 통해 합법적으로 권력을 잡기 이전에는 상대적으로 진보적인 사회민주당^{SPD}의 바이마르공화국$^{Weimar\ Republik}$ 시기였다(1919~1933). 그런데 이 시기는 세계적으로도 경제가 어려웠지만, 특히 독일은 1차 세계대전의 패배로 짊어진 엄청난 배상금, 이와 연관된 초극도 인플레이션(1조 원이 1원이 됨), 고실업(1932년 실업자 600만 명)과 이념 갈등 등으로 극심한 사회 혼란을 겪고 있었다. 실제로 독일은 1919년 베르사유조약으로 해외 식민지를 모두 잃었고, 프랑스에 알자스 로렌 지방을 반환했으며, 벨기에·폴란드·체코슬로바키아 등 일부 영토를 할양하는 바람에 인구 15퍼센트와 유럽 영토의 10퍼센트를 잃었다. 또 독일에는 엄격한 군비 제한이 가해졌고, 동족인 오스트리아와의 합병도 금지당했다. 1921년에는 전쟁 배상금이 1320억 마르크(전쟁 전 1년 예산의 50배)로 결정되어, 미국에서 대출을 하는 등 나라 전체가 허덕거렸다.

이런 상황에서, 한편으로 1917년 러시아혁명의 승리와 함께 사회주의나 공산주의 이념에 확신을 갖게 된 진보 진영이 사민당과 독립사민당 등을 중심으로 활동 중이었고, 또 한편으로는 독일 자본주의의 번영을 추구하는 보수 자본가 진영이 혼란한 정국에서 주도권을 잡고자 노력 중이었다. 바로 이런 상황에서 중도 입장의 사민당 세력이 정권을 잡아 바이마르공화국을 출범시켰으나 정치사회 질서를 안정화하기엔 역부족이었다. 특히 1929~1933년의 미국발 경제공황은 전 세계를 우울하게 했다. 바로 그 틈새를 비집고 들어와 힘을 확장한 세력이 나치Nazi라 불리는 국가사회주의nationalsozialismus 세력이었다.

나치는 미국의 뉴딜정책(예: 후버댐 건설)에 버금가는 공공 고속도로 아우토반Autobahn을 건설했고 자본주의 경제 부흥에 박차를 가했다. 나치는 1932년 7월 총선에서 37.4퍼센트를 득표, 36.2퍼센트를 얻은 사민당을 이기고 집권했다. 그런데 그 이전부터 나치가 집권하도록 은밀히 도와준 이들은 미국의 록펠러 2세, 헨리 포드 등으로, 이들은 JP 모건이나 체이스맨해튼 등 금융권을 통해 3200만 달러를 히틀러에게 지원했다.

따라서 나치즘을 단순히 순수 혈통주의에 기반한 인종주의 광풍으로 볼 것이 아니라 독일 자본주의의 재건을 바라던 독점자본의 이해관계가 반영된 권위주의 통치 체제로 파악해야 한다. 또 바이마르 시절 독일 자본의 80퍼센트 이상이 (유대인) 금융자본 산하에 있었던 점이 인종주의를 자극한 면도 있다. 즉 전쟁경제를 위해 유대인을 학대하고 자금을 모았다고 보는 것이 옳다. 그리하여 독일, 이탈리아, 일본 등 파시즘이 주도한 2차 세계대전(1939~1945) 기간 동안 세계 곳곳에서 5천만 명에서 6천만 명이 목숨을 잃는 불상사가 벌어진다. 그 와중에 독일의 독점자본, 특히 폭스바겐·포르쉐·베엠베·벤츠·지멘스·보쉬·크루프·루프트한자·IG 파르벤(화학)·후고보스(군복) 등은 미국의 IT&T·IBM·GE·뒤퐁(화학)·모빌(석유) 등과 함께 막대한 이윤을 챙길 수 있었다.

한편 2000년 7월 6일, 독일 하원은 역사적 법안을 하나 통과시킨다. 이어서 7월 17일, 독일 정부는 미국과 특별협정을 맺었다. 핵심은 나치하 강제징용자 보상 문제였다. 독일 정부와 기업이 공동으로 100억 마르크(약 5조 4000여 억 원)의 기금을 조성해 2차 세계대전 때 독일에 강제징용된 외국인 노동자들에게 보상한다는 내용으로 추모·책임·미래재단_{Stiftung Erinnerung, Verantwortung und Zukunft, Evz}이 이 기금을 조성한다(http://www. stiftung-evz.de/start.html). 2007년까지 독일 정부와 기업은 52억 유로의 기금을 모았는데, 이 돈으로 일곱 개 협력단체를 통해 100여 개 국가 166만 6000명에게 41억 88만 유로를 지급했다.

아무튼 히틀러의 나치정권은 전쟁 장기화로 노동력이 부족해지자 점령지역 외국인, 유대인과 전쟁포로를 강제동원해 군수 공장 등에 투입했다. 1944년 당시 강제동원된 외국인 노동자는 약 800만 명으로, 독일 경제 활동 인구의 4분의 1을 차지할 정도였다.

1939~1945년의 세계대전 기간 동안 총 1200만 명이 강제노동에 동원되었다. '추모·책임·미래 재단'은 이들 외국인 노동자들의 희생으로 정부와 기업 모두 득을 보았다는 점을 감안해 각기 절반씩 기금을 부담하기로 했고, 이에 따라 도이체방크·알리안츠·다임러크라이슬러-벤츠·지멘스 등 무려 6500여 기업이 연대 펀드에 참여했다.

BMW는 2016년 3월 7일, 창사 100주년 기념일을 맞아 자사 홈페이지에 올린 글에서 "1930~1940년대 국가사회주의(나치) 체제 아래서 BMW는 독점 공급 업체였고, 기결수와 강제 수용소 재소자를 강제노역에 동원했다"며 "오늘날까지도 동원된 수많은 노동자들의 운명에 엄청난 고통을 남긴 것은 가장 깊은 후회로 남아 있다"고 밝혔다. BMW는 1960년대 이후 TV 다큐를 통해 나치 시절 행적이 알려지자, 자체적으로 연구를 의뢰해 자사의 잘못을 스스로 조사했다. 연구결과에 따르면, 나치 시절 회사를 이끌었던 귄터 크반트^{Günther Quandt}와 아들 헤르베르트 크반트^{Herbert Quandt}는 나치정권에 협력하면서 군수 공장에서 약 5만 명의 강제노역자를 부렸다. 공장에서는 매월 평균 80명의 노역자가 죽어나갔고, 많은 이들이 처형당했다.[3]

이처럼 전쟁과 기업, 인종주의와 강제노동 등의 역사적 과정이 〈쉰들러 리스트〉의 시대적·사회적 배경이 되었다.

〈쉰들러 리스트〉와 기업경영

전쟁과
기업경영(비즈니스)

전쟁과 기업의 연관성은 크게 두 가지 측면에서 접근할 수 있다. 하나는 기업의 위기나 자본의 위기가 결국엔 전쟁을 초래할 수 있다는 점이다. 둘째는 전쟁 과정에서 기업들이 돈도 벌고 경영의 새로운 기법까지 개발해낸다는 점이다.

우선 기업의 위기나 자본의 위기가 어떻게 해서 결국엔 전쟁을 초래하는지 살펴보자. 영화 〈쉰들러 리스트〉에는 마치 전쟁이라는 상황이 먼저 주어지고 쉰들러라는 기업가가 이를 기회 삼아 재빨리 나치에 접근한 뒤 돈벌이를 해서 기업의 성공을 꾀하는 것으로 나온다. 하지만 역사적으로 더 깊이 들어가보면 전쟁은 결코 저절로 주어진 변수가 아니라 인위적으로 만들어지는 변수임을 알 수 있다. 즉 위기에 몰린 독일 자본들이, 나아가 미국 자본까지도(따지고 보면 자본에는 국적이 없다), 히틀러 같은 권위주의적 통치 체제와 전쟁 공간을 절실히 갈망했음을 알 수 있다. 특히 쉰들러는 아내에게 "전쟁이 없었다면 돈 벌기 어려웠다"고 고백하는데 이는 돈벌이를 위해 전쟁이 필요했음을 인정하는 장면이다. 쉰들러도 전쟁 '특수特需'를 노렸던 것이다.

자본이 전쟁을 필요로 하는 데는 몇 가지 배경이 있다. 우선, 파산 위기에 몰린 자본은 (전쟁 '특수'로 대박을 터뜨리거나, 전쟁으로 모두 파괴한 뒤 재건 과정에서 대박이 날 수 있기 때문에) 위기 탈출의 돌파구로 전쟁을 원한다(예:2차 세계대전, 특히 독일의 폴란드 침공과 일본의 중국 침공 및 진주만 습격). 아니면 돈벌이가 잘된다 해도 갈수록 수익성이 떨어지기 때문에 (석유나 금광, 항구 등을 확보해) 더 많은 이윤을 얻고 '대박' 기회를 잡기 위해 전쟁을 한다(예:중동전쟁). 나아가 사회가 분열되고 이념 갈등이 치열해지면서 예컨대 사회주의나 공산주의, 근본주의 세력이 자본주의를 위협하는 것처럼 보일 때 그 척결을 위해 전쟁을 일으키고 이용하기도 한다(예:한국전쟁·베트남전쟁·팔레스타인전쟁·아프간전쟁). 사실 세계 곳곳에서 일어나는 대부분의 전쟁이 이와 같은 여러 요소들을 조금씩 지닌다.

이런 식으로 전쟁은 자본주의 돈벌이의 기반을 닦거나 그 돈벌이를 더욱 적극적으로 추구하는 과정에서 일종의 '필요악'으로 치부된다. 하지만 1945년 8월 6일과 8월 9일, 미국이 일본 히로시마와 나가사키에 투하한 핵폭탄은 인류 전체, 나아가 지구 전체에 '완벽한 죽음'의 가능성을 보여주었다. 오늘날 같은 핵무기 시대에 2차 세계대전 같은 전면전은 거의 불가능하며, 대체로 국지전에 머무는 수준이다. 그렇다고는 해도 모두가 공멸하는 전면전이 없을 것이라곤 아무도 장담할 수 없다. 또한 국지전이라 할지라도 대량의 인명 살상을 내포하기에 생명·평화·공존을 외치는 반전운동이 대단히 필요하다.

다음으로 전쟁 과정에서 기업들이 돈을 벌면서 어떻게 경영의 새로운 기법들을 개발해내는지 살펴보자. 독일이나 일본의 경우를 대표적인 예로 들 수 있다. 그들은 2차 세계대전 중에 사로잡은 포로나 사회적 약자들을 대상으로 생체실험을 함으로써 의학기술을 발전시키고 이를 상품화했다.

하얼빈에 주둔했던 일제 731부대가 그 대표적 예다. 731부대는 중국 관동군 소속 비밀 생물전 연구 개발기관으로 처음엔 '전염병 예방연구소'란 가짜 이름을 달고 있었으며, 처음 부임한 의사이자 사령관이었던 '이시이 시로石井四郎'의 이름을 따서 '이시이부대'라고도 한다. 731부대는 1937년부터 1945년까지 포로들 그리고 미국이나 유럽인을 비롯해 주로 중국·조선·몽골·러시아인 등 약 1만 명의 민간인들을 마치 통나무(마루타)처럼 취급하면서 세균무기 등 생물·화학무기 개발을 위한 생체실험을 한 것으로 악명이 높다.

폴란드 아우슈비츠-비르케나우 수용소에서 일했던 독일의 외과의사 요제프 멩겔레Josef Mengele도 악명이 높다. 아우슈비츠에는 의사 약 30명이 근무했는데 그들은 끌려온 유대인 등이 열차에서 내리자마자 긴 행렬을 지나가며 '검진'을 한다. 의사가 오른손을 들면 노동 수용소가 있는 모노비츠로, 왼손을 들면 가스실이 있는 비르케나우로 직행한다. 물론 비르케나우에서도 사람을 가스실에 넣기 전에 의사 멩겔레가 생체실험을 하기도 했다. 멩겔레는 특히 쌍둥이들에게 관심이 많았다. 쌍둥이 둘 중 한 명에게만 세균주사를 놓아서 죽이고, 다른 건강한 쌍둥이와 비교 해부를 해보는 식으로 잔인한 생체실험을 한 것이다. 영화 〈언피니시드〉(원제:The Debt)에 나오는 생체실험 의사 디터 포겔(제스퍼 크리스텐슨 분)이 곧 멩겔레라 보면 된다. 이런 식으로 전쟁 당시 의사·연구자·교수·과학자 등 이른바 전문가 350여 명이 독일군의 건강과 안전, 독일 민족의 순수성 보존, 의학 발전이라는 명목으로 범죄를 저질렀다.

그 밖에도 전쟁은 군수무기나 첨단기술의 개발, 대량생산 시스템의 개발과 합리화, 군대식 조직문화의 개발, 작전 연구^{operations research}에서 나온 OR 기법의 의사결정, '경영 전략'의 개발과 응용 등 다양한 차원에서 경영기술과 지식 개발에 기여한다. 이는 전쟁이라는 시공간에는 평상시에는 불가능한 것도 가능하게 만드는 '예외적' 성격이 있기 때문이다. 이렇게 인간성을 상실할 정도로 극한적 상황에서 나온 '첨단지식'이나 기술들은 일정 시간 동안에는 돈벌이나 지배권력에 봉사하겠지만 시간이 흘러 보편화되고 나면 결국 인간성이나 공동체를 더욱 황폐하게 만드는데, 그럼에도 사람들은 이를 당연시하며 적극 수용한다.

예컨대 전쟁을 할 때 효율적인 것으로 판명된 군대식 조직문화는 산업혁명 후 초창기 대공장의 경영관리에 도입되었으나 일정 시간이 흐른 후에는 노동자들의 소외나 저항을 유발했다. 오늘날에는 이런 문화를 결코 바람직한 것으로 여기지 않는다. 또한 '경영 전략'이라는 개념의 경우, 반드시 다른 기업을 몰락시켜야 우리 기업의 생존이 보장되는 것을 지극히 당연시한다. 본래 '전략'이란 개념은 전쟁에서 이기기 위해 장군들이 모색하는 계획과 지략을 일컫는다. 즉 우리가 잘 쓰는, "경영 전략을 잘 세워야 한다"는 말은 기업 세계가 '적군과 아군'의 구도로 짜인 것이 원래 인간의 본성인 듯 전혀 의문을 품지 못하게 하는 효과가 있다. 하지만 애초에 경제가 출발할 때는, 그리고 자본주의 이전까지만 해도 지금처럼 다른 기업을 죽여야 내가 산다는 개념은 없었다. 굳이 인간의 본성을 따지자면 인간은 경쟁이나 전쟁보다 협력과 공생을 좋아한다. 경쟁과 이윤을 근본 원리로 하는 자본주의 시스템이 사람들을 무한 경쟁으로 몰아가는 것일 뿐이다. 그 과정에서 인간이 소외감과 무력감을 느끼는 건 당연하다. 이러한 경쟁 흐름에 질질 끌려다닐 것이 아니라, 서로 소통하고 연대하며 협력적으로 살아갈 때 인간은 진정 행복할 수 있다. 여기에 삶의 진실이 있다.

인종주의와
기업경영

〈쉰들러 리스트〉에는 특히 유대인들이 박해받는 장면이 나온다. 같은 강제노동 수용소 내에도 독일인·폴란드인·유대인 사이에, 건강한 자와 병든 자 사이에는 서열이 있었다. 특히 유대인을 박해한 것은 '순수' 혈통과 '우월한' 민족을 강조하는 독일 나치 세력의 인종주의racism 때문이다. 그러나 이는 사실상 나치에 협조하지 않거나 불쾌감을 주는 금융

세력들 상당수가 유대인이라는 점과 연관이 있다. 이에 착안해서 애국주의와 인종주의는 유대인을 타깃 삼으면서도 일반 독일 국민들을 열광적으로 응집시키기에 좋았다. 그러나, 그 바탕에는 자본주의 돈벌이 논리가 있었다.

이로써 건강한 자와 병든 자 사이의 서열도 쉽게 설명이 된다. 한마디로 사람을 인격체로 보지 않고 '노동력'으로 보는 관점이다. 자본의 돈벌이에서는 하나의 인격체가 단순한 노동력으로 축소된다. 말 잘 듣고 일 잘하는 모범 노동력이 게다가 '공짜'라면 최상이다. 저항하거나 나약하면 노동력으로는 쓸모가 없다. 바로 이런 자들이 죽음과 생체실험의 대상으로 전락했다.

영화에서 수용소에 도착한 의사들은 수용자들에게 건강검진을 실시하는데, 유대인들은 자신에게 '건강한' 노동력의 가치, '필수' 노동력의 가치가 있음을 보이기 위해 일부러 얼굴에 피를 묻히기도 한다. 그래야 살아남을 수 있기 때문이다.

토목공학을 전공한 한 유대인 여성 십장foreman은 막사를 짓다가 "기초가 부실해서 새로 지어야 한다"고 수용소 소장인 독일군 장교에게 직언하며 말대꾸를 한다. 이에 자존심이 잔뜩 상한 소장은 모두가 보는 데서 그 여성을 총살하라고 지시하고는 총살이 끝난 뒤 "저 여자가 말한 대로 새로 지으라"고 태연히 지시한다. 유대인 수감자의 능력은 인정하지만 그 당당한 태도는 결코 인정하지 않겠다는 뜻이다. 노동력이 자본의 대리인에게 단순한 짐승이나 노예, 혹은 통나무(마루타) 취급을 받는 바로 그 지점이다. 수용소 소장 아몬(랄프 파인즈 분) 등 나치 장교들은 유대인을 들쥐나 머릿니에 비유하기도 한다.

영화 〈늑대와 함께 춤을Dances with Wolves〉이나 〈미션The Mission〉에서 볼 수 있듯이 유럽의 백인들이 아메리카 대륙에 건너가 원주민인 인디언을 몰아내거나 죽이고 광활한 땅을 차지할 때도, 또 영화 〈아미스타드Amistad〉나 〈간디Gandhi〉에서 볼 수 있듯이 유럽 제국주의 국가들이 아프리카나 아시아를 식민화할 때도 그 원주민들을 일종의 짐승처럼 취급했다. 어쩌면 그들도 인간이기에 최소한의 양심은 남아 있어서 동일한 인간을 억압하고 지배한다고 생각하면 무척 괴로웠을지 모른다. 따라서 차라리 원주민들을 인간이 아닌 짐승이나 악마로 몰아야 자신들의 반생명적이고 비인간적인 언행을 합리화할 수 있었을 터이다.

실은, 바로 이런 논리가 오늘날에도 이어진다. 학교에서 '열등아'나 '문제아'를 대하는 교사나 학생들의 시선, 회사에서 노조원을 대하는 경영자나 기업가의 태도, 정부 관료들이나 정치가들이 저항하는 시민을 대하는 시각이나 자세 등이 바로 그런 것이다. 그런데 이 모든 것에는 사람은 인격체가 아니라 (말 잘 듣고 일 잘하는) 노동력으로 키워져 충실히 일해야 한다는 전제가 공통으로 깔려 있다. 이런 식으로 인종주의와 차별주의는 과거의 유물이 아니라 지금도 살아 꿈틀거리는 것이기에 늘 경계심을 잃지 말아야 한다.

뇌물과
경영

이 영화에서 쉰들러는 크게 두 가지 면에서 뇌물을 쓴다. 처음에는 폴란드 그릇 공장을 싸게 인수하기 위해 독일군 장교들에게 접근해 술, 담배, 여자 등을 뇌물로 제공하고, 나중에는 유대인들의 생명을 구하기 위해 수용소 내 사령관에게 뇌물을 주고 협조를 구한다. 전자는 돈벌이를 위해서였고, 후자는 생명을 구출하기 위해서였다.

얼핏 전자의 경우는 나쁜 사례로, 후자의 사례는 좋은 사례로 보인다. 하지만 현실에서는 대체로 전자의 경우가 지배적이다. 쉰들러 같은 기업가가 아예 없지는 않지만 오늘날처럼 갈수록 경쟁이 치열해지고 냉혹한 경제환경에서는 점점 찾아보기 힘들다.

오죽하면 작은 구멍가게 하나에도 명절 때만 되면 열 군데가 넘는 데서 손을 벌린다는 말이 있을까? 2015년 10월에 급히 문을 연 '미르재단'에는 삼성·현대차·LG·SK 등 16개 기업이 486억 원을 출연했다. '미르' 문화재단은 엔터테인먼트 중심의 한류를 넘어 음식과 의류, 라이프 스타일 등 다양한 분야의 한국 문화를 전 세계에 알린다는 미션을 내걸고 기업들에게서 자금을 갹출했다. 마찬가지로 'K스포츠재단'에도 대기업들이 300억 이상의 거금을 냈다. 그리하여 2016년 10월 이후 한국 사회는 이 문제로 촛불혁명 정국에 들어갔고 마침내 박근혜 대통령 탄핵과 구속, 그리고 2017년 5월 9일 문재인 대통령 선출로 이어졌다. 이 모두가 시민들의 촛불항쟁 덕이었다. 물론 2005년 삼성 X파일 사건

▮ 쉰들러는 크게 두 가지 면에서 뇌물을 쓴다. 처음에는 폴란드 그릇 공장을 싸게 인수하기 위해, 나중에는 유대인들의 생명을 구하기 위해 수용소 내 사령관에게 뇌물을 준다.

에서 드러났듯이 "뇌물 없이 경영 없다"는 말은 그전부터 나돌았다. 불행히도 이 명제는 지금도 틀린 것이 아니다.

마침내 2016년 9월 말부터 일종의 뇌물 방지법인 '김영란법'이 발효되어, 이해관계가 있는 사람들 사이의 금품거래가 엄격히 규제되기 시작한다. 물론 이 법으로 뇌물과 경영의 밀접한 관계가 청산될지 여부는 여전히 미지수다.

사회적 자본과
경영

영화에서는 군납용 식기회사를 경영하면 좋겠다고 생각한 쉰들러가 조용히 유대인 회계사 이차크 스턴을 불러 대화하는 장면이 나온다.

"사업을 잘하면 떼돈을 벌 것 같은데, 아는 유대인 투자자들이 있는가?"

"잘 아는 사람은 없는데요."

"돈 많은 투자자가 있으면 자네가 경영을 맡을 수도 있어."

"유대인 투자자가 자본을 대고 제가 경영을 하면, 솔직히 당신은 뭘하나요?"

"나는 기업 이미지를 관리하지. 기업이 잘 돌아가도록 말이야."

수많은 독일군 장교들과 재빠르게 폭넓은 인맥을 형성한 쉰들러에겐 이른바 '사회적 자본'이 풍부했다. 사회적 자본이란 인적 네트워크와 협력적 신뢰관계를 일컫는 말이다. 인맥이나 상호신뢰는 기업의 돈벌이를 위한 밑거름이 될 수 있기에, 사회적 자본은 공장·기계·설비·원료·부품 등의 물질적 자본과 더불어 기업경영에 매우 중요한 요소가 된다.

사회자본은 본래 프랑스 사회학자 피에르 부르디외^{Pierre Bourdieu}가 주창한 개념으로, 그는 사람에겐 저마다 세 가지 형태의 자본, 즉 경제자본, 사회자본, 문화자본이 있다고 했다. 물질이나 화폐가치를 중시하는 것이 경제자본이라면, 사회자본은 관계의 가치, 즉 가족이나 학교, 정당

등과의 관계망 속에서 나오는 가치다. 문화자본은 체화된 형태(품위·교양 등), 객관적 형태(그림·시 등), 제도적 형태(학위·자격증 등) 처럼 여러 문화에서 생기는 가치를 말한다. 이들 세 자본은 서로가 유기적·보완적 기능을 하면서 부와 권력, 행복 등을 구성한다. 쉰들러도 나치 장교들을 사귀기 위해 레스토랑이나 술집 등에서 제법 품위 있게 분위기를 주도하며 인맥을 형성한다.

따지고 보면 쉰들러는 두뇌회전이 빠른 사람으로, 인맥관리에는 탁월했을지 몰라도 막상 사업자금이나 생산기술 같은 부분에는 매우 취약했다. 돈도, 기술도 없었으니 결국 경제자본은 없다고도 할 수 있다. 반면 당시 권력자들과 관계망을 잘 맺어나갔기에사회자본이나 문화자본은 제법이었다. 덕분에 그는 유대인 공장을 인수하고 빠른 시간 안에 큰돈을 벌 수 있었다.

양심적 전문가와 경영

"인생에서 성공하려면 의사, 목사, 회계사 등 세 사람이 필요하다"는 말을 아버지에게서 듣고 자란 쉰들러는 회사경영의 효율화를 위해 유대인 회계사 이차크 스턴을 고용했다. 그런데 이차크 스턴의 인간적 면모를 느끼면서 쉰들러의 내면도 조금씩 변한다. 쉰들러가 유대인을 구출하고자 마음을 먹게 된 것은 바로 이 회계사 스턴 덕이다.

회사경영의 효율화를 위해 유대인 회계사 이차크 스턴을 고용한 쉰들러는 그의 인간적 면모를 느끼게 된다.

물론 그런 스턴도 나치하에서 기업경영을 하기 위해 누구에게 무엇을 뇌물로 주어야 실효성이 높은지 잘 안다. 나치 친위대 군인들에게 줄 뇌물과 지역의회 의원이나 시장에게 줄 뇌물의 내용이나 방식이 달라야 한다는 것도 잘 파악하고 있다. 하지만 스턴에게 이는 생존을 위한 방책에 불과할 뿐 진심은 아니었다.

바로 이 양심 논리와 생존 논리의 상충이 회계 및 경영 전문가로서의 스턴이 우리들에게 보여주는 딜레마이기도 하다. 오늘날 기업경영

292

에서도 이런 현상은 계속 발생한다. 1998년 IMF 외환위기로 많은 기업들에 구조조정 바람이 불었을 때 한 기업의 부장은 부하직원들을 정리해고 대상자로 정리한 이른바 '살생부'를 작성한 후 양심의 가책을 느껴 자살하기도 했다.

그런데 철학이나 양심, 소신이 없는 전문가들은 대부분 돈이나 권력 앞에 윤리적으로 타락한다. 일례로, 건설 토목 전문가들에 의해 4대강 사업이 강행된 뒤 시쳇말로 22조짜리 '녹조 라떼'가 탄생했다. 회계 전문가들은 수치를 조작해 쌍용차 노동자 2600명 이상을 해고하거나 대우조선해양의 부실을 조장했다. 지질 전문가들은 (돈 경쟁까지 시켜가며) 활성단층 위에 원자력 발전소와 핵폐기장을 짓는 데 일조했다. 정보 전문가들은 간첩을 조작했고, 선박 전문가들은 세월호 같은 엉터리 배가 안전검사를 통과하는 데 일익을 담당했다. 노동 전문가라는 자들은 컨설팅 명목으로 노조 파괴 시나리오를 짰고, 법률 전문가들은 헌법과 노동법을 농락했으며, 군사 전문가들은 분단을 무기 삼아 방산 비리를 저질렀다. 또 전문지식을 가진 교수들은 특정 인사의 자녀에게 특혜를 베풀거나 가습기 살균제, 치약 등의 유해성을 조작했고, 최고 의료 전문가는 공권력에 의한 농부 백남기의 죽음外因死을 병사病死라고 기만해 온 세상을 놀라게 하기도 했다.

이 지점에서 이반 일리치Ivan Illich의 《전문가들의 사회Disabling Professions》에 주목할 필요가 있다. 이 책은 전문가들experts이 전문지식을 바탕으로 사회에서 자신들의 권력과 이익을 강화해왔다고 비판한다. 전문가들 앞에서 일반인들은 단순한 '고객'으로 전락하고, 국가는 그들의 돈벌이를 돕는 하수인이 되고 만다. 이런 식으로 오랜 시간이 지나면 사람들은 주체적·협력적으로 삶을 영위할 수 없게 되어버린다. 자녀교육은 교육 전문가인 학교나 학원에 맡겨야 하고, 몸이 아프면 덮어놓고 병원에 가야 하고, 기업경영을 위한 분석과 평가는 무조건 회계사들에게 맡겨야 한다. 그래서 일리치 선생은 전문가의 시대가 '인간을 불구화'한다고 보았다.

그렇다. 우리는 불구자가 되었다. 매일 열심히 살기는 하되, 어떻게 사는 것이 제대로 잘 사는 것인지 모른다. TV에서 "100세 시대를 살려면 10억을 모아야 한다"고 하면, '그런가 보다' 하며 노동시장을 찾고 야근과 특근도 마다 않는다. 누군가 언론에 나와 "이런 학교에 다니고 저런 학원에 다녔더니 성공했다"고 하면 그 학교나 학원으로 우르르 몰려든다. 수술과 치료를 잘한다고 소문난 의학 전문 박사에게는 또 무리를 지어 몰려간다. 시장에 나오는 상품들 대부분이 실은 전문가들이 고안한 대량생산 제품이다. 이제 우리는 전문가들의 상품을 사러 앞다투어 몰려다닐 뿐이다. 스스로 생각할 줄도 모르고, 더불어 무언가를 만들 줄도 모르는, 삶의 불구자 시대가 곧 전문가 시대와 동전의 양면을 이룬다.

이러한 사회에서 개개인은 전문가에 대한 지나친 의존에서 벗어나 삶의 자율성을 회복해야 하며, 전문가들은 자신의 부귀영달 등 사적 이해관계를 떠나 자아실현과 사회 헌신을 함께 이룰 수 있도록 철학과 소신을 정립해야 한다. 전문가의 권위는 외형에서 오는 게 아니라 그 자질이나 리더십에 의해 사람들 속에서 자연스럽게 형성되는 것이 바람직하다. 이런 면에서 볼 때 쉰들러가 함부로 사람을 죽이는 수용소 소장에게 "합당한 이유 없이 사람을 죽이는 것은 권력이 아니다. 너그럽게 용서하는 것이 진정한 권력이다"라고 말하는 장면은 시사하는 바가 있다. 특히 기업경영과 관련된 전문가들, 예컨대 법률가·회계사·전문 경영인·심리상담사·경영학자 등은 효율성·인간성·생태성의 조화와 균형이라는 가치 지향성을 잊지 말아야 하며 늘 CSR, 즉 기업의 사회적 책임을 생각해야 한다.

좀 더 깊이 생각해볼 주제들

1. 과연 나 자신이 쉰들러 같은 기업가의 위치에 있었다면 어떻게 했을까?
2. 대내적으로 이성을 불신하고 대외적으로 전쟁을 일삼은 나치 파시즘 체제가 합법적으로 권력을 잡을 수 있었던 이유는 무엇일까?
3. 독일 기업과 정부가 '추모·책임·미래재단'을 만들어 파시즘과 전쟁 희생자에 대해 보상하고 진정 어린 사죄를 한 반면, 일본 기업과 정부가 '모르쇠'로 일관하는 까닭은 무엇일까?
4. 전쟁을 통해 큰돈을 번 기업들의 실제 사례들을 알아보자.(예: 〈군함도〉 영화 속의 미쯔비시 중공업)
5. 전쟁이 아닌 방법으로 자본주의의 위기를 극복하려면 어떤 방법이 있을까?
6. 전쟁과 강제노동 등 악몽에서 살아남은 생존자들에게 새겨진 마음의 상처(트라우마)는 당사자나 가족들에게 어떤 영향을 끼쳤으며, 어떻게 하면 이를 건강하게 극복할 수 있을까?
7. 과연 우리 자신이 나치 수용소에 갇힌 신세가 되었다면 어떻게 행동했을까?

다음 침공은 어디?
사회 시스템과 기업경영

Where to Invade Next? | 마이클 무어 | 미국 | 2015

이 영화에는 이탈리아 오토바이 제조사 두카티의 최고경영자가 나온다. 그의 말 중 "기업에서 직원 복지와 회사의 이윤이 조화를 이루는 것은 가능하다"는 말이 가장 인상적이다. 여기서 말하는 직원 복지란 노조를 인정하는 것, 노조와의 협상, 적정한 수준의 임금과 휴가 보장, 쾌적한 점심식사, 각종 부가 급부 등을 말한다.

개요와 줄거리

〈다음 침공은 어디?〉는 매우 사회성 강한 작품을 만들어온 마이클 무어 감독의 재미있고도 의미 있는 작품이다. 제목이 암시하듯 무어 감독은 미국 깃발 하나 들고 온 세상, 특히 유럽의 선진 복지국가들에 침입한다. 그러나 기존의 미국 정치가들처럼 무기와 병력으로 하는 것이 아닌 '맨손'으로 하는 침공이다. 지금까지의 침공은 돈과 사람을 엄청 희생시켰으나 대부분 실패로 끝나고 말았다. 성공한 경우라도 석유자원의 경우처럼 사실상 약탈에 불과했다. 하지만 무어 감독의 침공은 깃발 하나만 든 맨손 침공이되, 그 나라의 좋은 제도나 정책을 미국으로 가져가려는 것이다. 겉보기엔 전 세계를 향한 선전포고지만 실제로는 미국인들의 삶에 필요한 멋진 시스템을 본받아 가겠다는 것으로, 저비용 고효율의 침공이다.

영화에 소개되는 내용들은 일견 미국인의 관점에서는 상상도, 이해

도 어려운 제도들이다. 예컨대 연간 8주의 유급휴가와 열세 번째 월급
이 보장된 이탈리아, 학교급식에서 프렌치프라이(감자튀김) 대신 미슐
랭 3스타급 식사가 나오는 프랑스, 숙제는 구시대적 발상이라는 교육
수준 세계 1위의 핀란드, 학자금 대출, 즉 빚을 모르는 대학생들이 사는
무상교육의 슬로베니아, 나치의 끔찍한 과거사를 인정하고 반성하자
고 가르치는 독일, 인간 존엄성에 기초해 마약 합법화를 시행함으로써
오히려 마약 사용량이나 마약 범죄를 줄일 수 있었던 포르투갈, 복수
나 징벌이 아니라 성찰과 재활의 개념으로 범죄자를 다시 집으로 돌려
보내려는 교도소로 유명한 노르웨이, 두려움을 이긴 거대한 민중봉기
로 양성평등 헌법을 쟁취한 튀니지, 여성인권 신장으로 진정한 양성평
등을 이룬 아이슬란드까지 나온다. 이렇게 모두 9개국을 정복해나가던
마이클 무어는 진짜 중요한 사실을 하나 깨닫는다. 그것은 바로 유럽의
이 모든 제도들을 가능하게 한 기본 아이디어가 본래 미국에서 나온 사
실이다.

결국 한 나라의 시스템을 볼 때 기초철학, 구축된 시스템, 시스템의
구체적 작동, 그 시스템을 움직이는 사람들의 정신 등을 함께 볼 필요가
있다. 이 영화는 바로 이런 측면들을 두루 비교해보게 한다. 특히 한국
인의 관점에서는 미국과 유럽을 대비하면서 배울 점이 많은 영화다.

시대적 배경

2015년 미국에서 개봉된 영화 〈다음 침공은 어디?〉는 오바마의 미국 사회를 냉철하게 성찰하는 동시에 유럽 사회에서 훌륭한 제도나 문화들을 배우고 보여주려 한다. 버락 오바마는 2009년 1월부터 2017년 1월까지 (4년 연임으로) 8년 동안 미국 대통령을 역임했다. 물론 오바마의 미국 사회는 그 직전 대통령 조지 부시가 통치한 사회이기도 하다. 부시 또한 2001년부터 2008년까지 대통령직을 연임했다. 세계 금융시장을 위기로 내몰았던 2008년 가을의 리먼 브라더스 사태도 그 당시 일어났다.

그런데 이 영화와 관련해 미국이 세계 각국에서 전개한 전쟁들이 더욱 중요한 배경이 된다. 영화는 2차 세계대전 이후로 미국이 승리한 전쟁이 없었다고 폭로한다. 한국·베트남·레바논·이라크·아프간·시리아·리비아·예멘 등 수많은 나라에서 전쟁이 벌어졌고, 미군과 무기가 엄청 투입되었으나 별 성과가 없었다. 몇조 달러에 이르는 막대한 비용을 치르고도, 또 수없이 인명피해를 입고도 결국 얻은 것은 (값싼 석유 말고는) 알카에다나 IS$^{Islamic State}$ 같은 무장저항군뿐이라는 말도 있다.

이런 면은 전통적 보수 정당인 공화당 정부만이 아니라 전통적 자유주의 정당인 민주당 정부 아래서도 크게 다르지 않았다. 물론 민주당 정부는 대내적 민주주의에서 조금 더 전향적인 면이 있었지만, 세계 전략과 관련해 미국은 늘 '국익' 중심 사고를 했고, 그로 인해 제국주의 경향을 가질 수밖에 없었다. 심지어 오히려 민주당 정부일 때 세계 각국에 더 많은 전쟁 도발을 했다는 분석가도 있다. 중요한 것은 인구 3억인 미국인 관점에서 보더라도 지난 몇십 년 동안 민주주의나 삶의 질 향상이 별로 이뤄지지 않았으며, 오히려 퇴행의 길을 걸어왔다는 점이다. 2017년 1월, 공화당 출신 극우파인 도널드 트럼프 정부가 출범한 것은 이런 면에서 대단히 상징적이다.

마이클 무어는 바로 이런 경향성을 통찰하고, 이 영화를 통해 더는 고비용과 파괴를 수반하지 않는 색다른 '침공'을 하겠다고 나선다. 그것은 미국 국기와 카메라 하나만 달랑 들고 유럽 각국을 다니면서 민주주의나 삶의 질을 향상시키는 데 도움이 될 만한 제도나 문화를 배워 미국으로 가져가겠다는 전략이다. 그리고 그 전략은 대단히 성공적으로 보인다. 과연 미국 당국이 그런 아이디어나 제도를 얼마나 실천할지는 또 다른 차원이지만 말이다.

_____ 〈다음 침공은 어디?〉와 기업경영

충분히 쉬어야
일도 잘한다

마이클 무어가 처음으로 간 곳은 이탈리아다. 그의 눈에 이탈리아 사람들은 "바로 직전에 서로 사랑을 나눈 것처럼" 남녀 사이가 아주 살갑다. 많은 사람들 중에 맨 처음 인터뷰를 한 남녀 한 쌍은 경찰 일을 하는 자니와 마트에서 팔 옷을 주문하는 크리스티나다. 이들은 각자의 일터에서 얼마나 많은 휴가를 얻을까?

자니와 크리스티나는 1년에 평균 6주(30일에서 35일) 정도 유급휴가를 쓸 수 있다. 보통은 겨울에 한 주 쉬고, 6월 첫 주에 한 주 쉬며, 8월에는 3~4주를 쉰다. 바캉스 기간이다. 1년 번 것을 그때 대부분 다 쓴다 해도 과언이 아니다. 결혼을 하면 15일 동안 휴가를 낼 수 있다. 게다가 아이를 가져 출산을 하면 출산휴가가 무려 5개월이다. 이 모든 것은 법정 공휴일 외에 누릴 수 있는 휴일이다. 심지어 도시마다 별도로 성인 수호일이 있다. 크리스마스가 있는 12월에는 열세 번째 월급, 즉 보너스를 평소 월급만큼 받는다.

과연 이렇게 하고도 이탈리아 기업들을 경영하는 데는 별문제가 없을까? 그래서 무어 감독은 옷을 만드는 라디니사와 오토바이를 만드는 두카티사의 CEO를 만난다. 그 대답은 다음과 같다.

"휴가는 직원들의 당연한 권리지요. 게다가 스트레스는 만병의 근원이니까요."

이 회사 직원들은 두 시간 정도 되는 점심시간 동안 집에 가서 직접 요리를 해 먹거나 쾌적한 회사 식당에서 여유 있게 점심을 즐긴다. 모든 이들이 다 그렇지는 않겠지만 최소한 이 회사 직원들은 대체로 그렇게 하루하루 즐겁게 살고 있다. 그러니 건강 상태가 좋을 수밖에 없다. 사실, 이탈리아 사람들은 미국인보다 평균적으로 4년이나 더 오래 산다.

한 노동자는 말한다.

"강한 노조 덕에 유급휴가도 누리고 각종 부가 혜택(보험이나 각종 수당)도 누리게 되었지요."

그런데 흥미롭게도 CEO조차 이런 시각을 부정하지 않고 오히려 "이윤과 복지를 조화시키면 회사는 얼마든지 수익을 얻을 수 있어요"라고 말한다. 요컨대 한편에서는 노동자의 권익을 드높이려는 노동자들의 자발적 단결과 투쟁, 또 한편에서는 그런 노동자들의 요구를 전향적으로 수용하면서도 조직 효율을 높이고자 한 경영진의 혁신경영이 결합된 결과, 이런 색다른 현실이 가능하게 된 셈이다.

비슷한 사례는 이 영화의 독일 부분에서도 확인할 수 있다. 독일에서는 직원들이 스트레스로 힘들다고 느낄 때 병원에 가서 의사 진단서를 첨부해 요청하면 3주간 유급 병가를 얻을 수 있다. 3주의 병가 동안 집에 가만있거나 좁은 병실에 입원해 있는 것이 아니라 야외의 근사한 휴양시설에 가서 즐기며 충분히 쉰다.

굳이 아프지 않아도 오후 2~3시경에 퇴근하면 애완견과 산책을 나가기도 하고 햇볕이 좋으면 광장의 카페에 앉아 차나 맥주를 한잔하며 삶을 즐긴다. 친구나 이웃들과의 인간관계도 돈독히 하고 독서를 하면서 자기 삶을 되돌아보기도 한다. 한 여성은 매우 가슴에 와 닿는 말을 던진다.

"이웃들과 잘 지내려고 신경을 쓰다 보면 제 삶도 훨씬 쉬워집니다."

그리고 그렇게 편안하고 안정된 심리 상태라야 가정에서건, 일터에서건 효율이 높아질 것이다. 이렇게 시스템과 공동체, 가치관이 함께 선순환을 그리는 모습이 제대로 된 선진국이다.

아이들 중심의
학교경영

영화에는 프랑스 어느 공립 초등학교의 점심식사 시간이 나온다. 식당의 조리실을 자세히 비추는 장면에서는 조리장과 요리사들이 일하는

┃ 미국 학교와는 달리 프랑스 학교에서는 프렌치프라이를 보기 힘들다. 불량식품이기 때문이다.
　이들에게는 양이 적고 소박한 수준이더라도 다양한 메뉴의 정식 요리가 제공된다.

모습이 마치 4성급 호텔의 주방처럼 보일 정도다. 패스트푸드가 주가 되는 미국 학교의 점심식사에 비하면 프랑스의 학교 급식은 거의 호텔 수준이다.

더욱 중요한 것은 점심식사 시간이 그저 한 끼 때우기 위한 것이 아니라 아이들에게 살아 있는 배움의 시간이 된다는 점이다. 여러 가지 식재료와 맛있는 요리 자체를 학습한다는 점에서, 여럿이 모여 단체로 식사할 때의 예의를 배운다는 점에서, 특히 서로 배려하면서 공동 요리를 나누거나 소스 등을 상대방에게 건네주는 식으로 서로 대접하기를 배운다는 점에서 그렇다. (패스트푸드의 일종인) 코카콜라나 프렌치프라이가 곧잘 제공되는 미국 학교와는 달리, 프랑스 학교에서는 프렌치프라이를 보기 힘들다. 불량식품이기 때문이다. 이들에게는 양이 적고 소박한 수준이더라도 다양한 메뉴의 정식 요리가 제공된다. 이를 통해 아이들은 자연스럽게 고급 식단을 배운다. 그리고 이 모든 것이 무상교육 시스템에 잘 통합되어 있다. 아이들이 미국이나 한국처럼 급식비가 없다는 이유로 자존심이 상하는 경험을 할 필요가 없는 셈이다.

무어 감독 일행이 찾아간 핀란드의 학교는 '나를 행복하게 해주는 것이 무엇인지 찾는 곳'이다. 교사들은 한결같이 (공부가 아니라) 놀이의 중요성을 강조한다. 그래서 핀란드에서는 숙제 부담이 거의 없으며, 가장 오래 하는 숙제라야 겨우 20분 정도면 끝이다. 대신 아이들은 친구들과 운동을 하거나 나무에 오르거나 악기를 배우기도 한다. 그저 현재의 삶을 즐기는 것이다. '미래'를 위해 현재의 행복을 부단히 유보하는 한국 아이들의 관점에서 보면 이곳은 완전히 천국이다. 어느 수학교사가 "아이들에게 바라는 것은 수학 문제를 아주 잘 푸는 것이 아니라 그저 아이들이 행복하게 사는 것"이라고 말하는 부분은 매우 감동적이다. 학교와 학원이라는 두 개의 학교를 다녀야 하는 한국의 아이들 관점에서 보면 이것은 교사 개개인이 풀 수 있는 문제가 아니라 전체 사회 시스템의 문제다.

2차 세계대전을 초래한 나치 치하 독일, 그리고 600만 유대인 학살과 관련된 역사를 교육하는 독일 교실 이야기도 덧붙이고 싶다. 교사는 아이들에게 나치 시대의 역사적 자료가 담긴 영상물을 보여준 뒤 커다란 트렁크 하나를 열어놓고 말한다.

"우리가 피난 가는 유대인들처럼 쫓겨나야 한다고 생각하면서 자신이 가장 소중하게 여기는 물품을 하나씩 이 가방에 넣어보겠니?"

가족사진을 넣는 아이도 있고, 책이나 일기장을 넣는 아이도 있다. 그러고 나서 선생님은 아이들에게 소감을 말해보라고 한다.

"다시는 그런 일이 일어나지 않도록 미리 막는 일에 힘쓰겠어요."

"저는 외국에서 귀화한 독일인이지만 독일의 역사를 열심히 배우고 선조들이 저지른 잘못에 책임을 느끼며 살겠어요."

아이들의 대답이다.

한국의 아이들이라면 2차 세계대전이 몇 년에 일어났는지, 누가 누구랑 싸워서 이겼는지, 또 전쟁 뒤 맺어진 조약에 포함된 사항이 무엇인지 고르는 시험을 치르는 게 다일 수도 있다. 반면 살아 있는 배움이 일어나는 유럽의 교실은 아이들이 행복감에 충만해 자율성과 공동체를 배우면서도 역사적·사회적 책임감을 갖도록 키워낸다. 향후 우리 교육

이 어떤 방향으로 혁신되어야 할지, 학교경영은 어떻게 이뤄져야 할지 상당히 시사하는 바가 많은 장면이다.

여기서 중요한 점은, 유럽의 복지사회들이 지탱될 수 있는 것은 결국 사람들이 낸 세금 덕분인데, 이 세금의 비중이 상당히 높다는 것이다. 즉 유럽 사회는 수입에 비례해 많은 세금을 내는 대신 주거·보육·교육(대학 포함)·의료·노후 문제를 사회 공공성 차원에서 해결한다. 주거, 교육 등이 모두 공공재라는 의미다. 반면 미국이나 한국은 직접 내는 세금이 유럽에 비해 적기 때문에 당장엔 좋을지 몰라도 주거비, 교육비(특히 대학 등록금), 의료비 등의 뭉칫돈이 필요해서 늘 돈에 쪼들린다. 다시 말해 미국이나 한국은 (세금은) 적게 내고 (개인 지출 차원에서) 많이 쓰는 반면, 유럽은 (세금은) 많이 내되 개인 지출이 적다. 종합적으로 볼 때 유럽 사람들의 삶이 훨씬 여유롭고 평등하다.

그러므로 사람들이 내는 세금을 투명하고 공정하게 관리하는 시스템이 얼마나 잘 구축되어 있는지, 그리고 사회복지와 삶의 질 차원에서 세입과 세출을 얼마나 효율적으로 잘 관리하는지가 관건이 된다. 정경유착과 부정부패가 심각한 한국 사회는 바로 이러한 선진국형 복지사회로 가기 위해서라도 이의 척결을 최우선 과제로 삼아야 한다.

경영참가를 통한
기업혁신

영화에서는 독일의 경영참가 이야기만 나오지만 사실은 유럽 대부분의 복지사회가 노동자의 경영참가를 법적으로 보장한다. 독일 외에도 영국·프랑스·네덜란드·스웨덴·덴마크·노르웨이 등이 노동자의 경영참가를 제도화해놓았다.

영화에 나온 독일의 경우, 메르세데스 벤츠나 루프트한자, 폭스바겐 등 대체로 2000명 이상 되는 대기업에서는 최고경영진에 해당하는 감독 이사회^{supervisory board}에 노동 측과 경영 측이(노동자 대표 여덟 명, 경영진 대표 여덟 명 하는 식으로) 절반씩 참가한다. 노동자 대표가 감독 이사회에 참가해 경영 측과 함께 기업에 관한 전략적 의사결정을 하는 것이다. 따라서 최근 폭스바겐사의 배출가스 조작 사건에서 보듯이 노동자 대표가 먼저 나서서 기업의 잘못된 행위를 형사고발할 수 있다. 물론 왜 '사전에' 막지 못했는가에 대해서는 노동자 대표도 비난을 면하기 어렵다.

반면 폭스바겐 등 많은 대기업에서는 대량으로 정리해고를 할 필요성이 제기될 때도 노사가 공동 참여하는 의사결정 제도 덕에 (한국처럼) 노사 간의 적대적 대립이 없이 비교적 잘 마무리할 수 있었다. 조화로운 합의 과정을 거쳐 노사 모두 조금씩 양보하는 형태로, 나아가 비교적 친노동적 방식으로 해결했던 것이다. 1990년대 초 폭스바겐사에서 약 3만 명 정도를 정리해고할 필요성이 제기되었을 때도, 노사 양측은 기존의 단체교섭은 물론 공동 결정이나 경영참가 제도를 활용해 정리해고 방식이 아닌 노동시간 단축이라는 방향으로 일자리를 나눔으로써 대량해고를 방지할 수 있었다.

또한 영화에는 나오지 않지만 독일 등의 여러 나라에서는 상시 노동자 다섯 명 이상인 기업들에서 노동자평의회works council를 구성할 수 있다. 이 노동자평의회는 소속 작업장 노동자들이 직접·비밀선거로 뽑은 대표자들로 이루어지며, 작업장이나 사업장 수준의 의사결정에 참여가 가능하다. 예컨대 새로운 기계설비 도입이나 임금체계 변경, 초과근로 실시 여부, 인력 구조조정 문제 등 인사적·사회적·기술적 제반 사항에 대해 경영 측과 마주 앉아 토론하고 협의해서 결정하는 것이다. 물론 노동자평의회의 경영참가는 세부적으로 사안별 정보 제공, 공동 협의, 공동 결정 등 여러 수준으로 나뉜다. 공동 협의와 합의를 해야 하는 사안에 대해 노동자평의회가 동의하지 않거나 거부할 경우, 경영 측은 결코 일방적으로 시행할 수 없다. 노동인권과 인간 존엄성 차원에서 노동자를 존중하는 모습이 이미 법이나 단체협약 등으로 제도화되어 있는 것이다.

이처럼 경영참가를 제도화하는 기저에는 사람에 대한 믿음이 깔려 있다. 영화 속에서는 독일의 어느 회사 인사 담당 부장이 이렇게 말한다.

"저희는 직원들에게 '어떻게 하면 회사가 더 잘할 수 있을까?'라고 늘 묻습니다. 직원들은 영리하고 현명하거든요. 회사의 개선점을 제일 잘 아는 이가 바로 직원들입니다. 결국 사람이 핵심이죠."

사람을 믿고 존중하는 것, 나아가 그들을 귀하게 여기고 배려하는 것, 이것이 정도正道 경영이다.

독일 등 유럽의 많은 나라에서는 퇴근 뒤에 노동자들에게 업무 관련 지시나 연락을 하지 못하도록 한다. 심지어 메르세데스사에서는 퇴근 후 회사에서 직원들에게 이메일을 보내려 하면 자동으로 차단되는 시스템까지 만들어놓았다. 말로만 노동자의 사생활을 보장하는 것이 아니라 이를 시스템으로 만든 것이다. 하물며 노동자가 휴가를 떠나서 쉬는 동안이라면 연락을 하기도 어렵고 (천재지변 등의 사태가 아니면) 연락을 해서도 안 된다.

이런 내용들은 처음에는 노사 협의 수준으로, 다음에는 단체협약 차원으로 규율되었다가 이제는 법률 수준으로 정착되어 있다. 이런 것이 곧 선진국다운 기업혁신의 모습이 아닐까?

패러다임이 완전히 다른 경찰 행정

영화에는 감옥이나 교도소 경영, 즉 경찰 행정과 관련된 흥미로운 두 장면이 나온다. 하나는 노르웨이 사례고, 또 하나는 포르투갈 사례다.

노르웨이의 경우를 보자. 여기선 감옥이 마치 깔끔한 호텔이나 모든 시설을 갖춘 콘도 같은 느낌을 줄 정도다. 노르웨이 감옥을 경영하는 핵심 개념은 처벌과 복수가 아니라 재활과 성찰이라 할 수 있다. 우리가 아는 기존 패러다임과는 전혀 다르다. 기존의 패러다임이 징벌의 두려움을 통해 범죄를 예방하고 재발을 막으려는 것이라면, 노르웨이

▌ 영화에 등장하는 마치 깔끔한 호텔 같은 노르웨이 할덴 교도소. 노르웨이 교도소는 '즐거운' 감옥생활을 통해 자신의 행위를 성찰하고 마침내 '집'으로 돌아갈 수 있도록 돕는다.

감옥은 역설적으로 '즐거운' 감옥생활을 통해 자신의 행위를 성찰하고 마침내 '집'으로 돌아갈 수 있도록 재활을 돕는 패러다임이다.

예컨대 물 한가운데 섬처럼 떠 있는 바스토이^{Bastoy} 교도소는 죄수가 115명인데 간수가 단 네 명밖에 없다. 간수의 모습은 우리나라 아파트의 경비원과 비슷하다. 죄수들 대다수는 강간·폭력·강도·마약 사범들이지만 죄수가 받는 벌은 단지 '자유'를 박탈당해 가족과 함께 있을 수 없다는 것뿐이다. 그 외에는 생활 전반이 쾌적하고 재미있다. 한국 사람의 관점에서는 믿기지 않는 이야기지만 소설이 아니라 현실이다.

교도소장의 말은 흥미롭다.

"우리는 이들이 집으로 돌아갈 수 있도록 돕습니다."

증오나 분노, 폭력이 아니라 사랑과 보살핌, 포용이 이들이 감옥을 경영하는 기초철학이 된다니 정말 놀라운 일이다.

영화는 또 다른 교도소인 할덴 교도소^{Halden fengsel}를 보여준다. 2010년 처음 교도소를 열었을 때, 이 최고의 보안시설인 교도소^{maximum security prison}에서 죄수들에게 보여줄 자체 동영상을 만들었다. 간수들이 직접 만든 이 영상물에는 유명 가수 마이클 잭슨의 노래가 나온다.

"위 아 더 월드.^{We are the world.}"

'우리 자신이 곧 세상'이라는 말이다. 이 말은 세상을 살아가는 우리 자신의 삶에 책임감을 느끼게 한다. 더 좋은 세상을 만들 책임이다. 그리고 바로 우리부터 시작할 수 있다고 말한다. 실제로, 삶에 대한 책임감을 가진 사람은 결코 함부로 행동하지 않는다.

이 교도소에서는 유명 화가들의 현대 미술품을 전시하며, 잘 갖춰진 도서관도 있다. 죄수들은 '집'에 가지 못하는 대신 문화생활을 즐기러 휴가를 나온 듯 보일 정도다. 노래를 좋아하는 죄수들은 교도소 안에서 단순히 음악을 감상하는 수준을 넘어 직접 녹음을 하거나 음반을 제작할 수도 있다. 당연히 죄수들 사이에 폭행이나 비행은 발생하지 않는다. 심지어 죄수들은 선거와 투표에 참가하며, 생방송 중인 TV 토론 프로그램에 참여할 정도다. 이런 식으로 노르웨이 죄수들은 문화생활만이 아니라 정치, 사회생활까지 할 수 있으니 우리로서는 감히 상상하기 어려울 정도다.

그 결과는 놀라울 정도로 긍정적이다. 미국에서는 범죄자들의 재범률이 80퍼센트 정도지만 노르웨이의 경우는 20퍼센트에 불과하다. 증오나 분노, 징벌과 처벌에 기초한 패러다임은 거의 실패하지만, 사랑과 포용, 보살핌과 관용에 기초한 패러다임은 이처럼 성공 확률이 높다. 물론 이론적으로 보면, 노르웨이 같은 곳이라면 범죄가 없는 나라라야 마땅하다. 그러나 인간사회에 어찌 아무 범죄가 없을 수 있을까? 사람들이 모여 살다 보면 아무래도 갈등과 충돌은 생기게 마련이다. 분노와 증오도 마찬가지다. 그런데 중요한 것은 이런 일이 발생할 때 그에 대처하는 방식이 어떤가에 따라 확연히 다른 결과가 나온다는 점이다. 그렇게 온 사회가 노력할 때 우리는 갈등과 충돌, 범죄와 잘못 자체를 원천적으로 막지는 못한다 해도 최소한의 수준으로 줄일 수는 있을 것이다.

이런 면에서 볼 때 2011년 7월, 노르웨이 오슬로에서 극단적 증오심으로 많은 사람들에게 총을 난사한 안데르스 베링 브레이빅^{Anders Behring Breivik}의 경우는 엄청난 충격을 주었다. 그는 빈민이나 이주민들이 자신이 누려야 할 부를 갉아먹는다고 보았기에 평소 (한국의 '일베'처럼) 극우주의 성향을 보였다. 그의 총기 난사로 무려 77명이 목숨을 잃었다. 노르웨이만이 아니라 온 유럽이 충격에 휩싸였던 2011년 7월이었다. 그런데 그 사건 현장에서 살아남은 한 소녀는 이렇게 말했다.

"만약 한 사람이 그렇게 많은 증오를 만들어낼 수 있다면, 우리 모두가 만들어낼 수 있는 사랑은 얼마나 클지 상상해보세요."

옌스 스톨텐베르그^{Jens Stoltenberg} 총리 역시 책임 있는 당국자로서 곧바로 이 소녀의 말을 인용하면서 브레이빅에 대한 적개심과 분노보다는 온 사회가 더욱더 사랑과 관용으로 너그러워질 것을 강조했다.

"우리는 작은 나라지만 자랑스러운 사람들이 있습니다. 우리는 여전히 충격받은 상태지만 우리의 가치를 포기하지 않을 것입니다. (테러에 대한) 우리의 대응은 더 많은 민주주의와 더 많은 개방성, 더 많은 인간애입니다."

이 사건으로 아들을 잃은 한 배관공 노동자의 말도 기억할 필요가 있다.

"그가 비록 쓰레기 같은 인간이라 해도, 그리고 나에게 그를 쏠 기회가 주어진다 해도 나는 그를 쏘지 않을 겁니다. 오히려 노르웨이 전체가 더욱 개방적으로 변해서 우리 모두가 이 나라 모두를 더욱더 잘 보살필 수 있으면 좋겠습니다."

이런 태도는 뉴욕 쌍둥이빌딩 등이 파괴된 2001년 9·11 테러 이후 미국이 보여준 태도와는 매우 대조적이다. 그 뒤 이른바 '테러와의 전쟁'을 위한 '애국법'이 만들어지고 온갖 시민적 자유가 박탈되면서 특히 이슬람 계통 사람들은 잠재적 범죄자 취급을 받았다. 사실 미국에서는 사소한 범죄만 발생해도 그 용의자가 거의 개 취급을 당한다. 이에 비해 2011년 7월 대량학살 범죄에 노르웨이 당국이나 시민들이 보여준 성숙한 모습은 앞으로 우리가 가야 할 방향을 제시하는 듯하다.

21세기 경영혁신과
바람직한 리더십

21세기에 걸맞은 경영혁신의 방향은 무엇일까? 그리고 그것을 이끌 바람직한 리더십은 과연 무엇일까? 사실 근본적으로 새로운 것은 없다. 기본에 충실하며, 가장 본질적인 것을 놓치지 않는 것이 해답이 아닐까 싶다.

이 영화에는 이탈리아 오토바이 제조사 두카티의 최고경영자 클라우디오 도메니칼리Claudio Domenicali가 나온다. 그의 말 중 가장 인상적인 부분은 "기업에서 직원복지와 회사 이윤의 조화는 가능하다"는 말이다. 여기서 말하는 직원복지란 노조를 인정하기, 노조와의 협상, 적정한 수준의 임금과 휴가 보장, 쾌적한 점심식사, 각종 부가 급부 등이다. 물론 (한국이나 일본 등에 비해) 적정 속도로 돌아가는 생산라인 또한 일종의 노동복지로 볼 수 있다. 그렇게 하면서도 기업은 일정한 수익을 창출할 수 있다. 고품질과 적정 가격, 나아가 부단한 제품혁신과 경영혁신 등이 이 기업의 강점이다.

비슷한 예를 의류 제조 공장 라디니사에서도 볼 수 있다. 1년에 6주간 주어지는 휴가는 직원들의 당연한 권리라는 것이 회사 경영진의 시각이다. "왜냐하면 스트레스는 만병의 근원"이기 때문이다. 이 회사 직원들은 두 시간이라는 긴 점심시간 동안 집에 가서 요리를 해먹고 마음껏 쉰다. 우리로서는 상상하기 어려운 일이다.

마이클 무어 감독은 묻는다. 만일 경영진이 미국처럼 유급휴가를 주지 않고 일은 더욱 강도 높게 시키면서 점심식사는 싸구려 패스트푸드 위주로 제공한다면 지금보다 훨씬 더 많은 돈을 벌지 않겠느냐고. 이에 라디니사 경영진들은 대답한다.

"부자가 되는 게 무슨 의미가 있죠? 함께 웃으며 일하는 환경이 더 중요하지 않나요?"

무어 감독이 할 말을 잃는다.

독일 뉘른베르크에 있는 연필 공장 역시 마찬가지다. 노동자들은 일주일에 36시간 일한다. 하루 평균 일곱 시간 남짓 수준이다. 무어 감독이 사장에게 "도대체 공장이 어디냐"고 물을 정도로 공장 모습은 일반 연립주택이나 공공기관과 별로 다를 게 없다. "환한 창문이 달린 건물이 공장"이라는 말에 무어 감독이 묻는다.

"공장엔 대개 창문이 없지 않나요?"

사장이 답한다.

"창문으로 햇볕이 잘 들어야 일하는 직원들 기분이 좋아지죠."

바로 이런 것이 인간 존중 경영이다. 이 회사 직원들은 휴게시간에도 회사 내 카페 등에서 쾌적한 시간을 보낸다. 모두 얼굴 표정이 밝고, 서로 인간관계도 화목해 휴게실에서는 웃음꽃이 피어난다. 이들은 오후 2시만 되면 퇴근을 한다.

그렇다. 우리는 왜 일을 하는가? 행복하기 위해서다. 행복한 삶을 위해 일을 하는 것이지, 일을 위해 살아가는 건 아니다. 그래서 무어 감독은 "미국에서 잃어버렸던 중산층을 되찾은 기분"이라고 말한다. 이른바 '중산층'의 붕괴 그리고 극소수 슈퍼리치와 대다수 빈민의 양극화가 오늘날 신자유주의 시대의 세상에서 벌어지는 일 아니었던가. 그러나 무어 감독이 '침공'한 유럽 여러 나라에는 아직도 사람 냄새가 나고 '중산층'이라면 이렇게 살아야 한다는 느낌이 되살아난다.

이 영화에는 아이슬란드 이야기도 나오는데, 특히 2008년 세계 금융위기를 초래한 금융권의 거품경제 내지 카지노경제와 관련된 아이슬란드 검찰의 에피소드가 돋보인다. 2008년 가을, 투기와 거품경제를 조장하던 투자은행 중 하나인 리먼 브라더스가 파산한 후 금융업이나 제조업을 막론하고 미국 경제가 휘청거리자 미국은 몇조 달러를 쏟아 부으면서도 경영자들의 범죄에는 눈을 감아주었다. 이와는 달리 아이슬란드에선 특별검찰이 은행가, 기업가, 정치가 등 70여 명에게 가혹한 칼날을 들이댔다. 금융이나 기업의 부정부패를 확실히 척결하려는 의지에 흔들림이 없었던 것이다. 이것이 기본이다. 기업경영이 정직하고 투명해야 한다는 것은 굳이 21세기가 아니라 애초부터 엄격히 지켜야 할 도덕률이다.

게다가 무어 감독이 만난 아이슬란드는 여성의 파워가 막강한 나라였다. 이미 1975년에 사회 전반에서 양성평등을 요구하는 여성 파업이 크게 벌어졌다. '여성이 멈추니 세상이 멈추는' 것을 경험한 것이다. 사람들의 가치관과 현실 세계가 변하기 시작했으며, 1980년에는 세계 최초로 여성 대통령이 탄생하기도 했다. 바로 일곱 살 딸을 둔 싱글맘 비그디스 핀보가도티르^{Vigdis Finnbogadottir}였다. 핀보가도티르는 1980년부터 1996년까지 대통령을 역임하면서, 싱글맘으로 육아를 하며, 또한 여성으로 살며 겪는 애환을 극복하고 모든 이의 성평등 실현과 사회정의 구현을 위해 노력했다. 일례로 아이슬란드의 대기업 이사회에서는 남성이나 여성 이사가 40퍼센트 이상은 돼야 한다. 즉 남성 구성원도, 여성 구성원도 최저 40퍼센트, 최고 60퍼센트 선에 머물러야 한다.

무어 감독이 만난 세 명의 인상적인 여성 CEO들이 말한다.

"기업 이사회에 여성이 세 명 이상이면 문화 변동이 시작됩니다. 새로운 도덕 기준이 서기 때문이지요."

과연 여성성이 강한 기업문화란 어떤 것일까? 그것은 위험보다는 안정, 속도보다는 평화, 보상보다는 과정, 승리보다는 배려를 중시하는 문화다. 반면 남성성이 강한 기업문화는 자기 중심주의가 강하며, 더 크고 더 빠른 것을 추구하는 경쟁 지향성이 압도적이기 때문에 대단히 위험하다. 실제로 남성 호르몬 테스토스테론이 지나치게 많이 분비되면 웬만한 위험은 위험으로 인지하지 못해서 생명을 잃기 쉽다고 한다.

아이슬란드의 여성 CEO들은 이구동성으로 말한다.

"2008년에 망한 미국의 리먼 브라더스가 만일 '리먼 시스터스'였다면 그런 일은 아예 일어나지 않았을 겁니다."

이들의 이야기는 좋은 기업, 나아가 좋은 사회란 무엇일지 그 해답의 실마리를 던져준다. 바로 나보다 우리를 생각하고, 서로 많이 대화하며 상대방을 배려하고, 전쟁보다 평화를 추구하는 기업과 사회다. 여성성이야말로 이러한 것을 더 많이 촉진하는 근본 토대일지도 모른다.

끝으로 우리 모두를 감동시키는 여성 CEO들의 이야기를 상기해보자.

"혹시 누가 돈을 준다 해도 저희는 미국에 가서 살고 싶지 않아요.

집 밖에 굶주리는 사람, 아픈 사람, 교육받지 못하는 사람이 수두룩한데, 어떻게 자기 혼자 집 안에서 마음 편하게 지낼 수 있죠? 그런 나라에선 도무지 살 수 없어요."

이런 취지의 말이다. 마이클 무어 감독이야 다 아는 사실이니 이런 지적이 마땅하다고 느꼈을 것이다. 그런데도 이 여성들은 한 방 더 먹인다.

"당신으로선 좀 불쾌할 수 있겠군요. 하지만 불편함을 느낄 필요가 있습니다."

이것이 바로 건강한 인간성이다.

이 모든 게 말하는 것은 무엇인가? 21세기 기업경영은 결코 '4차 산업혁명' 같은 첨단 과학기술이나 그와 연관된 새로운 기법들에 핵심을 두어서는 안 된다. 오히려 지난날 자본주의 기업경영이 자행한 파괴적 경향성을 성찰하며 그간 체계적으로 파괴해온 인간성과 생태계를 복원하고자 노력하는 데 중점을 두어야 한다. 따라서, 향후 기업경영의 바른 방향은 기본적 준법경영 위에 인간 존중 경영, 환경 친화 경영이 되어야 한다. 그리고 이를 가능하게 하는 리더십은 (군림이 아니라 봉사하는) 서번트 리더십, (거래가 아니라 혁신하는) 변혁적 리더십, (위선이 아닌 진심으로 임하는) 진정성 리더십, (독재형이 아니라 합의형인) 민주적 리더십, (속물주의가 아니라 깊은 감동이 있는) 영성적 리더십일 것이다. 그럴 때만이 '지속 가능한 경영'이 가능하다.

좀 더 깊이 생각해볼 주제들

1. 복지 수준이 높은 것이 경제적 어려움의 원인이 될 수 있을까? 경제적 곤란의 다른 요인들은 무엇일까?
2. 여성 정치가나 여성 CEO들이 남성들에 비해 더 나은 경영을 해낼 수 있는 비결은?
3. 노동자의 복지와 기업의 수익성을 조화시키기 위한 방법에는 무엇이 있을까?
4. 포르투갈의 경찰 행정에서 배울 수 있는 새로운 관점은?
5. 유럽의 복지사회 패러다임이 온 세계로 확장될 수 있을까? 그 대안은 무엇일까?
6. 기업이나 사회 변화를 위해서는 사람과 시스템 중 어느 것이 더 중요할까? 그리고 그것을 어떻게 바꾸어야 할까?
7. 경영혁신(기업이나 NGO, 나라 경영 등)에 꼭 필요한 리더십 유형들은?

버킷 리스트
기업경영과 인생경영

The Bucket List | 로브 라이너 감독 | 미국 | 2007

이 영화에서는 주인공 두 사람 모두 죽음을 코앞에 두고 이를 '현실'로 인정하면서 자기 삶을 보는 시각을 전환한다. 에드워드가 오로지 돈만 바라보고 살아왔다면, 카터는 오로지 가족만 바라보고 살아왔다고 할 수 있다. 〈버킷 리스트〉는 죽음을 얼마 남겨두지 않은 두 사람이 인생경영의 측면에서 '자기 내면의 행복'을 추구하는 과정을 잘 보여준다.

개요와 줄거리

로브 라이너$^{Rob\ Reiner}$ 감독의 〈버킷 리스트〉는 자수성가형 재벌 회장 에드워드 콜(잭 니콜슨 분)과 근면 성실형 기술자 카터(모건 프리먼 분)의 삶과 우정, 죽음에 관한 영화다. 생면부지의 두 사람은 치명적 병에 걸려 우연히 같은 병원 같은 병실에서 만난다. 두 사람 모두 1년 미만의 시간밖에 남지 않았다는 의학적 사형선고를 받고는 의기투합해서 공동의 '버킷 리스트$^{bucket\ list}$'의 실행에 나선다.

원래 버킷 리스트란 죽기 전에 꼭 해보고 싶은 일을 적은 목록으로, '죽다'라는 뜻으로 쓰이는 속어 '킥 더 버킷$^{kick\ the\ bucket}$'에서 유래한 말이다. 서양의 중세 시대엔 교수형을 집행하거나 자살을 할 때 올가미를 목에 두르고 뒤집어놓은 양동이^{bucket}에 올라선 다음 양동이를 걷어차서 목을 맸는데, 여기서 킥 더 버킷이라는 말이 유래했다.

죽음을 앞에 둔 두 주인공은 최소 6개월, 최대 1년이라는 여생을 단순히 슬픔이나 연민 속에 보낼 것인가, 아니면 아예 남은 힘을 모두 끌어모아 그동안 못다 한 일을 해보고 죽을 것인가 하는 갈림길에서 중대한 결심을 한다. 과연 '나는 누구인가' 하는 걸 정리할 필요가 있으며, 얼마 남지 않은 시간 동안 '하고 싶던 일'을 꼭 하고 삶을 마치자는 것이다. 영화라서 흥미롭게 묘사되지만 실제로는 인생의 의미와 삶의 가치를 생각하게 하는 철학적 시사점이 큰 영화다.

자동차 정비공 카터는 대학 신입생 시절 철학교수가 과제로 내주었던 버킷 리스트를 떠올린다. 그로부터 46년이나 지난 지금, 회복되기 어려운 병에 걸린 그는 병실에서 버킷 리스트를 써본다. 그가 죽기 전에 꼭 하고 싶은 일은 예컨대 '낯선 사람 돕기' 또는 '눈물이 날 정도로 실컷 웃어보기' 등으로, 매우 소박하다.

그와 같은 병실을 쓰는 에드워드 콜은 열여섯 살 이후 '일과 결혼한' 자수성가형 재벌 사업가로, 돈 안 되는 '리스트' 따위에는 관심이 없었다. 그는 대통령 경제자문 역할을 하며 많은 고위층과 어울리기도 했다. 개인적으로는 기껏해야 코피루왁 같은 최고급 커피를 맛보는 것 말고는 자신이 원하는 게 무엇인지 생각할 여유도 없었다. 가진 건 돈밖에 없지만 아쉽게도 건강이 허락지 않는다. 비싼 항암제도 아무 소용이 없다. 그러던 중 병실에서 카터와 친해지면서 에드워드의 생각도 조금씩 변한다.

가진 게 '돈밖에' 없는 그는 마침내 카터와 함께 병실을 나서고 공동 버킷 리스트를 실행하러 떠난다. 스카이다이빙이나 문신, 셸비 무스탕 자동차 경주, 고급 레스토랑에서의 멋진 식사, 아프리카 세렝게티에서의 사냥 체험, 이집트 피라미드 보기, 인도 타지마할 방문, 중국 만리장성에서 오토바이 타기, 히말라야 오르기, 홍콩에서 실크 양복 맞추고 아이스크림 먹기, 잊고 있던 사람과 연락하기 등이 바로 그것이다. 이들은 티베트 차마고도의 한 사원에서 잠시 불교의 환생에 대해 생각에 젖기도 한다.

"우리가 인생에서 가장 많이 후회하는 것은 살면서 한 일들이 아니라, 하지 않은 일들"이라는 메시지처럼, 이 영화는 이승의 삶을 마무리하면서 후회 없이 아름답고 홀가분하게 작별하기 위해 심신이 건강할 때 (또는 바로 '지금 여기'에서) 진정 자신이 하고 싶은 것들을 하나씩 해나가면서 사는 것, 그것도 의미 있는 것들을 해보는 것이 중요하다고 가르친다. 맨 마지막에 카터는 손자 손녀를 포함한 온 가족과 함께 모여 즐겁게 식사와 기도를 하고 사랑하는 아내와 친밀한 시간도 나눈다.

카터는 에드워드에게 마지막으로 농을 건다. "자네가 그렇게 좋아하는 코피루왁은 결국 야생 고양이 똥을 끓인 물"이라고 하는 장면이다. 이에 에드워드도 "자네가 결국 내 얼굴에 똥칠을 한 셈이네"라고 답하며 두 사람 모두 크게 웃는다. 공동의 버킷 리스트 중 '눈물 나게 실컷 웃기'를 실행한 셈이다.

에드워드는 먼저 떠난 카터의 기독교식 장례식에 참여해 그 가족들 앞에서 카터가 자신에게 삶의 기쁨을 되찾게 한, 좋은 친구였다고 말한다. 카터가 에드워드에게 마지막으로 남긴 편지엔 "우리네 삶은 같은 강물로 흘러가는 시냇물이다, 강물에 몸을 맡기고 살라"는 취지의 철학적 메시지가 있었다. 이를 본 에드워드는 셋째 부인이 낳은 딸에

밀리와 화해하고 외손녀와 뽀뽀도 함으로써 '세상에서 가장 아름다운
여인과의 키스'까지 실행한다.

그렇게 딸의 가족과 짧지만 행복한 시간을 보낸 뒤 에드워드도 삶
을 마감한다. 그는 화장된 뒤 후계자 톰의 도움으로 인스턴트 커피 깡
통에 담겨 히말라야 꼭대기에 자리 잡는다. 먼저 자리 잡은 카터의 바
로 옆자리다. 버킷 리스트 가운데 하나인 '장엄한 광경 보기'를 죽어서
도 함께 실행한 셈이다. 그것은 '눈을 감되 가슴이 열리는' 과정이기도
했다.

이 모든 과정을 통해 감독은 우리 인생에서 돈으로 해결되는 것도
많지만 결코 '돈'으로 해결되지 않는 일들도 많음을, 어쩌면 그런 것들
이야말로 인생에서 더 소중한 것이 아니겠느냐는 메시지를 던진다. 결
국 이 영화는 일반적으로 우리가 경험하는 일의 의미나 기쁨은 물론,
전반적 삶의 의미나 기쁨에 대해 다시 한번 생각하게 한다.

시대적 배경

이 영화는 미국 서부에 있는 도시 LA를 배경으로 한다. 열여섯 살 때부터 '일(노동)'과 결혼해서 죽기살기로 노력한 끝에 마침내 '아메리칸드림'을 이룬 재벌 회장 에드워드 콜의 삶은 상징적이다. 그는 평생 열심히 일한 결과 미국 《포춘》지 선정 500대 기업에 들 정도로 병원 사업체를 성장시켰다. 여든한 살 노인인 그는 평생 네 번이나 결혼했으나 그때마다 별로 오래가지 못했다. 일중독이나 돈중독에 빠지는 것으로 '자유'를 만끽하고자 한 사람과 좋은 결혼생활을 영위할 여성은 드물었을 것이다. 세 번째 결혼한 여성과의 사이에 딸 하나를 두었으나 별로 좋은 관계를 유지하진 못했다. 사위가 연거푸 가정폭력을 행사한다는 소식을 듣고 이른바 '심부름센터'를 통해 사위를 손봐 주었는데 그 일로 딸과 멀어졌기 때문이다.

반면 일흔에 가까운 카터는 20대 대학생 시절 역사학 교수가 되는 꿈을 꿀 정도로 엘리트 청년이었으나 여자친구와 사랑에 빠지고 아이가 생기는 바람에 꿈을 접었다. 그 뒤 45년 이상 자동차 정비공으로 일하면서 아들 둘에 딸 하나를 두었다. 엄청난 독서광이라 일반 상식도 풍부하다. 아이를 낳고 키우는 동안 아내는 오랫동안 간호사로 일했으며, 첫째 아들은 세무사, 둘째 아들은 엔지니어, 막내딸은 바이올린 연주자로, 자녀들 모두 나름대로 제 갈 길을 걸어간다. 결혼 후 45년이란 세월이 마치 '손가락 사이로 모래 빠져나가듯' 훌쩍 흘러가버리고 카터는 이제 치명적인 병에 걸려 죽음을 앞둔 노인이 되고 말았다. 그는 (신약이 개발되었을 때 그 임상실험 대상이 되는) '실험치료'를 받는 중이지만 별 효력이 없어 길어야 1년밖에 살지 못한다.

이 두 사람의 인생 역정을 추적해보면 1920년대부터 2000년대까지가 영화의 시대적 배경임을 짐작할 수 있다. 이 시기는 자동차로 상징되는 대량생산과 대량소비가 경제의 핵심 패러다임으로 정착되어 온 세계로 확산되는 한편, 각종 질병이나 폭력, 무한 경쟁, 군사전쟁 등이 이어진 시기이기도 하다.

영화 속에서 카터는 자신의 대학 1학년 시절 이야기를 하는 가운데, 자기도 한때는 '최초의 흑인 대통령'이 되는 꿈을 가진 적이 있다고 털어놓는다. 아마도 1960년대 말콤 엑스^{Malcolm X}(1925~1965)나 마틴 루터 킹^{Martin Luther King} 목사(1929~1968)로 상징되는 흑인 인권 운동의 영향을 받은 것이 아닌가 싶다.

결국 이 영화는 에드워드로 상징되는 부유한 미국 기업가의 모습과 카터로 상징되는 성실한 미국 노동자의 모습을 통해, 동일한 사회

안에서도 너무나 다른 인생의 길을 걸어온 두 사람이 죽음을 앞두고 버킷 리스트라는 공동 프로젝트를 통해 삶을 아름답게 마무리하는 과정을 보여준다. 기업경영을 넘어 어떻게 '인생경영'을 하는 것이 좋을지 생각하게 하는 영화다.

〈버킷 리스트〉와 인생경영

인생경영의
두 패러다임

노인과 관광객에 대한 다음과 같은 일화가 있다. 잘사는 나라에서 온 젊은 관광객이 가난한 나라의 어촌을 방문했다. 관광객은 바닷가에서 행복하게 낮잠을 즐기는 노인을 보며 마구 사진을 찍어댔다. 찰칵찰칵 소리에 노인이 깨어나자 젊은이가 묻는다.

"어르신, 고기 잡으러 안 가세요?"

"벌써 새벽녘에 다녀왔는걸."

"그럼 한 번 더 다녀오셔도 되겠네요?"

"그래서 무얼 하게?"

"고기를 많이 잡으면 저 낡은 거룻배도 새 걸로 바꿀 수 있잖아요."

"바꿔서 무얼 하려고?"

"아, 그러면 고기를 더 많이 잡을 수 있죠."

"고기를 더 많이 잡아서?"

"그러면 냉동창고도 만들고 가공 공장도 지을 수 있잖아요?"

"흠, 그렇지. 그다음엔?"

"그다음엔 고기를 더욱더 많이 잡아서 수출도 하고 더 많은 돈을 벌 수 있지요."

"그렇군. 그다음엔?"

"아, 그러면 저쪽 경치 좋은 곳에 별장을 지어놓고 한가하게 지낼 수 있잖아요."

이 말에 노인이 말했다.

"바로 지금 내가 그렇게 살고 있네."

독일의 노벨문학상 수상작가인 하인리히 뵐Heinrich Boll의 작품에 나오는 이야기다. 이 이야기에는 인생경영의 두 패러다임이 등장한다. 하나는 젊은이의 의식 세계에 깃든바, 부단히 돈을 많이 번 뒤에 먼 미래에 행복을 찾는 것이다. 다른 하나는 어부 노인의 삶에 깃든바, 돈은 먹고 살 정도면 충분하다고 보고, 날마다 현재의 행복을 찾으며 사는 것이다.

이 두 가지 인생경영의 패러다임을 각기 소유양식과 존재양식으로도 구분할 수 있다. 바로《소유냐 존재냐Haben oder Sein》라는 명저를 남긴 독일 철학자 에리히 프롬Erich Fromm이 주장한 개념이다. 소유양식의 인생경영이란 돈이나 권력, 명예나 인기 같은 외형적인 것을 끊임없이 축적하는 데 초점을 두고 살아가는 방식이다. 하지만 돈이나 권력 등 외형적이고 양적인 것은 무한대를 지향하기 때문에 결코 만족과 충족을 알지 못한다. 이들은 타인보다 더 많은 돈이나 권력을 자랑할 때, 즉 비교우위나 상대적 우월감을 느낄 때 행복해한다. 이를 '권력의 길'이라고 말할 수 있다.

반면 존재양식의 인생경영은 살아 있는 존재 그 자체와 의미, 그리고 다른 살아 있는 존재들과의 우호적이고 깊이 있는 관계에 초점을 두고 사는 방식을 말한다. 따라서 현재의 삶이나 타자와의 좋은 관계를 소중하게 생각하고, 더 나은 삶을 위해 부단히 노력하는 '과정'에서 행복을 느낀다. 이들은 돈이나 권력이 없더라도 살아 있음 그 자체, 또는 타자와의 생동하는 관계 자체에 행복감을 느낀다. 이를 '사랑의 길'이라 할 수 있다.

영화에 나오는 에드워드는 전자의 대표적 사례다. 그는 M&A, 즉 인수와 합병으로 돈을 벌고 사업체를 늘리기에 바빴던 재벌급 회장이다. 그는 코피루왁 같은 고급 커피나 돈벌이밖에 모르고 살았다. 치명적 병을 앓으면서도 돈 불리는 일에만 신경을 곤두세울 정도였다.

반면 카터는 대학 시절 사랑하는 사람을 만나 가정을 이루고 자신의 꿈을 접었지만 아이 셋을 낳고 기르는 과정에서 단란한 가정의 행복을 느끼며 살았다. 물론 영화에는 "아이들이 집을 떠난 뒤로 뭔가 잃어버린 듯" 살았다고 말하는 장면이 나오지만, 결코 아내에 대한 사랑을 배신한 적이 없을 정도로 순수하다.

물론 인생경영의 두 패러다임이 현실 속에서 100퍼센트 순수하게 존재하긴 어렵다. 먼 미래에 행복을 찾으려는 사람도 종종 현재의 행복감에 젖을 때가 있으며, 현재의 행복을 중시하는 사람이지만 때론 현재의 행복을 미뤄야 할 상황에 처하기도 한다. 달리 말해 소유양식의 삶을 사는 사람도 건강과 가족 사랑, 친구와의 우정을 소중히 여길 수 있고, 반대로 존재양식의 삶을 사는 사람들도 돈이나 권력욕을 드러낼 때가 있다. 문제는 정도의 차이고, 장기적·지배적 경향성(권력의 길 vs 사랑의 길)의 차이다. 중요한 것은, 우리가 소유양식으로 살아갈수록 세상은 더욱 속물화하고 인간미를 잃어버린다는 사실을 깨닫는 일이다.

흥미롭게도 이 영화에서는 주인공 두 사람 모두 죽음을 코앞에 두고 이를 '현실'로 인정하면서 자기 삶을 보는 시각을 전환한다. 에드워드가 오로지 돈만 바라보고 살아왔다면, 카터는 오로지 가족만 바라보고 살아왔다고 할 수 있다. 〈버킷 리스트〉는 죽음을 얼마 남겨두지 않은 두 사람이 동시에 인생경영의 측면에서 '자기 내면의 행복'을 추구하는 과정을 잘 보여준다. 역설적이게도, 죽음 앞에서 또는 시한부 인생 앞에서 소유양식의 삶과 존재양식의 삶이 통일되었다고 할 수 있다.

인생경영의 중요한 목표 설정
—MBO

이 영화에서 우리는 '시한부 인생'의 역설을 목격한다. 비록 영화에서는 치명적 질병에 걸린 두 사람을 두고 시한부 인생이라 하지만, 따지고 보면 우리네 모든 인생이 약 80년 정도의 시한부 아니던가? 그렇다. 시한부 인생, 이는 우리 인간이 결코 무한정 살 수 있는 존재가 아니라는 사실 자체에서 발생한다. 아무리 인간의 수명이 늘어도 백 살 이상 살기란 어려운 일이다. 즉 우리는 유한한 존재기에 언젠가는 사랑하는 가족이나 친구, 이웃과 영원한 이별을 해야 한다. 이것이 우리의 존재조건이자 거역할 수 없는 운명이다. 대단히 슬픈 일이지만, 이 운명은 결코 피할 수 없다.

그러나 바로 이 사실 때문에 우리 삶을 근본적으로 다른 각도로 볼수 있다. 즉 백 년도 안 되는 시한부 인생을 살다 언젠가 떠나야 한다는 바로 그 점 때문에 우리는 한 번밖에 없는 인생을 절대로 '함부로' 살아선 안 된다는 점을 깨닫는다. 만일 우리가 영원히 다시 태어난다고 생각해보라. 그러면 이번 인생을 아무렇게나 살아도 무방할지 모른다. 다음 생에서 제대로 살면 되니까. 아니, 다음 생에서 대충 살아도 상관없다. 그다음 생에서 잘 살면 되니까. 이런 식으로 늘 우리는 함부로 살아도 된다. '영원히' 산다는 보장이 있으니까.

하지만 불행 중 다행으로 우리에겐 단 한 번의 인생밖에 없기에, 많은 사람들은 현재의 삶을 제대로 살겠다고 마음먹는다. 물론 이런 결심을 하는 시기는 사람마다 다르다. 이 영화의 주인공 두 사람은 인생 말기에 그런 생각을 하게 된다. 만일 어릴 적부터 그런 태도를 갖게 된다면 훨씬 알차게 인생을 살아갈 수 있지 않을까?

그래서 우리는 일반 경영학의 목표관리제^{Management by Objectives, MBO}를 인생경영에도 적용할 수 있다. 본래 목표관리제란, 조직경영에서 상사와 부하가 머리를 맞대고 목표를 함께 정한 후 그 달성을 위해 노력하고 이후 결과 평가까지 함께하는 방식의 관리 기법이다. 이를 인생경영에

▌ 우리는 일반 경영학의 목표관리제를 인생경영에도 적용할 수 있다. 이를 인생경영에 적용하면 삶의 목표를 설정하고 어떤 사람이 되고 싶은지 그려보는 데 큰 도움이 된다.

적용하면, 단기적으로는 1년마다 삶의 목표를 설정하고, 중기적으로는 40~50대가 되었을 때 어떤 사람이 되고 싶은지 그려보며, 장기적으로는 어떤 식으로 인생 전반을 마무리하고 싶은지 정해서 이의 달성을 위해 노력하며 사는 식이라 할 수 있다.

바로 여기서 나는 '인생 내비게이션'을 강조한다. 자동차를 운전해 낯선 곳에 갈 때면 내비게이션을 켜듯이 우리네 인생에도 내비게이션이 필요하다. 자동차 내비게이션의 목적지는 특정 장소지만, 인생 내비게이션의 목적지는 행복이다. 물론, 인생 내비게이션은 행복으로 가는 길을 안내하되, 고속도로나 4차선 도로만 고집하진 않는다. 오솔길이나 자전거길도 좋다. 빨리 가는 게 목적이 되어서는 안 되며 천천히 가더라도 행복하게 가야 한다. 부모나 사회가 시키는 대로 가는 게 아니라 나 자신이 스스로 숙고하고 선택한 길이 진정 행복하다. 인생 내비게이션에서는 결과뿐 아니라 과정에서의 행복도 중시한다.

이제 남은 것은 우리 인생 내비게이션의 최종 목적지인 행복이라는 틀에서 단기적·중기적·장기적 목표들을 스스로 설정해보는 것이다. 과연 우리는 삶을 위해 필요한 돈을 얼마나 어떻게 벌 것이며, 더 중요하게는 어떻게 살아야 행복하고도 의미 있게 살 수 있을 것인가?

이런 면에서 이 영화에 나오는 '천국 입구에서 기다리는 두 가지 질문'은 시사적이다. 천국 입구에 가면 두 가지 질문이 사람들을 기다린다고 한다. 하나는 "당신의 인생에서 기쁨을 찾았는가?"이고, 다른 하나는 "당신은 타인의 인생에 기쁨을 주었는가?"이다. 과연 현재의 나는 삶의 기쁨을 누리고 있으며, 다른 사람에게 (얼마나) 기쁨을 주는 존재로 살고 있는가?

병원경영과 효율성 향상 문제

이 영화에는 에드워드 콜이 회장으로 있는 '콜 그룹' 산하 병원 이야기가 나온다. 7년간 열다섯 군데 병원을 인수해서 경영할 정도인 콜 그룹은 일종의 의료 재벌이라 할 만하다. 그러나 과연 이 모든 병원이 제대로 운영되는가, 환자들의 건강과 회복에 얼마나 큰 도움이 되는가 하는 것은 또 다른 문제다.

영화에 나오는 원우드 병원은 극심한 재정난에 허덕이는데 영화에서는 그 이유가 '방만한 경영 탓'으로 진단된다. 실제로 원우드는 (다른 곳의) 두 배에 달하는 각종 경비를 쓰며, 임대료도 터무니없이 비싼 데다 시민사회의 기부금마저 끊긴 상태다. 그러니 소아병이나 암 예방 및 치료, MRI 등과 관련된 연구를 제대로 진행할 수 없다. 게다가 응급실 서비스도 엉망이어서 환자나 가족들에게 악명이 높다. 에드워드 회장은 비용 절감책으로 "병원은 스파(온천)가 아니므로 모든 병실을 '2인 1실'로 한다"는 입장을 고수한다.

그러나 불행하게도 콜 자신이 생존 가능성이 5퍼센트밖에 되지 않는 말기 환자가 되어 바로 자신이 경영하는 병원에 입원을 한다. 자신이 고집한 '2인 1실 원칙'에 따라 입원실로 들어간 에드워드는 불행인지 다행인지 마침 폐암으로 입원한 카터와 같은 병실을 사용하게 된다.

영화 〈식코〉에도 나오지만 의료민영화나 병원의 영리화는 환자의 건강 회복이나 질병치료와 관련해 '빈익빈 부익부' 현상 또는 '의료 불평등' 현상을 강화할 가능성이 높다. 게다가 민영병원 경영자들이 오로지 수익성 향상에 매진할 때 환자들의 경제적 여건이나 심신의 건강 회복 문제는 무시되기 일쑤다.

그러므로 건강과 보건의료 문제는 수익성이 아니라 사회 공공성

차원에서 풀어내는 것이 바람직하며, 이때 바람직한 병원경영의 기본
방향은 공공성과 효율성의 균형과 조화를 추구하는 것이다. 최근 우리
나라 병원들이 도입하고자 했던 성과연봉제 같은 성과주의 인사고과
시스템은 적극 재고해야 한다. 환자의 건강이라는 공공성을 중시해야
할 병원에서 성과연봉제처럼 효율성 제고 기법을 강행하다 보면 상사
에게 좋은 평가를 받는 데 신경 쓰느라 환자 건강을 등한시할 수 있기
때문이다. 실제로 서울동부병원은 2009년경 효율성 향상 명목으로 노
동조합의 반대를 무릅쓰고 성과연봉제를 도입했다가 여러 가지 문제점
들이 드러나자 2013년 철회한 바 있다.

남녀관계와
부모와 자녀의 관계

이 영화를 보다 보면 남녀관계와 부부관계, 부모와 자녀의 관계 등 인
간관계에 관해 생각할 계기들이 많이 나온다. 사실 기업경영은 물론 우
리 일상생활이 결국 인간관계 문제가 아니던가.

영화 초반부에 두 주인공이 입원했을 때 에드워드는 찾아오는 사
람이 아무도 없어서 외로워하는 반면, 카터는 병문안 온 아내나 아들
과 살가운 대화를 나눈다. 이를 보면서 에드워드는 카터에게 "환자를
죽이는 건 병이 아니라 병문안 온 손님"이라 말하며 비아냥거리지만 내
심 부러워한다.

340

에드워드와 카터는 '버킷 리스트'를 공동 실행하기 위해 홍콩에 가는데 그곳에서 에드워드는 나름 카터를 위한답시고 아름다운 여성 안젤리카(로웨나 킹 분)를 만나게 해준다. 카터와 안젤리카 사이에서 ("8000미터 높이의 히말라야 정상에 오르면 '깊은 적막'을 느낄 수 있고 마침내 모든 소리가 사라져 오로지 산의 소리, 그리고 신의 소리만 들을 수 있을 뿐"이라는 등의) 순수한 대화가 이어졌으나, 어느 순간 카터는 그녀가 '순수'하지 않음을 깨닫고 자리를 박차고 일어난다. 사실 카터는 아내 외엔 한 번도 다른 여자와 잔 적이 없었다. 일편단심이다.

한편 에드워드는 네 번이나 결혼했지만 자식이라곤 딸 하나밖에 없다. 그나마 그 딸과도 잘 지내지 못하고 관계가 단절된 상태였다. 카터는 에드워드가 딸과 화해하고 다시 만나도록 도와주지만 에드워드는 자기 인생에 간섭하지 말라며 다음과 같이 거절한다.

"우리가 함께 버킷 리스트를 실행하려고 움직였다고 해서 내 인생을 아는 것처럼은 하지 말라고."

두 사람은 이렇게 다투고 나서 헤어진다. 카터는 가족 품에 돌아가 아내와 자식들, 손자 손녀들과 행복한 식탁에서 즐거운 시간을 보낸 반면, 에드워드는 전망 좋은 자신의 집에서 공허함과 쓸쓸함에 사로잡힌 채 냉동식품으로 외로운 식사를 한다.

두 사람이 다시 만나는 것은 카터가 악화되어 갑자기 쓰러지는 바람에 다시 입원했을 때다. 그 후 얼마 지나지 않아 카터는 에드워드에게 "삶의 즐거움을 찾으라"는 말을 남기고 하늘로 떠난다.

에드워드는 카터의 말에 용기를 내어 딸의 집을 찾아간다. 이제 아

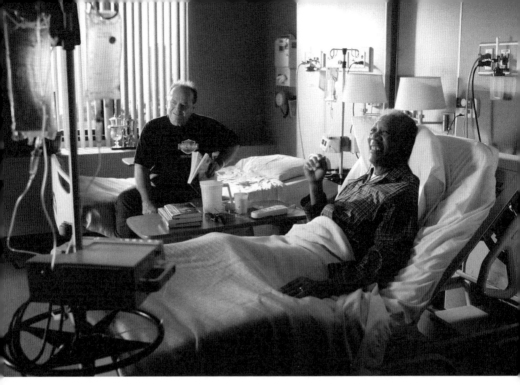

▎ 이들은 자신들의 버킷 리스트 또 하나를 해낸 셈이다. 바로 '눈물 나게 웃기'다. 그 후 얼마 지
나지 않아 카터는 에드워드에게 "삶의 즐거움을 찾으라"는 말을 남기고 하늘로 떠난다.

빠와 딸은 서로 용서하고 화해한다. 또 세상에서 가장 아름다운 외손녀

를 만나 뽀뽀도 하고 새삼스레 인생의 기쁨도 느낀다.

　　요컨대 이 영화에는 45년 이상 열심히 일해 아이 셋을 키웠으나 막

상 "애들이 집을 떠난 뒤 뭔가 잃어버린 것 같다"는 느낌이 들었던 카터

의 인생과, 열여섯 살 때부터 '일과 결혼'해서 많은 돈을 벌었지만 결혼

을 네 번이나 할 정도로 안정된 가정을 이루지 못한 에드워드의 인생이

대비되어 나온다. 두 사람은 각자가 허전함을 느꼈던 부분을 공동 버킷

리스트 실행을 통해 대부분 채워나간다.

우리는 이 영화를 보면서 어떤 인간관계를 유지하며 사는 것이 바람직할지 다시 한 번 생각해보게 된다.

인생경영과
아름다운 마무리

아무리 기업경영에 성공한 사람도 일정한 시간이 지나면 인생을 마감해야 한다. 당사자나 그 가족으로서는 슬프고 안타까운 일이 아닐 수 없다. 하지만 관점을 달리하면 이 또한 커다란 생명의 흐름 가운데 일부다.

지구가 속한 태양계의 중심인 태양은 약 50억 년 전에 생성되었다고 한다. 그리고 앞으로도 약 50억 년 더 존재할 수 있다고 한다. 이처럼 인간의 눈에 영원할 것처럼 보이는 태양조차 100억 년이면 생명을 다해 소멸하고 마는 시한부 생명체다.

우리가 사는 지구는 어떤가? 지구는 약 46억 년 전에 생성되었으며, 지구에 최초의 생명체가 탄생한 것이 약 38억 년 전이라고 한다. 너무나 긴 시간이라 상상할 수도 없다. 하여간 아주 오래전에 생성되었고, 아주 오래전부터 생명체가 살아왔다는 사실만은 분명하다.

인류와 가장 가까운 오스트랄로피테쿠스 같은 유인원은 약 300만 년 전에 출현했다고 하는데, 생각해보면 이 300만 년도 얼마나 긴 시간인가? 인류가 처음으로 지금처럼 농사를 지으며 살기 시작한 것이 신석기 시대인 약 1만 년 전부터라고 한다. 그나마 헤아려볼 만하지만 그 또한 기원전 8000년경 일이니 우리의 역사감각으로 가늠하기엔 벅찰 정도다. 인류가 농사를 짓고 살면서부터 획기적 변화들이 시작되었고(농업혁명) 그 뒤로 우리는 산업혁명과 정보혁명 등 급속한 변화의 소용돌이를 겪고 있다.

이처럼 긴 시간 흐름에서 바라보면 고작 100년도 안 되는 인생을 뭐 그렇게 복잡하게 생각할 필요가 있는지 의문이 든다. 하찮은 인생이니 되는 대로 대충 살자는 말이 아니다. 오히려 얼마 되지 않는 유일한 시간이니 제대로 살아야 한다는 말이다. 게다가 길고 긴 시간의 흐름 속에서 생각하면 지금과는 전혀 다른 삶의 결을 가지고 살아야 할 듯하다.

요약하면, 얼마 안 되는 시간 동안 우리가 만나는 사람들과, 또 우리 삶의 토대가 되어주는 이 지구와 늘 평화롭고 우호적인 관계를 맺고 즐겁고 의미 있게 사는 것이 진정 잘 사는 것이 아니겠느냐는 말이다. 죽으면 갖고 가지도 못할 돈을 무한정 벌겠답시고 사람들을 억압, 착취하고 자연을 파괴하는 식으로 기업경영을 하는 것은 정말 어리석다. 게다가 죽음 자체를 부정하거나 회피할 일이 아니라 오히려 언젠가 죽음이 다가왔을 때 아름답게 마무리하는 방법이 무엇일지 미리 생각해두면 더 나은 삶을 살 수 있을 것이다.

우리는 이 영화를 통해 '죽기 전에 꼭 하고 싶은 것들', 즉 버킷 리스트에 대해 다시 한번 생각해보게 된다. 인생경영의 아름다운 마무리를 위해 나는 무엇을 할 것인가? 물론 개인적으로 꼭 하고 싶은 것들을 잘 챙겨야겠지만, 더욱 큰 틀에서 이 '세상'을 위해 무엇을 하고 죽을지 생각해보는 것도 의미가 있겠다.

엘리자베스 퀴블러-로스Elizabeth Kubler-Ross 박사는 치명적 병에 걸려 죽음을 앞둔 시한부 환자들이 죽음이나 질병을 대하는 태도를 '5단계' 이론으로 정립했다. 이 영화에서도 이 5단계 태도를 견줄 수 있다. 사람들은 대체로 치명적 질병이나 죽음 앞에서 부정·분노·협상·우울·수용 등 5단계에 걸친 태도 변화를 보인다. 사람들이 제일 먼저 보여주는 가장 보편적 반응이 "설마? 아니야, 절대 그럴 리 없어"라는 식의 부정이다. 그러다 시간이 흐르면서 "왜 하필이면 나한테 이런 일이?" 하는 식으로 분노한다. 그러고 난 뒤에는 "하나님, 앞으로 잘하겠으니 제발 살려주세요"라는 식으로 협상을 한다. 그러다 보면 대체로 잘 먹히지 않고 상황은 악화되어 우울해지기 쉽다. 더 많은 시간이 흐르면 인간은 마음속으로 체념하고 수용한다. 이처럼 인간은 초기에는 저항하다가 마침내 무기력한 죽음을 맞이한다.

그러나 이 영화는 무기력한 죽음을 거부한다. 버킷 리스트라는 공동 프로젝트를 일종의 '대안'으로 내세워, 마지막 순간까지 내 삶의 주인공이 되고자 하는 것이다. 어쩌면 무모하게 보일지도 모르지만 두 주인공이 보여주는 모습엔 일말의 진실이 깃들어 있다. 무기력한 마무리가 아닌 '주체적 마무리'라는 점에서 그렇다. 그리고 죽어서도 히말라야의 높은 산에 올라 '장엄한 경관 보기'를 실천하는, 지극히 영화다운 끝맺음을 보여준다. 개인적 차원에서 참 아름다운 마무리로 생각되는 장면이다.

사회적 차원에서도 우리가 아름다운 마무리를 할 수 있으면 좋겠다. 죽는다는 것이 무의미한 끝은 아니다. 우리가 살아 있는 동안 내뱉은 말과 행동, 남긴 글이나 관계 등을 통해 우리는 우주와 지구에서의 생명 흐름을 지속적으로 이어간다. 이 지구 위 내가 사는 곳곳마다 이 땅과 사람들에게 무슨 행동을 하고, 어떤 말과 글을 남길지, 그리고 그것이 어떤 영향을 끼칠지 생각해본다면 우리는 사회적으로도 훨씬 아름다운 마무리를 할 수 있을 것이다. 가난한 이웃을 돕는 것, 마을 이장이 되어 정겨운 마을 공동체를 만들어보는 것, 참된 언론의 표본이 되는 좋은 신문을 만드는 것, 이주민을 위한 연대 활동이나 노동인권 향상을 위한 운동을 하는 것, 지구를 지키기 위해 자본이나 권력과 맞장을 뜨는 것, 완전히 새로운 사회의 설계를 위해 구체적으로 대안 사회를 디자인해보는 것 등 우리가 사회적으로 의미 있는 일을 할 영역은 무한하다. 그렇다면 이번 기회에 '사회적 버킷 리스트'를 함께 만들어보는 것은 어떨까?

한편, 이 영화의 주인공들과는 좀 다른 차원에서 인생경영의 아름다운 마무리를 한 사례도 있다. 미국의 스콧 니어링(1883~1983)이다. 경제 대공황기, 그는 아내와 함께 도시를 떠나 시골에서 집을 짓고 농사 지으며 살았다. 언젠가 다가올 죽음을 예비하며 이런 뜻의 글을 미리 써놓았다.[1]

"마지막 죽음의 순간이 찾아오면 죽음의 과정이 다음과 같이 자연스럽게 이뤄지길 바란다. 어떤 의사도 주위에 없길 바란다. 의학은 죽음에 대해 무지한 것처럼 보인다. 죽음이 임박했을 때 지붕이 없는 열린 곳에 있었으면 한다. 죽음이 다가오면 음식을 끊고 마시는 것도 끊고자 한다. 나는 진통제 따위 없이 죽음의 과정을 예민하게 느끼고 싶다. 나는 되도록 빠르고 조용히 가고 싶다. 사람들은 마음과 행동에 조용함, 위엄, 이해, 기쁨과 평화로움을 갖춰 죽음의 경험을 나누기 바란다. (…) 별도의 장례식이나 장의사 없이 내 친구들이 내 몸에 작업복을 입혀 화장을 하고 뒤에 재를 거두어 우리 땅의 나무 아래 뿌려주기 바란다."

엘리자베스 퀴블러-로스의 '5단계 모형'과 전혀 다른, 대안적인 마무리다. 이것이 곧 삶의 자율성이다. 이처럼 아름답고 품위 있는 인생경영의 마무리가 또 있을까?

좀 더 깊이 생각해볼 주제들

1. 내 삶의 '버킷 리스트' 열 가지는?
2. 소유양식의 삶과 존재양식의 삶이 조화될 수 있는 방안은?
3. 에드워드가 말한바 나이가 들면 기억해야 할 세 가지는?
4. 영화 내용상 천국의 입구에서 기다리는 두 가지 질문은?
5. 에드워드가 그랬던 것처럼 사랑하는 친구의 장례식에 갔을 때 나는 어떤 말을 할 수 있을까?
6. 카터가 했던 것처럼 사랑하는 친구에게 주고 싶은 마지막 편지의 내용은?
7. 나의 '사회적 버킷 리스트'는?
8. 나의 인생경영 마무리 계획은?

들어가는 말

1   생산관리는 또다시 생산계획·기술혁신·공정관리·품질관리·기술경영·MIS(경영
    정보 시스템) 등으로 세분화되고, 판매관리는 마케팅 관리·광고·소비자 행동·유통
    및 로지스틱스·소셜 마케팅·그린 마케팅 등으로 세분화된다. 또 재무관리는 투자
    론·재무 및 회계·금융·증권과 보험 등으로 세분화되며, 인사관리 역시 인적자원·
    인간관계·조직행동·조직이론·경영 전략·노사관계·노동법 등으로 세분화된다.

2   루쉰, 공상철·서광덕·루쉰전집번역위원회 옮김, 〈고향〉,《루쉰 전집2》, 그린비,
    2010, pp. 104~105.

1장

1   이하 네이버 지식백과 〈모던 타임스^Modern Times〉(세계영화작품사전: 자본주의에 문제
    를 제기하는 영화, 씨네21) 참고.

2   국가의 경제 개입을 정당화한 것이 포디즘 시기라면, 그 이전의 자본주의 시대를
    (영업의 자유, 시장 경쟁과 자유무역, 국가 개입 배제 등 애덤 스미스 이론에 기초
    한) 고전적 자유주의라 할 수 있고, 포디즘 이후의 시기, 즉 1980년대 이후의 자본
    주의를 신자유주의 시대라 부른다. 신자유주의란 말은 다시금 국가의 경제 개입
    축소, 기업의 자유 확대, 노동 유연성 확대, 국경 개방, 탈규제, 민영화 등 자본의 자
    유를 증진한다는 의미를 띤다. 산업혁명 이후 자본주의의 역사는 고전적 자유주
    의, 복지국가 자본주의(포디즘), 신자유주의 등으로 이어져왔다. 2008년의 세계
    금융위기는 신자유주의의 파산을 선고한 것이나 다름없지만, 세계의 정치경제 지
    도자들은 여전히 신자유주의 도그마에 사로잡혀 있다.

3   물론, 결과적으로 이런 고효율 대량생산 방식은 독점이윤을 가능하게 했고, 역으
    로 이것이 노동자들의 고임금을 가능하게 했으며, 결국에는 대량소비 시장을 창출
    했다. 이로써 노동은 자본에 더욱 공고하게 결박당했다. 오랜 세월이 흐른 뒤 컨베

이어 벨트 노동은 기정사실화되고 오늘날 자동차 공장에서 보듯이 정규직과 비정규직(사내 하청) 노동자들이 차별적 공존 내지 경쟁적 공생을 하게 되었다.

4 2016년 7월 15일, H자동차 50대 생산직 노동자 면담.

2장

1 강수돌,《여유롭게 살 권리》, 다시봄, 2015 참조.

2 앤 윌슨 섀프, 강수돌 옮김,《중독 사회》, 이상북스, 2016 ; 앤 윌슨 섀프·다이앤 패설, 강수돌 옮김,《중독 조직》, 이후, 2015 참고.

3 악셀 호네트, 문성훈·이현재 옮김,《인정투쟁: 사회적 갈등의 도덕적 형식론》, 사월의책, 2011 참조.

4 알프레드 아들러, 유진상 옮김,《아들러 심리학》, 스마트북, 2015 ; 기시미 이치로·고가 후미타케, 전경아 옮김,《미움받을 용기: 자유롭고 행복한 삶을 위한 아들러의 가르침》, 인플루엔셜, 2014 참조.

3장

1 앤 윌슨 섀프, 강수돌 옮김,《중독 사회》, 이상북스, 2016 ; 앤 윌슨 섀프·다이앤 패설, 강수돌 옮김,《중독 조직》, 이후, 2015.

5장

1 이하 네이버 지식백과 'M&A'(NEW 경제용어사전: 미래와경영 2006. 4. 7) 참고.

2 김용철,《삼성을 생각한다》, 사회평론, 2010 참조.

3 "쌍용자동차노조 '금감원, 쌍용차 보고서 공개하라'",《경향신문》, 2015. 10. 27.

4 "자본의 손 들어준 대법원 판결, 쌍용차 해고 노동자들의 눈물",《민중의 소리》, 2014. 11. 13.

5   "창조컨설팅은 어떤 회사?",《한겨레》, 2012. 9. 24.

6   창조컨설팅은 2012년 10월 노조 파괴를 이유로 공인노무사 등록 취소 결정을 받았지만 최근 자격 취소 3년이 경과함에 따라 재등록 절차를 거쳐 '글로벌원'이라는 이름의 새 노무법인을 설립했다("이용득 의원 '창조컨설팅 부활방지법' 대표 발의",《뉴스1》, 2016. 7. 25).

7   "창조컨설팅 개입 노조파괴 사업장 첫 유죄 판결 의미",《경향신문》, 2016. 3. 13.

6장

1   "이명박 정부 '불법' 민간인 사찰 기록, '팩트북2' 발간돼",《미디어스》, 2015. 12. 7.

2   "국정원 직원, 성남시장 외에 민간인도 사찰 정황",《한겨레》, 2014. 1. 13.

3   "전 국정원 직원들의 '양심선언' 박원순 공작",《시사인》, 2016. 8. 4.

4   "전체 취업자 4명 중 1명은 '자영업'",《경향신문》, 2016. 5. 25 참조.

5   "그리스 이어…한국 자영업자 비중 '2위'",《한겨레》, 2015. 11. 1.

6   "식당서 일하는 취업자, 역대 최장기간 증가행진",《아시아경제》, 2016. 8. 15 참조.

7   이하, "가계부채 급증세…자영업자 대출은 250조 돌파",《서울신문》, 2016. 8. 10 참조.

8   Keith Davis, "Can Business Afford To Ignore Social Responsibilities?", *California Management Review* 2(3), 1960, pp. 70~76.

9   R. Eells and C. Walton, *Conceptual Foundations of Business*, Homewood, Ill.: Richard, D. Irwin. 1961.

10   Milton Friedman, "The Social Responsibility of Business Is to Increase Its Profits", *New York Times*, September 13, 1970, pp. 122~126.

11   A. B. Carroll, "The Pyramid of Corporate Social Responsibility: Toward the Moral Management of Organizational Stakeholders", *Business Horizons* 34(4), 1991, pp.

39~48.

12 R. W. Ackerman and R. A. Bauer, *Corporate Social Responsiveness*, Reston, Va.: Reston Publishing Co., 1976.

13 A. B. Carroll, "A Three-Dimensional Conceptual Model of Corporate Social Performance", *Academy of Management Review* 4(4), 1979, pp. 497~505.

14 CSR보다 한 걸음 더 나간 개념이 CSV(Creating Shared Values)로, 기업 활동 자체가 경제적 가치를 넘어 사회적 가치를 창출하도록 한다는 개념이며, M. 포터 하버드대 교수가 2011년 1월 HBR에서 제시했다(M. E. Porter & M. R. Kramer, "Creating Shared Value: How to Reinvent Capitalism and Unleash a Wave of Innovation and Growth", *Harvard Business Review*, Jan.~Feb., 2011, pp. 1~17). 일례로 TOMS는 신발 한 켤레가 팔릴 때마다 제3세계 가난한 이들에게 한 켤레씩 기부한다(《한국경제》, 2014. 5. 9).

15 일례로 2014년 4월 세월호 참사 이후 경남의 삼성중공업과 현대중공업, 대우조선은 인도적 차원에서 해상 크레인을 지원했다(한국경제TV, 2014. 4. 18). 결과적으로 인명 구조에는 실효가 없었지만 거액의 비용(삼성중공업 900억) 발생을 감수하면서 해상 크레인을 운항한 것은 자선적 책임수행에 해당한다. 또, 대기업들은 '국가 안전 인프라 구축'을 위해 사회복지공동모금회에 기부금을 내기도 했는데 두산 30억, 삼성 150억, 현대차 100억, SK 80억, LG 70억, 한화 30억, 부영 20억, 영풍 10억 등이었다(《경향신문》, 2014. 5. 23). 그런데 이러한 기부는 이들 기업이 평소에 노조와의 관계나 산재 등 노동조건, 환경경영 등 측면에서 법률적·윤리적 책임수행을 얼마나 일관성 있게 해왔는가와는 별개의 문제다. 요컨대 세월호 사건을 계기로, 자선적 책임수행을 통해 평소의 사회적 무책임성을 상쇄하려는 의도도 있지 않았을까 싶다. CSR 수행에는 일관성과 지속성이 중요하기 때문이다.

16 A. W. Schaef and D. Fassel, *The Addictive Organization*, Harper & Row, 1988(앤 윌

주 : **351**

슨 섀프·다이앤 패설, 강수돌 옮김, 《중독 조직: 조직은 어떻게 우리를 속이고 병들게 하는가?》, 이후, 2015).

17 대통령자문지속가능발전위원회 엮음, 《공공갈등관리의 이론과 기법(상·하)》, 논형, 2005 ; 장동운, 《갈등관리와 협상기술》, 무역경영사, 2009 ; 문용갑·이남옥, 《조직갈등관리: 심리학적 갈등조정을 중심으로》, 학지사, 2016 등 참조.

18 앤 윌슨 섀프·다이앤 패설, 강수돌 옮김, 《중독 조직: 조직은 어떻게 우리를 속이고 병들게 하는가?》, 이후, 2015 ; 앤 윌슨 셰프, 《중독 사회》, 강수돌 옮김, 이상북스, 2016 참조.

19 "창조컨설팅은 어떤 회사?", 《한겨레》, 2012. 9. 24 참조.

20 "노조파괴 컨설팅 업체, 아직도 성업 중", 《노컷뉴스》, 2016. 5. 26.

21 2016년 여름에 특히 그 갈등의 절정에 이른 갑을오토텍의 경우, 직접적 컨설팅 회사는 '예지'라는 이름이었으나 그 수법이나 정체는 '창조'와 동일하다. 예지는 2012년 10월 창조컨설팅의 설립 인가가 취소되자 소속 노무사들이 다른 이름으로 설립한 것이다. 한편 창조 대표 심종두 노무사는 3년간 자격 정지 기한이 끝난 2015년 10월경부터 '글로벌 원'이란 컨설팅사를 새로 설립했다. 창조컨설팅 이후 '예지'와 '글로벌 원'에 대해서는 "노조 파괴 컨설팅 '노무법인 예지' 등록 취소, 《내일신문》, 2016. 7. 19 참조. 또 갑을오토텍 사태에 대해서는 장석우, "갑을오토텍 경영진의 탐욕과 오판", 《매일노동뉴스》, 2016. 8. 17 참조.

22 "'여름 휴가철이다' 노조 깨기 시동", 《주간경향》, 2016. 8. 16.

23 김성환, 《골리앗 삼성재벌에 맞선 다윗의 투쟁》, 삶창, 2007 ; 김용철, 《삼성을 생각한다》, 사회평론, 2010 ; 김상봉 외, 《굿바이 삼성: 이건희, 그리고 죽은 정의의 사회와 작별하기》, 꾸리에, 2010 참조.

24 "삼성X파일사건", 위키백과.

8장

1 "민주노총 전북본부 '백혈병 죽음의 행렬 멈춰야'", 《국제뉴스》, 2016. 8. 8.

2 한편, 통상임금은 연장근로수당이나 휴일수당 등을 산정하는 기준인데, 이것은 기본급에 고정수당(정기적·일률적·고정적으로 지급되는 수당)을 합친 금액이다.

3 "국제노조총연맹, 삼성 감싸는 한국정부 비판하며 'G20 정상들이 개입해야'", 《경향신문》, 2016. 8. 11.

4 "민주노총 전북본부 '백혈병 죽음의 행렬 멈춰야'", 《국제뉴스》, 2016. 8. 8.

5 "삼성전자, '반올림' 등과 백혈병 문제 재발방지 서약", 《더팩트》, 2016. 1. 12.

6 "삼성전자 백혈병 보상, 피해자들은 찬성하는데 반올림 왜 반대하나", 《시사저널》, 2016. 1. 13.

7 이하 내용은, "삼성전자 백혈병 등 직업병 논란", http://cafe.daum.net/samsunglabor.

8 "한국 산재 사망자 10만 명당 18명으로 세계 최고", 《한겨레》, 2014. 4. 30.

9 "백혈병 투병 중이던 노동자, 두 아이 남기고…", 《미디어오늘》, 2016. 8. 7.

10 "국제노조총연맹, 삼성 감싸는 한국정부 비판하며 'G20 정상들이 개입해야'", 《경향신문》, 2016. 8. 11.

10장

1 데이비드 맥낼리, 강수돌·김낙중 옮김, 《글로벌 슬럼프》, 그린비, 2011 참고.

11장

1 "WEF, '한국, 부패지수 OECD 중 9위', '큰 문제로 인식, 최근 김영란법 도입할 정도'", 《뉴스1》, 2016. 10. 1.

2 이와 관련, "미르·K에 '쾌척' 건설업체들, 자기 재단엔 약속한 돈 3퍼센트도 안 냈다", 《한겨레》, 2016. 9. 24. ; "단숨에 800億 모은 K스포츠·미르재단 眞實 밝혀야",

《문화일보》, 2016. 9. 21. ; "또 다른 재단에도 380억 모아줬다", 《TV조선》, 2016. 8. 3 ; "이런데도 법인세를 올리자고?", 《한국경제》, 2015. 11. 18.

3   "정동영 의원, '4대강 담합 건설사 1조 이상 수익'", 《연합인포맥스》, 2016. 9. 30.

4   "신동빈 오늘 검찰 소환…이건희, 정몽구 등 재벌 총수 수난 사례 보니", 《국제신문》, 2016. 9. 20.

5   "초라한 '롯데 수사 성적표'가 말하는 것", 《한겨레》, 2016. 9. 30. 일감 몰아주기 등 역대 최고인 1750억 원 규모의 배임, 횡령 혐의를 받은 신동빈 롯데 그룹(재계 5위) 회장에 대한 검찰 구속영장 신청이 9월 28일 법원에서 기각되었다. 이것은 사드 배치 부지를 성주 성산 포대에서 김천 쪽으로 옮기는 과정에서 롯데골프장을 '순조롭게' 탈취하기 위한 사전 포석으로, 일부러 검찰이 4개월 정도 무리한 수사(이른바 '대청소 방식')를 한 것이 아니냐는 의혹의 근거다. 국방부는 9월 30일, 롯데골프장으로 사드 배치 부지를 새로 확정 발표했다("사드 성주 롯데골프장 확정되자 김천은 '불가' 성주는 '수용'", 《중앙일보》, 2016. 9. 30). 그러나 미국 전문가들조차 사드는 무용지물이라 본다("사드로 한국이 얻는 것은 없고, 잃을 건 너무 많다", 《경향신문》, 2016. 9. 30). ·

6   "노조 파괴 갑을오토텍, 또 용역깡패 동원 움직임", 《레디앙》 2016. 7. 28 ; "청주시 노인전문병원 '용역깡패' 동원 논란", 《충북일보》 2014. 3. 30 ; "용역깡패 동원 기습폐쇄에도 불법 파업이라니", 《미디어오늘》, 2011. 5. 23.

7   "교육부 고위간부, '민중은 개·돼지…신분제 공고화해야'", 《경향신문》, 2016. 7. 8.

8   "도로 가득 채운 추모열기…백남기 농민 추모대회 현장", 《한겨레》, 2016. 10. 1.

12장

1   David M. Crowe, Oskar Schindler : *The Untold Account of His Life, Wartime Activities,*

and the True Story Behind The List, New York: Westview Press, 2004.

2   C채널 매거진 굿데이, 2016. 9. 21. https://www.youtube.com/watch?v=bGOO
   I0CXbaQ 참조.

3   《헤럴드경제》, 2016. 3. 9.

14장

1   헬렌 니어링, 이석태 옮김,《아름다운 삶, 사랑, 그리고 마무리》, 보리, 1997 ; 헬렌
   니어링, 스콧 니어링, 류시화 옮김,《조화로운 삶》, 보리, 2000.

참고 자료

1장

- 강수돌, 《노동을 보는 눈》, 개마고원, 2012.
- 미하엘 엔데, 한미희 옮김, 《모모》, 비룡소, 1999.
- 바버라 에런라이크, 최희봉 옮김, 《노동의 배신》, 부키, 2012.
- 스베냐 플라스푈러, 장혜경 옮김, 《우리의 노동은 왜 우울한가》, 로도스, 2013.
- 윌리 톰슨, 우진하 옮김, 《노동, 성, 권력》, 문학사상사, 2016.

2장

- 강수돌, 《여유롭게 살 권리》, 다시봄, 2015.
- 앤 윌슨 섀프, 강수돌 옮김, 《중독 사회》, 이상북스, 2016.
- 앤 윌슨 섀프·다이언 패셀, 강수돌 옮김, 《중독 조직》, 이후, 2015.
- 유지나, 《유지나의 여성영화 산책》, 생각의나무, 2002.
- 한나 아렌트, 김선욱 옮김, 《예루살렘의 아이히만: 악의 평범성에 대한 보고서》, 한길사, 2006.
- 한나 아렌트, 이진우 옮김, 《인간의 조건》, 한길사, 2017.

3장

- E. F. 슈마허, 이상호 옮김, 《작은 것이 아름답다》, 문예출판사, 2002.
- 데이비드 C. 코튼, 채혜원 옮김, 《기업이 세계를 지배할 때》, 세종서적, 1997.
- 데이비드 맥널리, 강수돌·김낙중 옮김, 《글로벌 슬럼프》, 그린비, 2011.
- 브래드 이고우, 생태마을 연구회 옮김, 《아미쉬 공동체》, 들녘, 2002.
- 이종태, 《금융은 어떻게 세상을 바꾸는가》, 개마고원, 2014.

4장

- 강광석 외,《나는 천천히 울기 시작했다: 노동의 풍경과 삶의 향기를 담은 내 인생의 문장들》, 봄날의책, 2013.
- 공지영,《의자놀이: 작가 공지영의 첫 르포르타주, 쌍용자동차 이야기》, 휴머니스트, 2012.
- 권성현·김순천·진재연 엮음,《우리의 소박한 꿈을 응원해 줘》, 후마니타스, 2008.
- 귄터 발라프, 서정일 옮김,《가장 낮은 곳에서 가장 보잘것없이》, 알마, 2012.
- 김민섭,《대리사회》, 와이즈베리, 2016.
- 김선수,《노동을 변호하다: 변호사 김선수의 노동변론기》, 오월의봄, 2014.
- 김순천,《대한민국 나쁜 기업 보고서: 나를 지켜주는 기업이 필요해요》, 오월의봄, 2013.
- 김진숙,《소금꽃나무: 우리 시대의 논리》, 후마니타스, 2007.
- 바버라 에런라이크, 최희봉 옮김,《노동의 배신: '긍정의 배신' 바버라 에런라이크의 워킹 푸어 생존기》, 부키, 2012.
- 박일환·반올림,《삼성반도체와 백혈병: 삼성이 버린 또 하나의 가족》, 삶창, 2010.
- 박점규,《노동여지도: 두 발과 땀으로 써내려간 21세기 대한민국 노동의 풍경》, 알마, 2015.
- 박종태,《감정노동에 맞설 용기》, 책과나무, 2017.
- 박종태·김순천,《환상: 삼성전자 노동자 박종태 이야기》, 오월의봄, 2013.
- 박태순·황석영 외,《민중을 기록하라: 작가들이 발로 쓴 한국 현대사-전태일에서 세월호까지》, 실천문학사, 2015.
- 송경동,《꿈꾸는 자 잡혀간다: 송경동 산문집》, 실천문학사, 2011.
- 안미선,《여성, 목소리들: 섹슈얼리티, 가족, 노동, 삶…대한민국에서 여성으로 산다는 것》, 오월의봄, 2014.

- 여성노동자글쓰기 모임, 《기록되지 않은 노동: 숨겨진 여성의 일 이야기》, 삶창, 2016.
- 이경석 외, 《섬과 섬을 잇다: 여전히 싸우고 있는 우리 이웃 이야기》, 한겨레출판, 2014.
- 이수정 외, 《십 대 밑바닥 노동-유스리포트 2: 야/너로 불리는 이들의 수상한 노동 세계》, 교육공동체벗, 2015.
- 이창근, 《이창근의 해고일기: 쌍용차 투쟁 기록 2009-2014》, 오월의봄, 2015.
- 전종휘 외, 《4천원 인생: 열심히 일해도 가난한 우리 시대의 노동일기》, 한겨레출판, 2010.
- 정혜윤, 《그의 슬픔과 기쁨》, 후마니타스, 2014.
- 제정임 외, 《벼랑에 선 사람들: 서럽고 눈물 나는 우리 시대 가장 작은 사람들의 삶의 기록》, 오월의봄, 2012.
- 조성주, 《청춘일기: 광장 밖 호모 비정규니언스에 관한 기록》, 꽃핀자리, 2015.
- 조혜원 외, 《여기 사람이 있다: 대한민국 개발 잔혹사, 철거민들의 삶》, 삶창, 2009.
- 차남호, 《10대와 통하는 노동 인권 이야기》, 철수와영희, 2013.
- 최규석 외, 《섬과 섬을 잇다 2: 소박한 꿈을 포기할 수 없는 사람들》, 한겨레출판, 2015.
- 최규화, 《숨은 노동 찾기: 당신이 매일 만나는 노동자들 이야기》, 오월의봄, 2015.
- 홍새라, 《연두색 여름: 쌍용자동차가족대책위 이야기》, 한내, 2009.
- 희정, 《노동자, 쓰러지다, 르포 한 해 2000명이 일하다 죽는 사회를 기록하다》, 오월의봄, 2014.
- 희정, 《삼성이 버린 또 하나의 가족》, 아카이브, 2011.
- 희정, 《아름다운 한 생이다: 청구성심병원 이정미의 삶과 투쟁》, 한내, 2016.

5장

- 가네지카 사다후미·오구라 도시마루·간노 사토미·치모토 히데키·와타나베 사토코·다자키 히데아키 엮음, 김경자 옮김, 《노동하는 섹슈얼리티》, 삼인, 2006.

- 강수돌,《잘 산다는 것》, 너머학교, 2014.
- 루스 밀크맨, 전방지 옮김,《젠더와 노동》, 이화여자대학교출판문화원, 2001.
- 이반 일리치·어빙 케네스 졸라·존 맥나이트·할리 셰이큰·조너선 캐플런, 신수열 옮김,《전문가들의 사회》, 사월의책, 2015.
- 조앤 W 스콧·루이스 A. 틸리, 김영 외 옮김,《여성 노동 가족》, 후마니타스, 2008.

6장

| 책 |

- 강수돌,《강수돌 교수의 나부터 마을 혁명》, 산지니, 2010.
- 대통령자문지속가능발전위원회 엮음,《공공갈등관리의 이론과 기법(상·하)》, 논형, 2005.
- 문용갑·이남옥,《조직갈등관리: 심리학적 갈등조정을 중심으로》, 학지사, 2016.
- 윤구병·손석춘,《노동시간 줄이고 농촌을 살려라》, 알마, 2012.
- 장동운,《갈등관리와 협상기술》, 무역경영사, 2009.
- 헨리 조지, 김윤상 옮김,《노동 빈곤과 토지 정의》, 경북대학교출판부, 2012.

| 영화 |

- 〈똥파리〉(양익준 감독, 2008)
- 〈소수의견〉(김성제 감독, 2013)
- 〈피에타〉(김기덕 감독, 2012)

7장

| 책 |

- 리처드 윌킨슨, 김홍수영 옮김,《평등해야 건강하다》, 후마니타스, 2008.

- 마크 브릿넬, 류정 옮김,《완벽한 보건의료제도를 찾아서》, 청년의사, 2016.
- 앨버트 O. 허시먼, 강명구 옮김,《떠날 것인가, 남을 것인가》, 나무연필, 2016.
- 양재섭·구미정,《생명윤리 영화마을》, 열린길, 2012.
- 토머스 게이건, 한상연 옮김,《미국에서 태어난 게 잘못이야》, 부키, 2011.
- 페터 슈피겔, 강수돌 옮김,《더 나은 세상을 여는 대안 경영》, 다섯수레, 2012.

| 영화 |

- 〈울지마 톤즈^{Don't Cry for Me Sudan}〉(구수환 감독, 2010)
- 〈패치 아담스^{Patch Adams}〉(톰 피터 새디악^{Thomas Peter Shadyac} 감독, 1998)

8장
- 강수돌,《나부터 세상을 바꿀 순 없을까?》, 이상북스, 2014.
- 구해근, 신광영 옮김,《한국 노동계급의 형성》, 창비, 2002.
- 김선수,《노동을 변호하다》, 오월의봄, 2014.
- 김재진,《슬픈 대한민국 이야기》, 렛츠북, 2016.
- 김종철,《간디의 물레》, 녹색평론사, 2010.
- 박일환·반올림,《삼성반도체와 백혈병: 삼성이 버린 또 하나의 가족》, 삶창, 2010.
- 이반 일리히, 박홍규 옮김,《병원이 병을 만든다》, 미토, 2004.
- 이시무레 미치코,《신들의 마을》, 서은혜 옮김, 녹색평론사, 2015.
- 한창현·유성규·권동희,《산재 100문 100답》, 매일노동뉴스, 2015.

9장
- 강수돌,《자본주의와 노사관계》, 한울, 2014.
- 공지영,《의자놀이 : 쌍용자동차 이야기》, 휴머니스트, 2012.

- 김인수, 《보스를 해고하라 : 익숙한 경영과의 결별》, 부키, 2012.
- 오리오 기리아니, 김무열 옮김, 《노동의 미래 : 로마클럽 보고서》, 동녘, 1999.
- 이창근, 《이창근의 해고일기 : 쌍용차 투쟁 기록 2009-2014》, 오월의봄, 2015.
- 이창근·김현진, 《우리는 갈 곳이 없다》, 알마, 2017.
- 임영선, 《노동과 놀이의 경계》, 국학자료원, 2016.
- 정혜신, 《불안한 시대로부터의 탈출》, 명진출판사, 1999.
- 최동석, 《다시 쓰는 경영학 : 인간의 이름으로, 인간은 자원이 아니다》, 21세기북스, 2013.
- 한준기, 《나는 회사를 해고한다 : 선택의 기로에 선 직장인을 위한 커리어 성공 법칙》, 중앙북스, 2015.

10장

- 김안나, 《이주노동의 현실》, 공동체, 2015.
- 데이비드 맥낼리, 강수돌·김낙중 옮김, 《글로벌 슬럼프》, 그린비, 2011.
- 랠프 달링턴, 이수현 옮김, 《사회변혁적 노동조합 운동》, 책갈피, 2015.
- 찰스 틸리·크리스 틸리, 이병훈·조효래·윤정향 옮김, 《자본주의의 노동세계》, 한울, 2006.
- 최은주, 《프랑스에서는 모두 불법입니다 : OECD 한국 대표부 비정규직, 프랑스 법정에 서다》, 갈라파고스, 2017.

11장

- 김상봉, 《기업은 누구의 것인가》, 꾸리에, 2012.
- 김순천, 《대한민국 나쁜 기업 보고서》, 오월의봄, 2013.
- 김용철, 《삼성을 생각한다》, 사회평론, 2010.

- 김윤태,《한국의 재벌과 발전국가》, 한울, 2012.
- 로버트 F. 하틀리, e매니지먼트 옮김,《윤리경영: 고객이 존경하는 기업 만들기》, 21세기북스, 2006.
- 민진규,《내부고발과 윤리 경영》, 예나루, 2009.
- 박흥식,《내부고발의 논리》, 나남, 1999.
- 스콧 레이·켄만 웡, 노동래 옮김,《비즈니스 윤리와 지속가능경영》, 연암사, 2016.
- 이완배,《한국 재벌 흑역사》, 민중의소리, 2015.
- 이종보,《민주주의체제하 '자본의 국가 지배'에 관한 연구》, 한울, 2010.
- 정재훈,《CSR과 윤리경영》, 북넷, 2016.
- 최동석,《똑똑한 사람들의 멍청한 짓: 최악의 의사결정을 반복하는 한국의 관료들》, 21세기북스, 2014.

12장

| 책 |

- 빅터 프랭클, 이시형 옮김,《삶의 의미를 찾아서》, 청아출판사, 2005.
- 빅터 프랭클, 이시형 옮김,《죽음의 수용소에서》, 청아출판사, 2005.
- 잉게 숄, 송용구 옮김,《아무도 미워하지 않는 자의 죽음》, 평단문화사, 2012.
- 안네 프랑크, 이건영 옮김,《안네의 일기》, 문예출판사, 2009.
- 프리모 레비, 이현경 옮김,《이것이 인간인가》, 돌베개, 2007.

| 영화 |

- 〈소피 숄의 마지막 날들Sophie Scholl: The Final Days〉(마크 로테문트Marc Rothemund 감독, 2005)
- 〈줄무늬 파자마를 입은 소년〉(마크 허만Mark Herman 감독, 2008)
- 〈피아니스트The Pianist〉(로만 폴란스키Roman Polanski 감독, 2002)

13장

- 강수돌,《대통령의 철학:정의로운 나라를 위한 리더의 품격》, 이상북스, 2017.
- 리처드 윌킨슨·케이트 피킷, 전재웅 옮김,《평등이 답이다》, 이후, 2012.
- 목수정,《파리의 생활 좌파들:세상을 변화시키는 낯선 질문들》, 생각정원, 2015.
- 박노자 외,《나는 복지국가에 산다》, 꾸리에, 2013.
- 박성숙,《독일 교육 이야기》(1) (2), 21세기북스, 2010, 2015.
- 오연호,《우리도 행복할 수 있을까?》, 오마이북, 2014.
- 요시다 다로, 위정훈 옮김,《교육천국 쿠바를 가다》, 파피에, 2012.
- 첸즈화,《북유럽에서 날아온 행복한 교육 이야기》, 김재원 옮김, 다산에듀, 2012.
- 토마 피케티, 장경덕 옮김.《21세기 자본》, 글항아리, 2014.
- 토머스 게이건, 한상연 옮김,《미국에서 태어난 게 잘못이야:일중독 미국 변호사의 유럽 복지사회 체험기》, 부키, 2011.
- 후쿠타 세이지, 박재원 옮김,《핀란드 교실 혁명》, 비아북, 2009.

14장

- 강수돌,《행복한 삶을 위한 인문학》, 이상북스, 2015.
- 버트런드 러셀, 이순희 옮김,《행복의 정복》, 사회평론, 2005.
- 에리히 프롬, 차경아 옮김,《소유냐 존재냐》, 까치, 1996.
- 엘리자베스 퀴블러-로스, 이진 옮김,《죽음과 죽어감》, 이레, 2008.
- 엘리자베스 퀴블러-로스·데이비드 케슬러, 류시화 옮김,《인생 수업》, 이레, 2006.

3

3교대 노동 63

3저 호황 256

4

4대 사회보험 245

4대 정리해고 요건 100

4차 산업혁명 321

5

5-dollar-day 34

5단계 345

A

A. B. Carroll 78, 350-351

A. O. 허시먼 177, 360

A. 매슬로우 64

A. 호네트 64, 222, 349

A. 혹실드 63

C

CCTV 30, 43, 226

D

D-I-S-C 전략 191

E

EVZ 재단 279

F

F. W. 테일러 26-27

I

IWW(세계산업노동자총연맹) 35

J

J. P. 모건 19, 278

P

PTSD(외상 후 스트레스장애) 104

R

RFID 227

ㄱ ──

가정과 직장의 균형 67, 223, 225

가족대책위원회 220

가족의 가치 229-231

갈등관리 146

감독 이사회(supervisory board) 310

감옥 17, 312-314

감정 노동 52-53, 56, 63-64, 101-104

감정이입 55

건설자본 135, 137, 152-153

검은 월요일 73

경영 전략 53, 107, 284-285

경영의 세계화 248-249

경영참가 310-311

경영학(management) 4-6, 8, 57, 59-60, 67, 132, 223, 242, 336-337, 361

경영혁신 17, 317

경쟁력 40, 192, 268

경제-기술적 시스템 59

고객만족 53

고용률 56-57

공감(empathy) 55, 248

공공성 63, 162, 167, 169-171, 174, 176, 179, 309, 339-340

공공성과 효율성의 균형 169, 340

공공의 적 253, 268

공동 결정 248, 270, 310-311

공상(公傷) 188-189, 205-206

공장 시스템 23-25

공정거래법 79

과학적 관리법 26-27

교도소 경영 312

국가-재벌 복합체 257, 260

국제연대 207

국제노동조합총연맹 207

권력의 길 334-335

근로계약(勤勞契約) 105-106, 119-121

근로복지공단 56, 103, 188-189, 190, 198, 202, 205

근로윤리 28, 60

근면(Industry) 37, 325

금융경제 72, 75, 86

금융자본 71, 278

기계 14, 21, 23, 25-27, 29-30, 34, 41, 43, 71, 188

기업살인법 182, 202, 204-205, 209

기업의 사회적 책임(CSR) 78, 143, 295

기회비용(opportunity cost) 37

김대중 91

ㄴ ──

나치 시대 276, 308

남녀관계 340

남성 부양자 51, 62

내부고발자(whistle-blower) 151

내재적 동기(intrinsic motivation) 59-60, 65

노동소외(alienation of labor) 36, 42-43

노동3권 95, 246

노동 감시 30

노동시간 단축 38, 63, 224, 311

노동의 유연화 93, 234, 245, 250

노동의 이동 249

노동자평의회(works council) 311

노동조합 28, 32, 35, 87, 90, 94-96, 107, 125, 153, 209, 232, 234-236, 241, 245-247, 250, 340

노르웨이 67, 300, 310, 312-316

노무현 91

노사관계 32, 35, 90, 94, 100, 124, 154,

246-247, 348

농사 344

농업혁명 344

뇌물 137, 143, 157, 261, 266, 274, 288-289, 292

뉴딜 정책 278

ㄷ ──

단체교섭 28, 80, 90, 94, 235, 246-247

대응 방식 190,

대형 개발 사업 135-137

대형마트 89-90, 98, 103

도널드 트럼프 166, 302

도덕적 마모(moral depreciation) 81

독일 7, 25, 28, 32, 38, 64, 166, 208, 231, 233, 270, 273, 276-279, 282-286, 288, 290, 295, 300

독점자본 278

동기부여(motivation) 24, 40, 60, 64

또 하나의 가족 183, 201, 357-358, 360

또 하나의 약속 183-184, 187, 198-200, 203, 231

ㄹ ———

록펠러 19, 278

루쉰 7, 348

리더십 24, 60, 294, 317, 321

리먼 브라더스 50, 73, 216-217, 301, 319-320

ㅁ ———

마틴 루터 킹 330

마하트마 간디 21

말콤 엑스 330

맞벌이 52, 62

〈모던 타임스〉 15-16, 19-21, 23, 25-26, 30-31, 33-35, 226, 348

모모 38-39, 356

목표관리제(MBO) 336-337

무과실 책임주의 196

무노조 경영 88, 97

문제해결력 57

물질만능주의 82, 84

미국 15-16, 19, 29, 33, 36, 50, 56, 64, 73-74, 76-77, 111, 114-115, 135, 161-168, 172-173, 175-176, 178, 185, 202, 208, 213-214, 216-217, 235, 237-240, 243-244, 248, 273, 276-279, 282-283, 299-302, 306-307, 315, 316-320, 329, 330, 354, 360, 363

미등록 노동자 249

《미움받을 용기》 64, 349

미하엘 엔데 38, 356

미화원을 위한 정의(J4J) 241

ㅂ ———

바이마르(Weimar) 공화국 277-278

반도체 184-186, 191-195, 197-200, 202-205, 207-208, 357, 360

반도체 공장 184-185, 194, 202, 204-205

반올림 192-193, 199-200, 202, 205, 208-209, 353, 357, 360

반유대주의 276

백혈병 183-186, 191-200, 202-203, 208, 353, 357, 360

버킷 리스트(bucket list) 324-328, 332, 335, 340-342, 346

법 앞의 평등 95

벤저민 프랭클린 36

병원 경영 167, 339

복지사회 309-310, 322

부당노동행위 104, 155

부당해고 100-101

부모와 자녀의 관계 340

부정부패 156-157, 169, 253-255, 270, 309, 319

부패 네크워크 156-157, 169, 253, 260

부패지수 252, 261, 353

북미자유무역협정(NAFTA) 238

불교 83, 86, 327

불법 대출 253, 258, 260-261

불법 파업 94, 125, 154, 354

불평등한 세계화 249-250

비정규직 39, 41, 57, 82, 89-90, 92-93, 95-96, 98-100, 107, 219, 238, 244-245

비정규직보호법 90, 92

빅 브라더 43

빈민법 24

빈익빈 부익부 80, 110, 119, 157, 339

빵과 장미 235, 239, 242

人 ——

사랑의 길 334-345

사회 공공성 170, 309, 339

사회-문화적 시스템 59, 225

사회보험 197-198, 245

사회운동적 노조주의 241

사회적 버킷 리스트 346-347

사회적 자본 290

산업안전 202

산업재해(産業災害, industrial accidents) 56, 103, 187-190, 195-196, 199, 202, 204-205, 207

산업혁명 23, 284, 320, 344, 348

삶의 질(quality of life) 63, 137, 187-188, 239, 302, 307

삼성 X파일 사건 156, 288, 352

생산 과정 35, 203, 226

생산관리 5, 23, 27, 348

생산성 24, 28, 33-34, 40-41, 53, 194, 204, 219

서킷브레이커(circuit breaker) 73-74

세계경제포럼(WEF) 252, 261

세계 금융위기 73, 115, 216, 348

세계 여성의 날 239

섹스 문제 84

소비중독 43, 125

소유양식 333, 345-346

속물주의 82, 84, 86, 134, 321

손해배상 소송 95

수익성(profitability) 24, 93, 116, 122, 141, 143, 162, 170, 268, 272, 282, 322, 339

스펙 40-41, 214

슬로베니아 261, 300

승진 32, 65, 98, 175, 213, 254

시간 적대(time antagonism) 38-39

시간·장소·상황(TPO) 48, 52

시간 문제 36

〈식코〉 161-172, 177-178, 339

신용경제 79

신자유주의 구조조정 91-92

실물경제 71-72

실업 20 40-41, 216

실업률 56-57

싱글맘 90, 319

아들러 심리학 64, 349

아미시공동체 83, 86

아이슬란드 300, 319-320

알바 82-83, 105-106, 155, 196

양극화(polarization) 110, 119, 157, 318

언론 기업 264

업무상 재해 197-198, 203

에리히 프롬 333, 363

엘리자베스 퀴블러-로스 345

여성 부양자 62

여성성 320

연고주의 268, 270

연대 9, 98-100, 107, 209, 236, 241, 246-247, 250, 268, 279, 285, 346

오바마의 미국 사회 301

온라인 마케팅 52

외재적 동기(extrinsic motivation) 65

외주화(outsourcing) 92, 234, 242, 243, 245

욕구 단계설 64

용역 폭력 125, 151-155

〈울지 마, 톤즈〉 175

워킹맘 48, 62-63

위계적 관리 31, 33, 145

유급휴가 300, 304, 317

유리천장(glass ceiling) 48

유목민(노마드) 230

유착관계 260

유혈입법 24

윤리적 퇴행 270

의료민영화 167, 169, 179, 339

의약분업 172

이랜드 일반노동조합 90

이반 일리치 293, 359-360

이주노동 235, 238, 248, 361

이직률(turnover rate) 34-35

이탈리아 261, 276-278, 300, 303-304, 317

인간성(humanity) 6-7, 25, 112, 121-122, 128, 137, 248, 284, 295, 321

인생경영 331-337, 343-344

인생 내비게이션 337-338

인센티브 66

인수와 합병 114, 117, 334

인정투쟁 337-338

인종주의 278, 280, 285-287

인클로저 운동 24

인턴제 57

일과 삶의 균형 62-63, 223-225

일자리 나누기 224

일중독 21, 43, 46, 51, 59, 60-62, 194-196,

209, 329, 363

ㅈ ——

자발적 복종 39

자본의 이동 249

자아실현(self-realization) 42, 59, 64, 294

자영업자 138, 140-141, 350

자질 향상(qualification) 24

재벌-국가 복합체 257, 261

저성과자 해고 220

전문가 122-124, 154, 175-176, 179, 190, 213-216, 218-219, 223-225, 228-229, 231, 284, 291-295, 354, 359

전자 산업 185-186

전쟁 272-274, 277-285, 295, 301-302, 308, 316, 320

정경유착 254-255, 270, 309

정규직 41, 57, 90, 92-93, 95-96, 98-100, 107, 119, 244-245, 250, 349

정리해고 100-101, 115-116, 124, 216-217, 231, 310

제도적 살인 162

조직폭력 263-264

조직 몰입 56-57, 60, 67

조직시민행동(OCB) 60

존재양식 333-335, 346

좋은 기업 320

좋은 사회 320

주가조작 72, 78-79, 83, 86, 262

중독 시스템 85-86

중증(질환) 199, 208

지구 4, 213, 282, 343-344, 346

지속 가능한 경영 8, 53, 264, 321

지역 (재)개발 사업 142, 157-158

지역개발 137, 151-152

직무 불만족(job dissatisfaction) 34

직무 몰입(job involvement) 59-60, 62, 67

직업병 185-188, 190, 353

직원만족 53

집적(concentration) 110, 119

집중(centralization) 110, 119

ㅊ ——

찰리 채플린 15-16, 226

창조컨설팅 124-125, 153-154, 350, 352

책임감 4, 175-176, 179, 192, 229, 308, 314

첨단기술 186, 225-226, 228, 284

ㅋ ——

카네기 멜론 19

컨베이어 벨트 16, 21, 26-28, 33-34, 36, 42

ㅌ ——

타임 푸어(time poor) 224

태양계 343

테일러리즘(Taylorism) 28, 43

트라우마 97, 101, 104-105, 240, 295

ㅍ ——

판매고 53

패러다임 312-313, 315, 322, 330, 332-334

평균임금 198

포디즘(Fordism) 28, 43, 348

포르투갈 300, 312

프랑스 25, 162, 166, 168, 276-277, 290, 300,
305-307, 310, 361

프렌치 프라이 300, 306-307

피에르 부르디외(P. Bourdieu) 290

핀란드 300, 307, 363

필요(needs) 80

ㅎ ──

하인리히 뵐 333

하청 41, 154, 186, 206, 208-209, 234, 242-245, 349

학교 경영 305, 309

해고 20, 32, 90, 92, 94, 98-101, 106, 115-116, 123-124, 153-154, 212-224, 226-229, 231-232, 236, 244, 293, 349, 358, 361

해고 노동자 212, 220

해고 전문가 213, 215-216, 218-219, 223-224, 228, 229, 231

해고(계약해지) 92, 100-101

행복추구권 95

헨리 포드 15, 19, 33, 278

홀로코스트 275

홈에버 90

홑부모 가족 63

화폐경제 71

환경미화원 노조 238, 247

황금만능주의 82

효율성 14, 17, 24-25, 29-30, 33, 63, 85, 117, 169-171, 179, 228, 245, 248, 295, 338, 340